도전과 창조의 여정

총장 장호성의 야간 행군

도전과 창조의 여정 – 총장 장호성의 야간 행군

2020년 12월 23일 초판 인쇄
2020년 12월 28일 초판 발행

엮은이 _ 장호성박사업적백서간행위원회(대표 집필 : 박성순)
펴낸이 _ 김수복
기　획 _ 김남필
편　집 _ 성두현
마케팅 _ 김민배
펴낸곳 _ 노스보스
등　록 _ 1968.2.27 : No. 제03-00095호
주　소 _ 경기도 용인시 수지구 죽전로 152
전　화 _ 031-8005-2405
팩　스 _ 031-8021-7154

값 25,000원

978-89-7092-748-0 03300

도전과 창조의 여정

총장 장호성의 야간 행군

장호성박사업적백서간행위원회 편

nosvos

간행사

장호성張淏星 총장재임 : 2008.2.18-2019.6.17이 총장직에 임명되기 바로 직전이었던 2007년은 설립 60주년을 맞는 단국대학교에 희망과 우려가 크게 교차하던 시점이었다. 단국대학은 독립운동가가 설립한 민족사학으로서 그동안 수많은 고난과 역경의 파고를 넘어온 경험이 있었으나 이번에는 그 성격이 완전히 달랐다. 오랫동안 서울에 터를 잡고 있던 한남동캠퍼스 전부를 서울 근교의 수도권 지역으로 이전하게 된 것이다. 한국의 대학 역사상 처음 있는 일이었으며, 세계사적인 관점에서 보아도 흔치 않은 일에 속했다.

한남동캠퍼스 이전은 오늘의 거대한 단국대학을 헌신적으로 일구어낸 장충식張忠植 이사장이 총장 시절부터 오랫동안 꿈꿔왔던, 단국대학의 새로운 비상을 위한 과감한 도전이었다. 그러나 아무도 가보지 않은 길이었기에, 재학생들은 물론이고 졸업을 한 동문들도 학교의 미래를 염려하며 극렬하게 이전을 반대하였다. 이 세상에서 가장 큰 두려움은 보이지 않는 상대와 싸우는 것이다. 이제껏 한 번도 경험해 보지 못했던, 앞날을 알 수 없는 막연한 의구심이 단국인들의 몸과 마음을 위축시켰다.

이러한 전대미문의 비상시국에 단국호의 선장이 되었던 사람이 바로 장호성 총장이다. 독립운동가이자 단국대학 설립자였던 범정梵亭 장형張炯 선생의 손자인 그는 자의든 타의든 간에 단국호의 선장이 된 이상, 캠퍼스 이전 이후 아무도 점칠 수 없는 단국대학의 운명을 책임져야 하는 중책을 떠맡게 되었다. 위기에 처한 함선을 이끌고 생사기로의 협곡을 무사히 빠져 나가기 위해서는 선장의 재빠른 판단력과 두터운 담력, 그리고 선원들의 힘을 한곳에 모을 수 있는 뛰어난 리더십이 필수 요건이었다.

낯선 땅으로 이전한 대학이 가장 필요로 했던 것은 무엇보다도 안정된 교육 환경이었다. 장호성 총장은 우선 이 점에 유의하여 학생들이 안정된 환경 속에서 학업에 매진할 수 있도록 교육 인프라 확장에 최선을 다하였다. 그리고 새롭게 터잡은 지역의 이웃들과 연대를 강화하면서, 미래 지향적 목표들을 공유하고 공생을 도모하였다. 그리고 국제교류를 비약적으로 증진시킴으로써 단국대학이 세계적 대학으로 발돋움할 수 있도록 폭넓은 토대를 조성하였다.

특히 첨단산업을 위주로 한 산학협력사업들을 크게 배양함으로써 단국대학이 4차 산업혁명시대를 선도하는 미래 주도형 대학이 될 수 있도록 체질을 크게 개선하였다. 그리고 독립정신을 강조한 설립자의 창학 정신을 '도전과 창조'라는 슬로건으로 재정립하여, 단국인들에게 정통 민족사학의 구성원으로서 자부심과 자신감을 심어주고자 노력하였다.

역사적 인물에게는 세인들의 하마평이든 아니면 엄정한 사관들의 사필이든, 그 공과를 논하는 역사적 평가가 따르게 마련이다. 장호성 총장이 그간 단국대학과 사회에 끼친 영향력에 비추어 보건대, 그도 역시 이러한 법칙에서 자유로울 수 없을 것이다. 그러나 조금 성급하게나마 단언해도 좋을 것은, 최소한 장호성 총장의 재임 시절은 앞으로도 영원히 단국대학 발전의 중요한 변곡점으로 기억될 것이라는 사실이다.

장호성 총장은 캠퍼스 이전으로 인한 불확실성의 시기에 총장직을 수행하면서 괄목할 만한 업적을 쌓았다. 특히 단국대학이 앞으로 비상할 수 있는 기초 체력을 다지는 데 많은 공력을 기울였다. 그러나 인터뷰 과정에서 그는 이 모든 공적을 "교직원들의 고귀한 애교심과 자기 희생적인 헌신 덕분"이라며 자신을 낮췄다. 그러면서 자신의 재임 기간을 '야간 행군'의 시기로 명명했다. 자신의 역할을 과시하고 싶진 않지만, 모두가 잠든 사이 칠흙같이 어두운 밤길을 뚜벅뚜벅 걸어서 새로운 이상향에 도달하려고 했던 그의 굳센 의지가 잘 배

어나오는 명명이라고 생각되었다.

어려움에 처한 학교를 살려내고 발전시키기 위해서 장호성 총장이 외롭게 지새웠을 불면의 밤들이 얼마나 많았을지는 솔직히 가늠하기 어렵다. 다만 장호성 총장의 퇴임을 기념하기 위해서 발간하는 이 책이 그 동안 그가 단국대학을 위해서 바친 헌신에 조그마한 위로가 된다면 다행이겠다. 장호성 총장은 늘 나보다는 우리를 강조해 왔다. 11년 간 숨 가쁘게 달려온 장호성 총장의 재임 시절 속에는 단국인 모두의 애환이 깃들어 있다. 이제 이 책의 출간으로 우리 모두가 지나간 시간을 함께 돌아봄으로써 장호성 총장의 순수한 노고에 감사하며, 단국대학의 또 다른 비상을 위해서 새로운 각오를 다지는 계기가 되었으면 좋겠다.

2020년 12월

단국대 총장 김 수 복

장호성 박사 자서(自書)

2007년 캠퍼스 이전 직후, 법학전문대학원 설립을 위해 추진위원회와 실무진을 꾸려 응모하였으나 준비가 늦어 낙마하고 말았다. 권기홍 총장님은 책임을 지고 사퇴하시면서 당시 천안 부총장이던 나를 총장으로 추천하여 학교 법인 이사회의 승인을 받고 2008년 2월 18일 총장이 되었다.

로스쿨 탈락의 아픔은 상당 기간 오래 지속되었다. 동문들을 만나면 질타가 이어졌다. 특히 법대 동문들을 만났을 때는 더 큰 곤혹을 치렀다. 부도 후 와해되었던 해외 동문회를 다시 활성화시키기 위해 LA 동문회와 시애틀 동문회를 방문한 적이 있었다. 그곳 동문들은 우리 일행을 반겨주었지만 역시 로스쿨 탈락에 대한 질타를 빼놓지 않았다. 이 와중에 교육부의 재정지원 제한대학 사업이 공고되었다. 준비할 겨를도 없어 B등

급을 받고 소폭의 정원을 감축하게 되었다. 새로운 프로그램이나 교원 충원은 캠퍼스 이전 후에 하는 것으로 정책이 짜여 있었기 때문에 평가 항목들의 수치가 나쁠 수밖에 없었다. 비가 많이 오는 여름에 이전을 해서 그런지 2년간 여러 건물에서 누수가 발생하여 애를 먹었다. 민원도 많았지만 잘 참아주신 교직원 여러분께 감사드린다.

내부와 외부로부터 발생한 고충을 뒤로 하고 대학 발전과 지역 사회 안착을 위한 자체적인 사업을 벌여야 했다. 교육의 질적 향상과 연구업적은 하루아침에 이뤄지는 것이 아니다. 새로이 밑그림을 그리고 점진적으로 개선해 나가기로 했다. 산학협력은 백지상태였으나 의지만 있으면 대학 발전의 한 축으로 삼을 수 있다고 판단하였다. 산학협력단을 강화하고 산학협력을 드러나지 않는 하나의 특성화로 정하고 매진하였다. 분교이던 천안캠퍼스를 죽전과 동급인 캠퍼스 체제로 전환하는 계획을 세우고 중복학과 통폐합을 단행하는 과정에서 크고 작은 민원이 많이 발생하였다. 주로 천안에 있는 중복학과를 죽전으로 옮기는 것이지만 생각보다는 캠퍼스 간 구성원의 의견과 속성이 달라도 너무 달랐다. 진통을 겪었지만 학과 명칭과 교과과정 변경을 거쳐 중복학과 통폐합이 성공적으로 이루어졌다.

학령인구의 감소 추세 속에서 의대와 병원, 치대와 치과대학병원이 있는 천안캠퍼스가 무너지면 단국대 전체가 위험하다는 생각이 들었다. 천안캠퍼스의 자생력을 키우기 위해 노후 건물에 대한 리모델링과 신축을 여러 해에 걸쳐 이루었다. 또 하나의 자체 사업으로 캠퍼스별 특성화 계획을 세웠다. 죽전은 IT와 CT 분야를 천안은 BT와 외국어 분야를 특성화 분야로 정하였다. 천안캠퍼스의 경쟁력 강화를 위해 약학대학 신설과 유치를 추진하였다. 약대 유치의 염원을 담아 구성원이 매진하였다. 나는 보건복지위원장을 찾아가 연구 약사와 임상 약사의 필요성을 부각시켜 약학대학 증원의 길을 열었다. 약사회의 반대에도 불구하고 26년 만에 증원이 극적으로 이루어져 천안캠퍼스에 약대를 신설할 수 있었다. 이로써 캠퍼스 특성화의 계획이 어느 정도 자리를 잡았다.

단국대의 재도약을 위해 장단점을 객관적으로 살펴볼 필요성을 느꼈다. 외부 전문 업체에 컨설팅을 의뢰했다. 컨설팅 결과를 반영하여 학문 단위 조정을 추진하였다. 추진 과정에서 구성원을 설득하는 것이 순탄치 않았다. 그러나 결국에는 대학 발전이라는 대의 아래 모든 구성원의 동의와 동참을 이끌어내 자연대의 천안 이전과 대규모 학문 단위 조정을 할 수 있었다. 학문 단위 조정이 진행되는 동안 나는 구성원에 대한 고마움을 느꼈으며, 구성원 간에 상호 신뢰가 생기기 시작했다. 특성화 계획안에도 학과 통폐합과 신설학과 설립이 포함되어 있었다. 취업률 제고와 BT 특성화를 위해 보건과학대를 신설하다 보니 또 한 차례 약학대와 보건과학대 정원의 0.5배만큼 정원이 감축되었다. IT 특성화와 4차 산업시대에 맞는 학과를 신설하면서 캠퍼스 특성화의 틀은 어느 정도 잡혔다. 컨설팅 업체의 안을 수용하여 야심 차게 추진하고 설립한 국제대학이 없어지게 된 것은 개인적으로 가슴이 쓰리다.

대학평가의 방향이 재정지원 제한 대학에서 1주기 대학구조 개혁평가로 바뀌면서 미처 준비를 못한 상황이 우리의 발목을 잡았다. 자체적으로 시행한 사업을 통해 얻은 성과 또는 부족한 결과를 선순환시키는 제도나 행정적 구조 또는 프로그램이 매우 부족했었기 때문이다. 안타깝게도 1주기 구조개혁 평가에서 또 한 번 정원을 줄일 수밖에 없었다. 정원의 일부 감축으로 재정적으로 힘이 더 들게 되었다. 그동안 두 차례 강제적 정원 감축에 기인한 재정적 타격이 있었지만 평가지표 관리에 대한 경각심과 제안서를 준비하는 요령이 붙은 것은 그나마 다행이었다. 2주기 대학구조개혁평가 즉, 대학기본역량진단에서 우수한 성적으로 통과하여 정원 감축 없이 대학혁신지원사업비를 충분히 받을 수 있었다. 그 결과 다른 재정지원사업들도 많이 유치하는 계기가 되었다. 기획실을 포함한 모든 부서가 평가 준비를 잘했기 때문이다. 또 오래 전에 송운석 교수님이 제안하여 설치한 CS경영센터의 운영도 큰 힘이 되었다.

4차 산업혁명의 바람이 불면서 인공지능을 활용한 학사지원 프로그램을 개발하기 시작했다. 3D 프린팅에 대한 시설을 확충하였다. 교양교육 강화에 대한 필요성이 대두되었다.

교양교육대학은 Liberal Art College로 변신하는 동안 내용과 규모가 커지면서 일부 전공 학과의 반발이 있었으나 충분한 논의를 거쳐 잘 절충이 되었다고 본다. 사회와 교육환경의 변화를 대비해 신설한 미래교육혁신원도 한 몫을 했다. 또 다른 한 축의 특성화 정책인 산학협력 강화를 위해 적합한 신설학과 설립은 물론, 링크사업, 4차산업 혁신선도대학, 소프트웨어 중심대학, 창업선도대학 등이 후속 사업을 잘 이어나갔다. 이 모든 것들에 대해 교직원 모두에 감사드린다.

총장직을 시작하는 해에는 정부지원사업과 연구과제 수주액이 200억 원 정도였으나 지금은 2,800억 원에 육박한다. 1,000억 원 규모가 되면 조금만 노력하면 쉽게 2,000억, 3,000억 원대로 진입할 수 있다는 판단하에 대규모 사업 과제 수주에 노력을 기울였다. 이제는 교수님들의 개인 과제가 그 역할을 할 때가 되었다. 교책중점연구소를 만들거나 기존 연구소를 격상시켰고, 최종적으로 2019년 미래융합연구원을 신설하였다. 앞으로 연구 활성화에 좀더 노력을 기울인다면 더 좋은 성과를 이루리라 기대한다.

국제화를 위하여 발이 닳도록 외국에 다니는 동안 100개도 되지 않던 자매대학이 400개로 늘어났다. 외국인 학생도 1,700명 정도 재학하고 있다. 대학 재정의 건전성 확보를 위해서는 앞으로 더욱 많은 외국인 학생을 유치해야 한다. 한남동 캠퍼스에선 유학생의 수도 몇 명 되지 않았지만 효율적인 관리가 어려웠다. 죽전캠퍼스로 이전한 후 학생들의 행방을 몰라 우선 소재 파악이 되지 않는 외국인 학생들을 제적시켰다. 그 결과 외국인 학생 이탈률이 기준을 초과해 비자 제한 대학으로 낙인이 찍혔다. 이를 회복하기 위해 이재동 처장님과 국제처 직원 여러분의 피나는 노력으로 단기간에 유학생 관리 우수대학으로 발전하였다. 지금은 관리 차원에서 다소 소수의 유학생을 모집하고 있고, 심재우 처장님이 제안한 글로벌교육센터를 신설하여 집중적으로 관리하고 있다. 영어 강의를 확대하고 유학생 유치의 폭을 넓히고 싶지만 학생들도 교수들도 크게 원하는 바는 아닌 것 같다. 다만 우리말을 잘하는 우수한 유학생들이 온다면 이야기는 달라질 수 있고, 글로벌교육센터의 관리 능력에 따라 우수한 유학생으로 만들 수도 있다.

교원평가 항목 중 연구업적 평가에는 양면성이 있다. 논문 편수에 치우치다 보면 논문의 질적 저하를 가져올 수 있다. 논문의 수보다는 논문의 질이 중요하다. 좋은 논문, 즉 피인용지수, 임팩트 팩터가 더 중요할 수 있다. 연구업적 못지않게 교육과 학생 지도도 매우 중요하다. 논문을 쓸 수 있는데 안 쓰는 교원이 있을까? 어느 시점엔 아이디어가 고갈되어 몇 년간 아무 생각이 나지 않을 때가 있다. 학술회의에 자주 참석하면 이 기간을 줄일 수 있다. 연구업적과 봉사 및 교육업적을 합하여 교원업적으로 통합하는 것이 바람직하다. 몇 년 전부터 고치려 했지만 잘 이루어지지 않았다. 논문의 질과 양, 저서, 특허,

기술이전, 산학협력 실적, 학술회의 참가, 강의시수, 학생 지도와 행사 기획, 취업, 학생 인솔, 보직, 위원회 참여, 대외활동, 발전기금 기부나 유치, 수상 등 모든 것을 고려해야 교원업적을 더욱 효율적으로 관리할 수 있다.

몇 년 전부터 비리사학과 족벌경영이라는 단어가 언론과 정치계에 매우 자주 등장하면서 총장직을 내려놓을 생각을 했다. 2016년 대한체육회장 선거에 나간 것도 그 맥락이지만 뜻대로 되지 않았다. 어떻게 하든 그만둘 마음을 먹었지만 2017년에 한국대학교육협의회 회장으로 추대되는 바람에 또 생각을 접었다. 2019년 대교협 회장 임기를 끝낸 후 학교 법인에 총장 선출 간선제를 제안하고 총장 임기 전에 총장직을 내려놓을 수 있었다. 단국대에 발을 들여놓을 때 나의 첫 목표는 캠퍼스의 성공적인 이전이었다. 캠퍼스 이전을 마무리한 후에는 학교의 기본적인 틀을 갖추고 그 틀을 바탕으로 재도약하는 것이었다. 2019년 총장직을 물러나면서 재임 11년을 돌아보니 당시의 목표를 어느 정도 달성했다고 자평하고 싶다.

1998년 법인이 부도를 맞았다. 그때 당시 나는 단국대에 가서 내가 할 수 있는 일이 있으면 반드시 돕겠다는 각오를 했다. 교회에서 예배를 드릴 때와 가끔 할아버님 묘소를 찾아갈 때마다 단국대에 가서 봉사할 수 있기를 기도하고 빌었다. 단, 내가 죽을 때까지 객관적인 평가를 떠나 구성원이 단국대가 국내 최고의 대학이라 느끼지 못할 바에는 단국대에 보내주시지

말 것을 빌었다. 2009년 어느 날, 할아버지 묘소를 방문하고 나의 각오를 피력한 글이 있어 삽입하고자 한다.

대학의 미래 지존, 단국대학교 (범정 선생님을 기리며)

유세차 2010년 정월 초하루에 단국은 대학의 미래 지존임을 선언하노라. 배달민족의 영원한 독립과 번영을 기도하는 홍익인간의 건국정신을 이어받아 진리를 탐구하고 봉사를 실천하는 문화사관을 양성하는 글집을 세우신 범정과 혜당의 굳세고 깊은 뜻과 2만 8천의 구성원과 15만 동문의 중지를 합하여 차를 포명하노라.

동북공정의 강권주의와 독도영유권 주장의 침략주의에 구국·자주·자립의 창학이념과 학자적 양심으로 대응하여 민족의 영토와 생존권을 보호하며 한편으로는 유구한 오천 년 역사의 고유하고 수려한 민족문화를 세계만방에 고하여 대한민국의 자유와 번영을 확립하고 세계평화와 문화교류의 장이 되기 위함이라.

안으로는 파벌의 벽을 허물고 인사관리와 행정체계를 개선하며 밖으로는 국제학부의 설립과 외국인재 영입으로 국제교류가 태동할 것이요. 작게는 친절과 헌신으로 교육의 완벽을 기하여 대한민국의 인재를 양성하고 크게는 언어교육에 힘써 세계시민과 소통하고 선진문물을 도입하며 찬연한 민족문화와 기술을 만방에 고할지라. 작금은 인문 세계와 기술 세계가 융합하는 시대라. 도전과 창조의 기치로 고유 영역의 경계와 시시비비를 넘어 만인색색의 신세계를 이룰지니라. 금일, 2010년 신년의 밝은 아침이 열리니 이를 기하여 단국의 62년 역사와 전통을 장하여 차를 표방하노라.

지존은 높고 귀하신 임금을 칭하나 자의를 보태어 크고 작은 숱한 역경을 이겨내고 자아의 수련을 통하여 사회정의를 구현하는 자를 지존이라 정의하니 단국은 명실상부 미래 지존이 될지니라. 단국인의 의지와 중재의 기지로 신천지가 전개되도다. 암울한 시대가 거하고 광명의 시대가 도래하도다. 오등은 제2창학의 정신을 명지하여 각고의 노력으로 자아 발전을 기획하고 국가와 지역 사회 번영에 참여하여 동방의 새로운 지존 대학의 구성원 자격을 획득하며 차로써 참된 진리의 전당을 세울 것이라. 천안은 인류의 건강과 복지증진에 힘쓰고 죽전은 인류에 생활편의를 제공하며 죽전과 천안은 형제지애의 소통으로 커다란 하나의 글집을 형성할 지이다.

작금의 미미한 대학 행보가 만인의 기대에 미치지 못함에도 불구하고 청출어람의 생도를 위하여 협력한 후원 인사에 감사하고 신년을 기하여 감히 공명정대하고 아름답고 힘찬 단국의 새로운 면모를 맹서하니 동고동락과 일시생사를 같이하는 2만 8천과 15만 각각의 뭉치의 결집과 새로운 지존 탄생을 위한 후원을 절실하게 호소하며 미래 단국을 그려보노라.

2010년 1월 1일

오래전에 기획한 일들이지만 나름대로 착실히 수순을 밟아왔다. 재정적으로 부족한 환경에서 쉬운 길은 아니었다. 아버님이신 이사장님을 모시는 게 매우 불편하고 어려웠고 제일 힘든 일이었다. 이사장님 또한 그러셨을 것이라 단언한다. 법인 전입금을 처음 받았던 총장으로서 이사장님께 감사드리고 그만큼 법인도 크게 성장한 것에 이사장님과 법인 구성원, 대학 구성원,병원 구성원에 모두에게 감사드린다.

홍보와 대학평가 순위에 신경을 쓰지 않은 것에 대해선 동문과 구성원에게 죄송한 마음이다. 내가 총장으로 있을 때 이사장님께 종용하여 많은 지원을 무리하게 받았다면 개인적으로 단기간에 대학의 급성장을 이끄는 개인적 영광을 누릴 수도 있었을 것이다. 그러나 재정적으로 무리수를 두지 않은 것은 학교가 요요를 타듯 부침과 기복이 심한 것보다 제한된 재정의 틀 안에서 끊임없이 점진적으로 발전하는 모습이 낫다고 생각했기 때문이다. 이제는 평교수가 되어 후임 총장님과 단국대를 조금이라도 돕는 게 최선의 목표이다. 개인적으로는 정년을 몇 달 앞둔 교수로서 제2의 인생을 설계하고 있다. 오랜 기간, 부족한 재정으로 경비와 예산을 줄이느라 노력한 전 구성원에게 감사드리고 책의 대부분을 집필하신 박성순 교수님께 각별한 감사의 말씀을 올리며 글을 마친다.

2020년 12월

장 호 성

머리말

1947년 정통 민족사학으로 설립된 단국대학은 현 장충식 이사장이 1967년 학교를 종합대학으로 승격시키고 36세의 최연소 총장에 취임한 이래 1978년 천안캠퍼스 개교, 1984년 치과대학 부속병원 개원, 1994년 의과대학 부속병원 개원, 2007년 죽전캠퍼스 이전 같은 대학 역사의 이정표를 뚜렷하게 새기며 오늘에 이르렀다.

그러나 서울 소재 대학이 죽전으로 보금자리를 옮기는 캠퍼스 이전 문제는 우리나라 역사상 처음 시도되는 일이어서 사회적으로 큰 화제가 되었다. "위기가 왔을 때 이를 해결하는 데 전전긍긍하기보다 새로운 비전을 갖고 더 큰 목표에 도전하자"는 진취적 경영철학을 가진 장충식 이사장도 학교 이전 문제에 있어서만큼은 상당한 위기 의식을 갖고 있었다. 그리고 캠퍼스 이전이 새로운 도전의 발판이 되었으면 좋겠다는 기대감을 품고 있었다.

이런 중대한 시기에 단국대학의 총장에 취임한 인물이 장호성 교수였다. 그는 세간의 우려를 말끔히 씻어내고 죽전 캠퍼스를 새로운 환경에 안착시키는 데 성공하였다. 그리고 단국대학이 비상할 수 있는 훌륭한 도약의 발판을 마련하였다. 지역 사회 안착과 입시 안정화를 최우선의 과제로 정한 그는 모든 구성원과 함께 매진한 결과 지속적인 우수 인재 유치와 지역 사회와 지역 주민들의 따뜻한 후원을 이끌어내는 데 성공하였다.

장호성 총장은 학생과 교수진에게 질높은 교육 환경을 제공하기 위해서 노력하였다. 연구 공간과 교육 공간을 확충하고 쾌적한 환경으로 만들기 위해 많은 정성을 쏟았다. 여러 개의 건물을 리모델링하고 씨름관, 예술관 별관, 단우기숙사, 약학관, 치과대학, 치과병원, 자연관, 복지관, 건축대 별관, 무용관, 행복기숙사, 국제관, 산학협력관, 70주년 기념관단국역사관을 신축하였다. 일반적인 강의실보다는 협업과 융합을 위한 교육 공간과 연구 공간을 우선적으로 고려하였다.

뿐만 아니라 죽전·천안의 두 캠퍼스에 각각 민자기숙사와 행복기숙사를 신축하여 학생들의 주거 편의를 대폭 확충하였다. 장학금도 크게 확장하여 학생들의 면학 분위기를 이끌었다. 수요자 편의와 교육의 질적 향상을 위해서 CS경영센터 운영, 차세대 종합 정보 시스템 구축, 미래교육혁신원 발족과 같은 시스템의 변화를 주도하였고, 각종 정부 기관 및 외부 기관 평가에도 적극 대응하여 좋은 평가를 유지하였다.

죽전·천안 두 캠퍼스의 역할 및 기능을 효율적으로 조정·운영하면서 새로운 도약의 디딤돌을 쌓았다. 죽전과 천안의 캠퍼스별 특성화를 목표로 IT, BT, CT, 외국어를 특성화 분야로 정하고, 4차 산업시대에 맞는 학과 신설과 함께 학사 구조 조정을 추진하였다. 학사 구조 조정은 큰 고통이 수반되는 일이었지만, 그 과정을 무난하게 거쳐 올 수 있도록 배려해준 해당 구성원들 덕분에 캠퍼스 특성화를 목표로 한 주요 학사 구조 조정을 성공적으로 마무리할 수 있었다. 그 결과 2주기 대학 구조 개혁 평가에서 우수한 성적으로 자율 개선 대학에 선정되었다.

2011년에 천안캠퍼스 의약·바이오 클러스터의 마지막 정점인 약학대학을 신설함으로써 천안캠퍼스에 BT 분야 특성화 환경을 완성할 수 있었다. 캠퍼스 특성화를 토대로 링크 사업과 같은 수백억 원대의 대형 국책 과제를 수행하며 산학협력과 대외 연구비 수주 실적을 가파르게 성장시켰다. 우수한 연구·교육 인력 확보에 매진하여 2013년에는 전임 교원이 1천 명을 넘어서게 되었으며, 우수한 연구진을 바탕으로 산학협력선도대학과 HK사업 등을 포함하여 수많은 국고 및 재정 지원사업의 유치에 성공하였다.

단국대학이 나아가야 할 중요 목표 중 하나로 장호성 총장이 설정했던 것은 국내를 넘어 '세계 속의 단국'을 실현하는 것이었다. 이 목표를 향해 그는 역동성과 확장성이 두드러지는 국제화를 추진하였다. 그 결과 현재 400개에 이르는 자매 대학과 1,700여 명의 외국인 학생들이 단국대학에서 공부하고 있다.

죽전·천안의 지역 사회에 착근하는 사회 봉사와 인류애를 실천하는 해외 봉사 활동도 게을리 하지 않아 근년의 대학 평가에서 단국대학은 '신입 사원으로 뽑고 싶은 대학 순위'와 '향후 발전 가능성이 있다고 판단되는 대학 순위' 같은 항목에서 두드러진 상승세를 보이고 있다. 2015년 메르스 사태가 발생했을 때, 단국대병원의 의료진들이 자신의 생명을 위협할 수 있는 감염의 위험을 무릅쓰고 메르스 환자, 호흡기 환자들을 완벽하게 치료하여 온국민에게 큰 감동을 준 것도 단국대학의 평판도를 높이는 데 일조하였다.

장호성 총장은 단국대학의 창학 정신과 교육 이념을 실현할 수 있는 프로그램을 기획하고 실천하는 일에도 노력을 기울였다. 그 일환으로 국내 및 해외 봉사, 범정 선생의 발자취를 찾는 연구와 해외 탐방, 국토대장정, 해외 공연, 70주년 기념관 신축 등을 적극적으로 추진하였다.

위기의 순간을 도전과 창조의 기회로 바꾸며 괄목할 만한 성과를 거둔 장호성 총장이지만, 앞으로 우리가 해결해야 할 과제와 당부도 빠트리지 않았다.

단국대학은 IT와 BT 분야가 도약 중에 있고, CT와 외국어 분야의 발전은 출발 선상에 서 있다고 생각하기 때문에 선제적으로 학교의 역량을 특성화 분야의 발전에 집중했으면 좋겠다는 것, 국제화의 양적인 팽창을 바탕으로 앞으로는 외국인 학생들을 잘 가르쳐서 이들이 단국대학을 세계 속에 심는 전령사가 되도록 하기 위해서는 영어 강의 확대와 우수한 유학생을 유치해야 한다는 것, 학령인구 감소·등록금 동결·입학금 폐지 등 대학을 둘러싼 어려운 환경을 헤쳐 나가기 위해서는 입시 경쟁력과 신입생 및 재학생 충원률을 고려한 부분적인 학문 단위 조정이 필요할 수도 있다는 점, 학생들에 대한 정성어린 상담과 지도가 필수적이며, 미래 교육을 위한 교과과정과 교육과정 개편을 더 이상 미룰 수 없다는 점 등을 꼽았다.

그리고 미래의 사회, 미래의 대학을 멀리 바라보는 시선이 필요하다는 점을 강조하였다. 앞으로의 교육 정책과 교육 환경은 혁신과 자율, 경쟁을 기반으로 할 것이기 때문에 오늘의 현실에 안주하는 안이한 학사 및 행정의 자세로는 무한 경쟁에서 뒤처지게 될 것이라고 우려했다. 그러나 그는 우리 단국대학의 모든 구성원들이 합심해서 이 어려움을 거뜬하게 극복해 나가리라는 것을 믿어 의심치 않았다.

그리고 인권센터, 대학생활상담센터, 양성평등상담센터, CS경영센터 등 본부의 지원이나 손길이 잘 닿지 않는 곳에서 구성원들의 애로 사항과 민원을 처리하는 교직원들에 대한 감사의 인사도 빼놓지 않았다. "여러분의 정성과 헌신이 우리를 위로하고, 단국대학을 따뜻하게 감싸는 온기가 될 것"이라는 말과 함께...

장호성 총장은 교직원들을 충심으로 사랑한 사람이었다. 총장이 된 2008년에는 전 교직원들의 건강 상태를 우선적으로 염려하여 첫 번째 종합 건강 검진을 학교 부담으로 실시하였다. 이 덕분에 다섯 명의 교직원이 암에 걸린 것을 발견하고, 모두 치료를 받아서 무사할 수 있었다. 그 뒤로 교직원(가족 포함)들의 건강과 복리 증진을 위해서 본인의 국민건강보험공단 건강 검진과 우리 대학병원의 건강 검진을 자율적으로 격년제로 받을 수 있도록 제도화하였다.

역시 총장 원년이었던 2008년에 그동안 계약직으로 근무하던 직원들을 정규직으로 전환시켰다. 2006년 11월 30일 국회를 어렵게 통과한 비정규직 보호 법안이 2007년 7월 1일자로 시행되었으나, 여러 사업장에서 오히려 비정규직들이 쫓겨 나가는 불리한 상황이 역설적으로 발생하였다. 그러나 장호성 총장은 대승적인 관점에서 그동안 학교를 위해서 고생한 계약직 노동자들을 모두 정규직으로 전환시켰다. 이때 신규 정규직으로 우리 대학에 들어온 사람들은 모두 41명에 달했다. 이와 같은 일화들은 장호성 총장의 소탈한 성품과 함께 더욱 빛을 발하는 그의 인본주의 정신을 잘 나타내준다.

그런데 2019년 6월 14일 단국대학의 구성원들은 장호성 총장으로부터 전혀 생각지도 못했던 뜻밖의 전자 메일을 받게 되었다. "4차 산업혁명의 대전환기에 우리는 새로운 리더십과 에너지가 필요하며, 새로운 리더십이 72년 전통의 단국대를 이끌 수 있도록 길을 터주는 것이 대의라고 생각한다"는 작별의 인사였다. 총장직 임기 8개월을 남기고 있던 시점이어서, 그를 좋아하던 모든 단국인들의 충격은 더 컸던 것으로 기억된다.

"2000년 3월 저는 단국대에 부임하면서, 진정한 단국대의 가족이 되었습니다. 가히 획기적이고 숱한 난관이 있었던 죽전캠퍼스 이전 사업을 앞두고 설립자 자손의 책무를 다하고자 평교수의 길을 접고 대학 행정가로서의 길을 걸어온 지 벌써 20년에 가까운 시간이 흘렀습니다." 2019.6.14 총장 사임 메일 중

설립자의 혈손이라는 멍에를 지고, 단국대학의 이전 위기 극복과 새로운 비상의 발판을 마련하기 위해서 초인적 힘을 끌어 모으며 많은 애를 썼던 장호성 총장. 이제 그의 고된 '야간 행군'은 이렇게 멈춰 서게 되었다. 그러나 그것은 끝이 아니라, 새로운 시작을 위한 숨고르기의 시간이 되기를 바란다. 그는 단국인들에게 없어서는 안 될 고마운 존재이기 때문이다.

그가 잠시 쉬는 동안 그의 어깨에 메었던 무거운 배낭을 이제 우리가 대신 짊어질 차례가 되었다. 그와 동행하면서 우리 모두는 무슨 일이든지 도전하면 해낼 수 있다는 자신감을 얻었기 때문이다. 위기가 곧 도전과 창조의 기회라는 값진 교

훈을 얻은 것이다. 그의 뜻을 이어서 다시 한 번 단국대학을 비상시킬 단국의 영웅들이 필요한 시간이 되었다.

2020년 12월

박성순 교수·장호성박사업적백서간행위원회 위원

목 차

제1부

도전과 창조 그리고 도약

DKU

I. 위기를 도전과 창조의 기회로 삼다

01 단국대학의 가족이 되다

오늘날 한국의 교육 현실 속에서 '대학의 위기'가 거론된 지도 꽤 오랜 시간이 흘러온 것 같다. 급격한 출산율 하락으로 인한 학령인구 감소, 대학설립자율화 조치 이후 우후죽순처럼 난립한 대학의 부실화 문제, 사회경제적 문제로 자리 잡은 반값등록금, 그리고 정부 · 시민사회의 대학에 대한 불신과 불만의 시선 등이 대학 경영의 대표적인 어려움들로 손꼽혀 왔다. 더욱이 전통적인 연구 중심 대학에서 시대의 변화에 발맞춘 가치 창출 대학으로의 모색 또한 대학 운영에 있어서 피할 수 없는 해결 과제로 자리 잡았다.

여기에 더해서 장호성 총장이 총장직을 맡을 당시에 단국대학은 서울에 있던 한남동캠퍼스를 벗어나 보다 넓은 부지의 수도권으로 이전하는 미증유의 도전을 감행한 직후였다. 따라서 이유 불문하고 이른바 'in Seoul'만을 대학 평가의 중요 척도로 생각하는 우리 사회의 고정된 선입견 속에서 장호성 총장은 취임 직후부터 대학 경영의 여러 가지 난제들과 마주하게 된 셈이었다.

장호성 총장은 단국대학 설립자이자 독립운동가였던 범정 장형 선생의 손자이다. 1955년생인 장호성 총장은 경기

장호성 총장 취임식(2008.03.12)

중·고와 서강대 전자공학과를 졸업하고, 미국 오리건주립대에서 공학석사와 박사학위를 받았다. 2000년부터 단국대 교수로 재직하며 기획부총장, 의무부총장 겸 의료원장, 중앙도서관장, 천안캠퍼스 부총장 등을 역임했고, 2008년 2월 학교법인 단국대학 이사회에서 총장으로 선임되었다. 장호성 총장은 보직 교수 시절부터 직원들에게 스스로 모범을 보이는 솔선수범형 리더로 알려져 왔다. 특히 총장이 되고 나서도 아침 일찍 운동화를 신고 출근해 교내 청소를 하며 바닥의 껌을 손수 뗐다는 일화도 전해진다.

사실 그는 단국대학으로 부임하기 전 한양대학에서 전도유망한 전자공학 연구자로서, 그리고 학생들을 잘 지도하는 훌륭한 교수로 소문이 나 있었다. 그는 연구자로서의 능력뿐만 아니라 겸손하고 소탈한 인품을 지닌 덕에 주변의 한양대 구성원들에게 사랑을 받고 있었다. 그러던 중에 갑자기 장충식 이사장이 장호성 교수를 단국대학으로 불러들인 것이다.

장충식 이사장으로서는 하나밖에 없는 아들이 연구에 몰두하는 학자로서의 삶을 좋아한다는 사실을 누구보다도 잘 알고 있었으면서도 그를 다급하게 단국대학으로 불러들일 수밖에 없었던 절박한 이유가 있었다. 비좁은 한남동캠퍼스를 벗어나 국제 수준의 교육 경쟁력을 지원할 교지와 시설 확보라는 원대한 꿈을 갖고 시도한 신캠퍼스 이전 사업이 학교의 존망과 연결된 커다란 어려움에 직면했기 때문이었다.

1996년 7월 19일 경기도 용인시 구성면 마북리에서 신캠퍼스 기공식을 거행한 이후 캠퍼스 이전 사업은 단 한 발짝도 앞으로 나아가지 못하고 있었다. 1997년에 IMF 사태로 한국 경제에 닥친 위기의 태풍이 신캠퍼스 건설 현장까지 불어와 이전 사업에 관련된 시공사들이 줄줄이 도산했기 때문이다. 설상가상으로 학교법인의 신임을 받던 원로 이사가 연루된 거액의 어음 사기 사건에 휘말리면서 증폭된 재정난을 극복하지 못하고, 1998년 3월 6일 학교법인이 최종 부도 처리가 되었다. 이러한 상황에서 마지막까지 대학의 명운이 달린 이전사업을 책임질 수 있는 인물은 결국 설립자의 혈손인 장호성 교수밖에 없다고 장충식 이사장은 판단했다.

장충식 이사장의 자서전『시대를 넘어 미래를 열다』에 보면 어릴 때부터 아들의 '원래 소박한 성품'과 낯설고 힘든 환경에 맡겨져도 불평 한마디 없이 견디면서 주위 사람들과 잘 어울려 지내던 인내심과 적응력에 관한 일화가 서술되어 있다. 특히 "성장을 하면서도 내 아들은 사치나 과소비를 하여 부모를 실망시킨 적이 한 번도 없었다"는 대목이 눈에 띈다. 장호성 총장의 소박하고 겸손한 성장 과정과 선공후사先公後私의 책임감. 그것이 장충식 이사장이 위기의 순간에 장호성 교수를 단국대학으로 불러들인 중요한 이유였다고 생각된다.

장호성 교수는 어릴 때부터 부모님께서 할아버지가 세운 학교를 지키기 위해서 얼마나 많은 고초를 감내하여 왔는지

2015년 신년하례식 및 시무식(2015.01.02)

를 너무도 잘 알고 있었다. 학교 건설 자금을 마련하기 위해서 동분서주하시던 부모님, 정치적 외압에서 학교를 지키기 위해서 온갖 수모를 감내하시던 부모님을 어려서부터 보아온 터였다.

장충식 이사장의 고희 기념 화문집畵文集『빈 들에 씨를 뿌리며』에 장호성 교수가 쓴「나의 아버지」라는 글에는 평생을 단국대학을 위해서 헌신하시던 부모님에 대한 애틋한 회고가 담겨 있다. 그중 학교 이전사업이 추진되던 시기의 아버지에 대해서는 "고희의 나이에도 IMF 한파와 정치 외풍에 날개 꺾인 학교의 웅비를 위하여 고심하시는 아버님"이라고 기록하였다. 학교를 살리기 위해서 동분서주하시는 연로하신 부친을 바라보는 안타까운 시선이 잘 드러난다. 장호성 교수는 유례없이 큰 정치적 경제적 타격으로 힘들어진 단국대학의 상황을 그냥 보고만 있을 수 없게 되었다. 그는 단국대학의 미래가 더 이상은 피해갈 수 없는 자신의 숙명임을 받아들여야만 했다.

그러나 총장 취임과 함께 그의 앞에는 새로 이전한 학교터에 얼마나 착근을 잘 하는가를 넘어서는 그 이상의 과제가 놓여 있었다. 새로운 대학 발전을 위해서 국내 최초로 서울을 벗어나는 시도를 감행한 만큼, 단국대학은 이전보다 더 발전된 모습을 보여주어야만 했기 때문이다. 단국대학교 한남동 캠퍼스가 수도권 지역으로 이전한 사실은 세상 사람 모두가

'in Seoul'만을 최우선의 판단 기준으로 삼는 한국 대학 교육의 현실 속에서 주목받을 수밖에 없는 완전히 새로운 시도였다. 그 성공 여부에 따라서는 장차 한국 대학 교육의 패러다임을 전환시킬 수도 있는 커다란 도전이었다.

장호성 총장의 혁신 정책과 변화의 역동성 02

새로운 도약을 위해서 장호성 총장이 중점을 두어 추진한 사업은 첫째 미래형 학사 구조로의 개편과 교육과정 혁신, 둘째 국제화 역량 강화, 셋째 지역 사회 친화형 명문 사학 구축, 넷째 산학협력 사업의 활성화 등으로 크게 구분할 수 있다. 장호성 총장은 대학의 학습 환경과 행정 체계를 보다 조직적으로 개편하여 단국대학이 우리 사회의 미래를 선도할 수 있도록 교육의 질을 높이고자 노력하였다. 그리고 지역 사회와의 유대는 물론 국제화 역량을 강화함으로써 세계 속의 단국대학으로 그 위상이 높아지도록 저변을 확대하였다. 그리고 특히 눈에 띄는 업적은 대학의 사회적 기여 의무를 실현함과 동시에 앞으로 단국대학이 지속적으로 성장할 수 있는 재정 확충 방안 마련의 일환으로서 산학협력 사업을 크게 활성화시킨 일이다.

이런 정책의 방향성은 이미 총장 취임 당시부터 준비되어 있었다. 그가 총장에 취임한 첫 해 10월에『조선일보』와 가진 인터뷰에서 잘 확인된다. 그는 여기에서 "단국대의 미래는 글로벌 시대를 선도하는 수요자 중심의 대학"이라는 교육철학과 지향점을 분명하게 제시하였다. 이 목표를 실현하기 위해서 첫째 캠퍼스 특성화의 가속화, 둘째 학생들에게 실질적 혜택이 있는 국제 교류 및 실용 교육의 활성화를 실천 목표로 제시하였다. 그리고 단국대학이 앞으로 우리나라 사학의 대표 대학으로 발전하는 데 필요한 모든 투자의 과감한 진행을 약속하였다.

그 직후인 2009년 3월에 발표한 학교 운영 계획「단국비전 2017+:도전과 창조」에서는 위에서 선언한 학교 운영 방침을 보다 구체적이고 명확하게 제시하였다. 그것은 ① 글로벌 가치를 창출하는 교육 시스템 확립, ② 지식 정보 시대를 선도하는 연구 역량 확보, ③ 감동과 효율의 선진적 행정 · 재정 운영, ④ 미래형 그린캠퍼스 구현, ⑤ '단국' 브랜드 구축을 통한 국제화 실현, ⑥ 지역 사회 친화적 봉사 실천 등 여섯 가지 항목이었다.

장호성 총장은 이 목표를 실천하기 위해서 불철주야 노력을 아끼지 않았다. 2008년 봄 그의 취임 이후부터 자세하게 기록된 단국대학의 연보는 그의 노력이 얼마나 초인적인 것이었는가를 잘 보여준다. 우공이산愚公移山의 성실함과 진인사대천명盡人事待天命의 소명 의식으로 장호성 총장이 이룩한 단국대학의 발전상은 실로 괄목상대할 만했다. 이는 캠퍼스 이전 이후 단국대학의 변화 상황을 보도한 각종 언론의 호의적인 평가에서도 확인할 수 있다.

2010년 『중앙일보』는 정기적으로 시행하는 전국의 대학 평가 순위를 공개하면서, 특별히 아주대학과 단국대학이 최악의 위기를 딛고 일어섰다는 기사를 함께 게재하였다. 그 내용의 골자는 아주대와 단국대가 외환 위기 이후 각각 모기업대우과 대학이 부도를 맞는 최악의 상황을 경험했고, 대학 경쟁력도 약해지기 시작했으나, 그러던 두 대학이 도약하고 있다는 르포르타주 기사였다.

> "국내 최초로 대학 부도 사태를 경험한 단국대의 재도약도 놀랄 만하다. 천안캠퍼스는 정부로부터 세계 수준의 연구 중심 대학 육성 사업WCU에 선정됐고 연구 성과가 높은 외국인 교수들이 들어왔다. 이런 덕분에 바닥권이었던 국제화 부문 성적이 올해 30위권으로 뛰어올랐다." 그리고 기사는 계속해서 다음과 같이 이어진다. "단국대는 '정부 지원 연구소 유치→우수한 국내외 교수 · 학생 유치→연구 실적 · 국제화 수준 향상' 등의 전략을 택했다. 일단 외부에서 자원을 끌어와 내부를 개혁하는 방식이다. 장호성 총장은 '한남동에 있을 때는 문제 있는 학교로 간주

됐지만 죽전으로 온 뒤엔 외부에서 들어오는 연구 자금이 늘어 등록금 의존도가 낮아졌다'고 말했다."

위의 기사 내용처럼 『중앙일보』는 단국대학이 죽전으로 이전한 이후 산학협력 부분과 국제화 부분에서 두드러진 성과를 나타내고 있다고 보도하였다. 어려움을 극복하기 위한 단국대학의 역동성과 그 성과가 장호성 총장 취임 이후 불과 2년 만에 나타나고 있음을 언론에서 주목한 사실이 의미가 있다. 이는 장호성 총장이 제시한 비전의 당위성과 그 추진 능력이 범상치 않았음을 대변해 준다.

03 전통 학풍 위에 첨단 과학 산업 육성으로 빚어낸 값진 성과들

2008년 10월 23일자 『조선일보』는 학교 이전 직후 단국대학의 상황과 장호성 총장의 계획에 대해서 보다 심층적으로 보도하였다. 이 신문은 "민족사학의 전통 속에 첨단 학문 배운다"는 헤드라인 아래 "단국대 죽전캠퍼스 이전을 제2의 창학이라 여기고, 인문 · 사회 · 문화 · 체육 등 전통의 학풍 속에서 정보통신과 생명과학 등 최첨단 학문을 배우는 최고의 대학이 될 것"이라는 장호성 총장의 포부를 소개하였다.

단국대학교가 전통과 실용주의 학풍이 동시에 존재하는 대학이라고 소개한 기자가 주목한 것은 학교 이전 직후부터 가시적 성과를 거두고 있는 단국대학의 캠퍼스 특성화 정책이었다. 기자는 "단국대의 캠퍼스 특성화 전략은 벌써 가시적 성과를 거두고 있다"는 평가와 함께, 2008년 7월 경기도청이 추진하는 지역협력연구센터에 죽전캠퍼스의 광에너지소재연구센터가 선정돼 100억 원의 연구비를 수주한 사실, 천안캠퍼스의 경우 의학레이저센터가 지식경제부 시행 대학지역혁신센터 평가에서 디지털전기 분야 전국 최우수 평가를 받은 사실을 게재하였다.

2013년 1월 월간지 『Leaders' World』에서는 그 이후의 상황들에 대해서 좀 더 자세한 내용을 전하고 있다. "2007년에 서울 한남동에서 국내 대학 최초로 경기도 용인 죽전으로 캠퍼스를 이전하였으며, 이를 계기로 제2 창학을 선언한 단국대는 지난 5년간 지속적인 대학 발전 성과를 보이며 세간으로부터 캠퍼스 이전에 성공했다는 평을 받고 있다. 서울에서 수도권으로의 이전이 대학 발전을 퇴보시킬 것이라는 일반인들의 우려를 말끔히 씻어 버리고 입학 성적 향상, 우수 연구 성과 지속적 발굴, 탁월한 산학협력 관계 구축 및 외부 연구 과제 수주 등을 통해 국내 대학 최초로 캠퍼스 이전 성공 사례를 만들어왔다"는 내용의 기사를 게재하였다.

그리고 캠퍼스가 위치하고 있는 지역적 특성과 대학의 인프라를 바탕으로 죽전캠퍼스는 IT와 CT, 천안캠퍼스는 BT와 외국어 특성화로 방향을 정한 점, IT 특성화를 위해 정보통신융합기술연구원을 설립해 IT 분야 연구를 주도하고 있으며, 모바일시스템공학전공 신설, 단국-삼성모바일연구소, 앱 창작터 등을 운영하며 경쟁력을 키우고 있는 점 등을 보도하였다.

그리고 문화기술CT 부문에서는 대학이 보유하고 있는 국학, 역사학, 예술, 방송 및 영상 등의 인프라와 함께 콘텐츠 기반 산업 구축을 위해 영화콘텐츠전문대학원, 미디어콘텐츠연구원 및 디자인공예창업보육센터 등을 잇달아 설립하며 문화산업 분야의 전문가 양성을 위한 기반을 마련한 점, 천안캠퍼

대학교육지 특집 인터뷰에서 단국대학의 특성화 전략을 설명하고 있는 장호성 총장(2018.02.20)

스는 자체적으로 구축한 의 · 치 · 약학 관련 학과와 생명공학 인프라를 바탕으로 바이오 메디컬 클러스터를 구축할 예정과 향후 세종시의 입주에 따른 외국어 분야 수요와 캠퍼스 내에 9개에 이르는 외국어 관련 학과를 바탕으로 외국어 분야 특성화를 추진하여 기존의 영미권 언어뿐만 아니라 서유럽, 중남미, 아시아동북권, 중동권 등 세계 전역의 언어를 다양하게 가르칠 예정임을 보도하였다.

캠퍼스 이전 이후의 성과에 대해서도 주목하였다. 지난 수년 간 생명과학 특성화를 위해 추진한 여러 사업의 성과가 두드러진다는 설명과 함께 2008년 교육과학기술부의 WCU세계 수준 연구 중심대학사업 선정으로 총 210억 원의 연구 지원금을 받아 나노바이오의과학과를 개설해 운영 중이며, 2013에는 교육과학기술부의 '산학협력 선도 대학'에 선정되어 향후 5년간 200억 원의 지원금을 받게 되었다는 내용을 전하고 있다.

글로벌 경쟁력 극대화를 위해 단국대학이 진행하는 해외 교류 협력 사업도 소개하였다. 미국뿐만 아니라, 중남미 대학 등 전 세계 170여 개 대학과 자매결연을 맺고 다양한 교류 협력 사업을 진행하고 있는 사실과 함께 중국 연태대학에는 우리나라 최초로 이공계 학과를 설립해 학생들을 교육하고 있는 점, 그리고 중동 지역 대학과의 교류 협력도 활발하게 진행할 예정이라는 점, 2009년부터 시행하고 있는 국제여름학교가 국내에서 시행하는 국제화 프로그램으로 확실히 자리를 잡았으며, 이외에도 어학연수, 해외인턴십, 해외봉사활동 등 재학생들이 글로벌 안목을 갖출 수 있도록 다양한 지원 사업을 진행하고 있다고 보도하였다. 실제로 장호성 총장이 퇴임하던 2019년 전반기에 가면 단국대학과 MOU를 체결한 해외 대학들이 400여 개에 이르게 되었다.

이밖에도 장호성 총장 취임 직후부터 확연히 달라진 단국대학의 분위기를 전하는 언론 기사들이 이어졌다. 2009년 11월 16일자 『동아일보』 기사에는 분자생물학과 안의 'RNA리보핵산 전문 인력 양성 사업팀'이 교육과학기술부와 학술진흥재단이 실시하는 '2단계 BK두뇌한국21 사업' 평가에서 전국 최상위 사업팀으로 뽑힌 사실, 그리고 이 학과의 RNA세포생물학 실험실에서 암세포와 정상 세포의 RNA가 상호작용을 일으키는 경로를 규명하고 이를 억제하는 기술을 개발해 2008년 '국가지정연구실NRL'로 선정된 사실을 보도하였다.

그리고 무역학과가 지식경제부의 '글로벌 무역 전문가 양성 과정' 프로젝트를 수주하여 2009년 7월부터 2012년까지 국비, 지자체 지원금, 대학 지원금 등 8억 4000만 원을 지원받아 글로벌 무역 인재를 양성하는 과정이 개설됐고, 무역학과와 인턴십 협정을 맺은 한국수출보험공사, 한진해운, 세방, 신성해운 등 11개 회사에 학생들이 인턴으로 들어가 '국제운송물류론' 과정을 이수한 뒤 곧바로 이들 회사에 입사할 수 있는 특전을 누리고 있는 점도 소개하였다.

전통도자 · 산업도자 · 환경도자 분야의 전문가를 양성하고 있는 도예과에서 운영하는 도예연구소가 '청자의 기술 개발 및 명품화를 위한 공동 연구 기반 구축'이라는 연구 과제를 지식경제부에서 수주해 68억 원의 연구 자금을 받았으며, 전남 강진군과 자매결연을 맺고 '단국대학교 강진도예연구소'를 운영하고 있다는 사실도 보도하였다.

실제로 단국대학은 2012년부터 5년간 창조다산링크사업단을 운영하여 교육부로부터 총 사업비 230억 원을 지원받았다. 산학협력 선도 대학 육성 사업으로 알려진 링크 사업LINC을 통해서 산학협력 친화형 교원 인사 제도 확립, 학생 취업 및 창업 지원, 산학협력 연계 구축 등에 힘써 단국대학은 4년 연속2012~2015 전국 산학협력 평가 최우수 대학에 선정되는 영예를 안았다. 그 결과 2012년부터 5년간 창조다산링크사업단 본부장을 맡아온 장승준 단장이 산학협력 유공자로 선정돼 교육부장관 표창을 수상했다.

그리고 기존의 규격화된 학사제도 틀에서 과감하게 탈피한 파격의 수요 맞춤형 산 · 학 협력 전담 단과대학인 다산링크스쿨을 2017년에 전국 최초로 설립하여 4차 산업혁명에 필요한 융 · 복합 미래 인재 양성 교육을 선도하고 있다. 교육부에서 대학 산 · 학 협력 중점으로 지원하는 2주기 '사회 맞춤형 산학협력 선도 대학'LINC+ 육성 사업을 I-다산LINC+사업단 주축으로 수주함으로써 총 250억 원의 사업비를 지원받게 되었다. I-다산LINC+사업단은 교육부가 주최한 「2019 산학협력 EXPO」에서 '산학협력 우수 참가기관상'을 수상하였다. 단국대학은 현재 교육-창업-기업-지역 사회를 산학협력으로 한 데 묶는 'SUN Society-University Network 플랫폼'을 구축 중이다.

04 남과 다른 대학 경영으로 세상의 주목을 받다

언론에서 주목한 장호성 총장 시대의 특징은 단국대학이 4차 산업혁명 시대를 대비하기 위해 교육과정, 연구 시설, 학사 운영 시스템 등에 대한 투자를 미리부터 준비해 왔다는 점이다. 단국대학은 4차 산업혁명을 중심으로 국내 대학들이 새로운 변화와 혁신을 경쟁적으로 이야기할 때 이미 수년 전부터 혁신 엔진을 가동해 구슬땀을 흘린 결과 대학혁신지원사업, 챗봇 방식 학사 지원 서비스 솔루션인 DanAI 단아이 2단계 서비스 출범, 소프트웨어중심대학, 산학협력선도대학 LINC+ 육성사업, LINC+ 4차 산업혁명 혁신선도대학, 인문한국플러스 HK+ 지원사업, 창업교육거점센터사업에 연이어 선정되었으며, 또 개별 학생의 역량을 총괄 관리하는 영웅 YOUNG 熊 스토리를 개설하는 등 인재 양성을 위한 성과가 이어지고 있는 사실

중앙일보

2014년 12월 18일
16면 (교육/입시/NIE)

탈서울 역발상 성공 … 죽전은 IT 천안은 BT 요람될 것

〈脫〉 〈정보기술〉 〈생명기술〉

장호성 단국대학교 총장

단국대는 대학 경영의 '역발상' 성공 사례로 꼽힌다. 2007년 8월 서울 한남동에서 경기도 죽전으로 본교 캠퍼스를 옮겼다. 서울 소재 대학이 자발적으로 서울 밖으로 나간 것은 이례적이어서 화제가 됐다. 12일 죽전캠퍼스 총장실에서 만난 장호성(59) 단국대 총장은 "한남동 캠퍼스 시절엔 기숙사는 물론 연구 시설도 지을 공간이 없었다"며 "캠퍼스 이전 후 8배로 늘어난 학교 부지를 활용해 대학이 여러 면에서 업그레이드 됐다"고 설명했다.

그런 단국대가 지난 3월엔 본·분교 개념으로 운영해온 죽전·천안 캠퍼스를 통합했다. 죽전은 정보기술(IT)과 전통 인문학을 바탕으로 한 문화기술(CT) 중심, 천안은 의·치·약대를 바탕으로 한 생명기술(BT)과 외국어 중심 캠퍼스로 특성화했다. 장 총장은 "산업단지와 인접한 두 캠퍼스 체제의 강점을 살려 세계 최고 수준의 산학협력 대학으로 거듭나겠다"고 말했다.

8배로 넓어진 부지, 기숙사 등 크게 확충

-캠퍼스 이전 성과를 꼽는다면.

"캠퍼스가 제 모습을 갖춰가고 있다. 학생들을 위한 기숙사가 크게 늘었다. 내년 3월 죽전캠퍼스에 기숙사가 추가로 들어서면 5000여 명을 수용할 수 있는 규모로 확대된다(수용률 20%). 각종 연구시설도 크게 늘었다. 연구과제를 수주한 교수에겐 공간을 내 주고, 부족하면 또 짓고 하는 식이다. 2007년 581명이었던 교원이 올해 977명으로 늘었다. 질적으로도 성장해 국내외 학술지 게재 논문 수가 같은 기간 263.9편에서 602.8편으로 늘었다(죽전캠퍼스 기준)."

-캠퍼스 특성화를 추진한 배경은.

"총장이 돼 보니 중복학과가 너무 많더라. 인기 학과는 두 캠퍼스에 다 넣어놓은 거다. 중복학과가 있으면 투자를 효율적으로 하기 어렵다. 예산·시설·교수진을 둘로 나눠야 하기 때문이다. 그래서 공대 숫자가 많고, 인근에 판교·광교 테크노밸리가 있는 죽전 캠퍼스는 IT를 특성화하는 방향으로 잡았다. 천안은 의·치·약대가 있고 오송 생명과학단지와 대덕 연구단지가 인접해 시너지를 낼 수 있는 BT를 테마로 했다."

2007년 서울 한남동에서 경기도 죽전으로 학교를 옮긴 단국대의 장호성 총장이 12일 총장실에서 캠퍼스 이전 성과에 대해 설명하고 있다. 오종택 기자

2007년 캠퍼스 이전 후 달라진 단국대

구분	2007년(서울)	2014년(죽전)
입학 경쟁률(수시)	10.8대1	19.7대1
수도권 출신 신입생 비율	70.8%	76.2%
전임교수 확보율	45%	70.1%
국내외 학술지 게재 논문	263.9편	602.8편
교수 연구과제 수주 실적	106억원	247억원

◆장호성 총장=1947년 단국대를 공동 설립한 독립운동가 고(故) 장형(1889~1964) 선생의 손자다. 서강대 전자공학과를 나와 미국 오리건주립대에서 석·박사 학위를 받았다. 한양대 교수(1994~2000)를 지내고 단국대로 옮겼다. 2008년 총장에 취임했다. 오전 7시 30분이면 어김없이 총장실로 출근한다. 수요일엔 천안 캠퍼스에서 집무한다. 교수들 사이에선 '학교만 생각하는 워커홀릭'으로 통한다.

-캠퍼스 이전 뒤 신입생 입학 성적에 변화가 있었을 듯싶다.

"신입생들의 성적이 떨어질까 우려했지만, 기우였다. 지난해 수시·정시 경쟁률은 2007학년도에 비해 소폭 올랐다. 질적으로도 신입생들의 학생부 성적은 오히려 올랐다. 입학사정관제를 정착시켜 수년간 학생부를 강조한 결과다. 서울·경기·인천 등 수도권 출신 신입생 비율도 70% 수준을 꾸준히 유지하고 있다."

30여 개 벤처 입주, 누적 매출 2200억원

단국대는 2012년 교육부 산학협력선도대학(LINC) 육성사업에 선정됐다. 5년간 200억원의 사업비를 지원받는다. 지난해 LINC 평가에선 전국 최우수 대학으로 꼽혔다. 지역 중소기업에서 현장 실습을 받은 학생들이 요구르트 제조업체와 협력해 '수박 라이코펜 요구르트'를 개발하는 등 성과를 인정받았다.

-산학협력을 위해 어떤 노력을 하고 있나.

"기업과의 협력에 적극 나서고 있다. 천안캠퍼스에 입주한 국내 기업만 19개다. 공동기기 센터에 기업이 갖추기 어려운 고가의 장비를 들여놓고 학생과 함께 이용할 수 있도록 했다. 지난해엔 의광학 분야 세계 최고 원천기술을 보유한 미국 베크만레이저연구소와 공동 연구센터를 개소했다. 산학협력단 내에 원스톱 지원체제를 구축해 신생 벤처기업이 창업 강좌를 듣고 행정·경영·기술·디자인·특허 등 분야에서 지원을 받을 수 있도록 했다. 교수 평가 체계를 개선해 논문을 쓰지 않아도 산학협력 실적에 따라 승진할 수 있도록 바꿨다."

-특히 관심을 쏟는 산학협력 분야가 있다면.

"빅데이터다. 석사 과정에 신설한 '데이터사이언스 학과'를 독일 소프트웨어 개발회사인 SAP의 한국지사와 공동 운영한다. SAP가 교육 콘텐트와 강사를 제공하고, 석사 학위 취득자는 SAP나 관련 회사에 취업하는 식이다. 내년 1월엔 SAP가 미국 스탠퍼드대에서 운영중인 디자인 씽킹(design thinking) 센터를 방문한다. 경영학·의학·공학·인문학을 적용해 창의적인 아이디어를 만들어 내는 곳이다. 단국대는 이 센터를 벤치마킹해 한국에 들여오려고 한다."

-지난 2월 창업지원 선도대학으로 선정됐는데 그간의 성과는.

"2010년부터 운영해 온 창업보육센터에 30여 개 벤처기업이 입주해 있다. 누적 매출액만 2200억원에 달한다. 올 초부터 창업 관련 강좌를 80여 개로 늘렸다. 창업 강좌를 많이 듣는 학생에게 장학금을 주는 '창업마일리지제'도 운영한다. 내년엔 글로벌벤처창업학과를 신설한다. 창업 강좌 전임교원을 채용하고 창업 특기생을 선발할 계획이다."

-인성교육 프로그램은 어떤 게 있나.

"지난해 '단국 인재 아카데미'를 신설했다. 80명의 학생을 뽑아 1년간 100권의 인문학 서적을 읽게 한다. 외부 강사를 초청해 인성 교육을 한다. '뛰어난 인재'가 되길 원하는 학생보다 '바른 인재'가 되길 원하는 학생들에게 열려 있다. '사제(師弟) 동행 프로그램'도 운영한다. 학생들이 원하는 교수를 신청하면 정기적으로 만나 극장도 가고 등산도 하며 대화하는 프로그램이다. 덕분에 졸업할 때까지 한 번도 만날 수 없었던 다른 학과 교수와도 사제 관계를 맺을 수 있다."

입시든 구조개혁이든 대학 자율로 해야

-대학스포츠총장협의회 회장을 맡고 있는데.

"과거 스포츠 선수 입시비리 등 불미스러운 일로 국민의 신뢰를 많이 잃었다. 국민에게 사랑 받으려면 일단 깨끗해야 한다. 대학스포츠를 정상화하기 위해 전국 대학 스포츠 감독들에게 금품을 받지 않고 실력으로 학생을 선발하겠다는 서약을 받고 있다. 최근들어 부쩍 입시 비리가 사라졌다는 얘기를 많이 듣는다."

-학령인구 감소에 대비한 대학 구조개혁이 발등의 불이다. 교육당국에 바라는 게 있다면.

"입시든 구조개혁이든 대학 자율에 맡겨달라. 대학마다 사정이 다르다. 우리 대학처럼 오랜 역사를 바탕으로 크는 대학도 있고, 문 연지 얼마 안 돼 여러 면에서 부족한 대학도 있다. 그런데 동일한 잣대를 들이대 구조조정에 나선다면 이제 막 암에 걸린 환자에게 치료할 기회도 안 주는 셈이다. 정원 감축 대상과 숫자를 정해놓고 단시간 내에 밀어붙이는 것도 문제다. 구조개혁의 당위성은 인정하지만 대학의 특성과 처한 상황에 맞는 평가 잣대를 들고 시간적인 여유를 두고 추진했으면 한다."

만난 사람=김남중 사회1부장

정리=김기환 기자 khkim@joongang.co.kr

(29.4•24.5)cm

언론에서 주목한 장호성 총장(중앙일보 기사 2014.12.18)

을 집중적으로 보도하였다.

천안캠퍼스는 'All-in-One 바이오메디컬 천안캠퍼스'를 구축하려는 전략을 진행하여 의대-치대-약대-간호대-보건과학대 의약학 교육 분야, 의대병원-치대병원 의료보건 임상 분야, 기초과학분야-농생명계열 바이오 분야로 기능을 구분, 하나의 캠퍼스 안에서 생명과학 전 분야를 특화하였으며, 약사 국가고시 전국 최고의 합격률과 간호대학 승격을 통한 간호교육 전문성을 키웠고, 한국연구재단 주관 켐바이오 글로벌 전문인력양성사업도 수주해 사업비 100억 원을 투입, 응용화학-생명공학-의치약학이 융합된 전문 교육을 시행하고 있음을 보도하였다.

교책중점연구기관인 생명과학기술원과 조직재생공학연구원을 설치해 의생명과학 분야 사업도 활발하게 수주하고 있는 점, 조직재생공학연구원은 연구진 50여 명이 손상된 신경과 근육, 뼈, 치아, 혈관 재생을 위한 나노 전달체 개발에 주력하고 있는 점, UCL 이스트만-코리아 덴탈메디슨 혁신센터, 나노바이오 재생의과학 글로벌 연구단BK21플러스 사업을 통해 약물 및 유전자 전달용 나노 입자를 통한 항염증 치료 연구 등 총 85억 규모의 연구 과제를 수행 중인 점, UCL 이스트만-코리아 덴탈메디슨 혁신센터가 5년간 81억 원을 투입해 영국 UCL University College London 이스트만 치의학연구소와 조직 재생 분야 원천 기술 확보에 나서는 글로벌 연구 사업으로 48명의 연구진이 환자 맞춤형 안면-치아 재건, 안면신경-근육재생 분야의 원천 기술을 확보해 실용화를 목표로 하고 있는 점 등을 보도하였다.

산학협력에서뿐만 아니라 국제 교류 측면에서도 괄목할 만한 경사가 있었다. 2014 6월 16일 장호성 총장이 몽골 정부로부터 몽골 최고 훈장인 북극성 훈장을 받은 것이다. 이 훈장은『몽골어-한국어 대사전』,『동북아 유목문화 대사전』의 발간을 주도하고 매년 몽골에 의과대학, 치과대학의 의료봉사

단과 학생봉사단을 파견하는 등 한국과 몽골의 교류를 활성화 한 공로를 인정받아 수훈하게 되었다.

북극성 훈장은 몽골 대통령이 자국 발전에 기여한 외국인에게 수여하는 최고의 친선 훈장으로 버락 오바마 미국 대통령, 블라디미르 푸틴 러시아 대통령 등이 받은 바 있다. 2016년 5월 9일에는 헝가리 정부가 수여하는 십자공로훈장을 받았다. 이 훈장은 장충식 총장 재임시절부터 27년간 이어져온 헝가리 대학과 학술 및 문화 교류, 한국어 전파 등에 크게 기여한 공로를 인정받은 것으로 헝가리 정부가 외국 민간인에게 수여하는 최고의 훈장이다.

헝가리 십자공로훈장 수훈식 후(2016. 05. 09, 왼쪽부터 처보 가보르 주한 헝가리 대사, 장호성 총장, 장 총장 부인 조기정 여사, 라슬로 쾨비르 헝가리 국회의장)

그리고 죽전캠퍼스 동양학연구소현재 동양학연구원으로 개칭가 2008년에 한자 사전인 한한대사전漢韓大辭典을 완간했는데, 완간까지 310억 원이 투입된 이 사전은 수록 글자 5만 5,000자, 45만 개 단어로, 중국 · 일본 · 대만에서 나온 사전의 규모를 압도한다는 사실과, 광에너지소재연구센터와 조직재생공학연구소 등이 최근 2년 동안 국책 과제 및 연구 개발 과제를 수주하며 외부 자금 900억 원을 유치한 사실 등을 보도하였다.

2019년 7월호『월간중앙』고정 코너「양영유 전문 기자의 대학총장 열전」에서는 사직을 표명한 장호성 총장에 관한 내용을 다루었다. 국내 대학 사정에 밝은 외부 전문가의 시선으로 '장호성 총장 시대'를 객관적이고 간결하게 평가한 것이라는 점에서 주목되는데, 그 주요 내용은 다음과 같다.

> 1947년 서울에서 민족교육을 기치로 설립된 단국대는 교지가 좁아 대학 발전에 한계를 느끼던 중 용단을 내려, 60년 동안의 서울 본교 시대를 마감하고 캠퍼스가 7.5배 더 넓은 죽전에 21세기형 캠퍼스를 구축하였다. 2007년 9월부터 죽전캠퍼스에서 다시 태어난 단국대는 첨단 멀티미디어 정보통신 시스템을 갖춘 캠퍼스로 대학가의 화제가 됐고, 다른 대학들의 벤치마킹 대상이 됐다.
>
> 2014년에는 죽전본교과 천안분교 캠퍼스를 통합해 '원 유니버시티 투 캠퍼스One University Two Campus 체제'를 완성했다. 그 과정에

> 서 구성원들은 차분하게 하나의 대학으로 녹아들었다. 이에 탄력을 받은 단국대는 죽전캠퍼스를 IT정보통신와 CT문화기술, 천안캠퍼스를 BT생명과학와 외국어교육으로 특화했다.
>
> 거기에는 장 총장의 외유내강형 리더십이 있었다. 학령인구 감소에다 등록금 동결로 재정난이 겹쳐 대학들은 특히 '인 서울In Seoul'을 부러워한다. 그런 상황에서 '아웃 서울Out Seoul'을 안착시키고 산학협력의 상징이자 4차 산업혁명을 앞서가는 대학으로 변신하는 여정에 장 총장 특유의 소탈하고 부드러운 리더십이 발휘된 것

이라는 내용이 보도되었다.

장호성 총장의 재임 시절 학교 홈페이지에 걸어두었던 총장 인사말에는 단국대학에 대한 깊은 애정과 미래에 대한 자신감 넘치는 도전 정신이 잘 드러나 있었다.

> 단국의 역사는 끊임없는 도전의 힘, 창조의 힘에 의해 씌어진 것이며, 단국의 전통 또한 도전과 창조의 길을 부단히 걷고 걸어서 이어져 온 것입니다. 그러므로 세계로 도약하는 민족 사학, 세계인과 당당하게 어깨를 겨루는 단국인의 위상을 실현하는 새로운 단국의 역사와 전통도 현실에 안주하거나 굴복하지 않는 도전과 창조에 의해 가능할 것입니다.…단국대학, 우리 단국인은 도전적이고 능동적인 자기 혁신을 통하여 새로운 단국을

창조하고 있습니다. 미래를 향해 거침없이 나아가는 젊은이의 뜻, 젊은이의 힘과 함께 하는 대학이 되겠습니다. 세계와 시대를 선도하기 위해 힘차게 도약하는 단국의 도전과 창조를 지켜보아 주시기 바랍니다.

장호성 총장의 재임 기간은 단국대학의 위기를 발전의 기회로 승화시킨 도전과 창조의 여정이었다. 그리고 그것은 단국대학의 모든 구성원들이 힘을 합쳐 이룩한 값진 성취의 시간이기도 했다.

장호성 총장은 재임 기간 중 국내외 기관들로부터 여러 가지 상을 받았다. 2011년 미국 오리건주립대학교OSU, USA에서 'Academy of Distinguished Engineers', 2014년『중앙일보』에서 '한국을 빛낸 창조경영대상', 2014년 몽골 정부로부터 '몽골 북극성 훈장', 2015년『서울신문』에서 '서울 석세스어워드 교육부문 대상', 2016년 헝가리정부로부터 '헝가리 십자공로훈장'을 수상하였고, 2018년『한국대학신문』에서 뽑은 '대학가 파워 엘리트 30인'에 선정되었다. 장호성 총장이 훌륭한 학자일 뿐만 아니라 대학 경영과 교육, 그리고 대학의 국제화와 사회적 영향력 면에서 탁월한 능력을 발휘한 인물이라는 사실을 세상이 널리 인정한 것이다.

도전과 창조의 여정

II.

미래형 학사 구조 개편과 교육과정 혁신

01 새로운 비전과 가치의 제시

1) 「단국비전 2017+ : 도전과 창조」와 「2027 Dynamic 단국」 수립

2007년 8월 30일 10여 년에 걸친 대학 이전 사업을 마무리하고 죽전캠퍼스의 준공 및 이전 기념식이 거행되었다. 비좁은 한남동캠퍼스를 벗어나 국제적 규모에 걸맞은 신캠퍼스를 조성하기 위한 장충식 이사장의 꿈은 오래 전인 1971년부터 추진되어 온 것이었다. 당시 40세의 젊은 총장이었던 장충식 이사장은 그해 4월 서울시 내곡동에 24만여 평의 부지를 매입해 새 캠퍼스를 위한 종합 설계까지 완성하였으나, 이듬해 건설부의 실수로 내곡동 땅이 그린벨트로 지정되면서 대학 이전이 유보되어 왔다.

그러나 세계적 규모의 대학으로 웅비하겠다는 꿈을 버리지 않고 캠퍼스 이전 사업을 추진한 결과 드디어 죽전캠퍼스에서 이전 기념식을 거행할 수 있게 되었다. 2007년 8월 31일 교육인적자원부는 '서울 용산구 한남동'에서 '경기도 용인시 죽전동'으로 단국대학교의 위치 변경을 인가하였다. 2007년 9월 1일부로 단국대학교의 새로운 도약을 위한 죽전캠퍼스 시대가 열린 것이다.

죽전캠퍼스로의 이전은 우리나라 최초로 서울에 소재하는 대학이 보다 나은 발전을 위해서 서울 밖으로 이전하는 첫 사례여서 세간의 관심이 매우 높았다. 당시에 국내의 대다수 언론들도 다투어 단국대학의 이전 사실에 관한 기사를 보도하였다. 2007년 8월 20일자 『중앙일보』를 보면, 단국대학 이전에 관한 세간의 깊은 관심을 확인할 수 있다.

> 1978년 수도권 대학으로는 처음으로 천안에 지방 캠퍼스를 개설한 단국대는 이번 죽전캠퍼스 이전으로 '탈서울' 실험을 이어간다. 서울 소재 대학이 분교가 아니라 본교 자체를 지방으로 이전하는 것은 단국대가 처음이다.

그리고 한남동 시절보다 훨씬 나아진 죽전캠퍼스의 규모에 대해서도 소개하였다.

> 죽전캠퍼스는 기존 서울캠퍼스의 7배인 6,026㎡다. 건물 면적도 16만 6,746㎡로 두 배 정도 늘었다. 규모뿐 아니라 질적으로도 캠퍼스 업그레이드를 시도하였다. 모든 통신망이 지하공동구로 통합 매설돼 지상에는 전신주 · 전선을 찾아볼 수 없는 '클린 캠퍼스'를 자랑한다. 교내 정보통신망의 중요성을 감안해 대학 최초로 10기가의 고속 유무선 통신망을 설치하고, 1만 포트

이상의 인터넷망을 만드는 등 IT 인프라도 대폭 확충하였다. 이와 함께 부지의 절반 가량인 자연 녹지에 등산로, 산악자전거도로 등을 꾸며 '그린캠퍼스'의 면모도 강조하였다.

언론의 보도처럼 죽전캠퍼스는 한남동캠퍼스와는 비교할 수 없을 정도의 좋은 교육 여건을 갖추게 되었다. 단국인의 오랜 숙원인 '인간화'·'정보화'·'자연친화'적 캠퍼스의 꿈을 디지털캠퍼스·휴먼캠퍼스·그린캠퍼스의 건설로 구현하였다. 교내 정보통신망의 중요성을 감안해 건물 설계부터 디지털 컨셉을 적용하였다. 교내 전기 및 전력 규모가 대폭 증강되었고, 냉난방 시설은 파워플랜트에서 중앙 공급하면서도 각 건물이나 실별로 제어가 가능하도록 하였다. 교내 어디에서든 인터넷 접속이 가능하도록 하였고, 스마트 카드 시스템 도입과 결합되어 유비쿼터스 시대를 선도하는 U-캠퍼스로 건설되었다.

한남동캠퍼스 부지 면적의 7.5배에 달하는 32만 평 규모의 죽전캠퍼스 전체 면적 가운데 실제 개발 면적은 약 30%로 캠퍼스 배후에는 학생들이 마음껏 자연을 즐길 수 있는 20여만 평 이상의 숲과 녹지가 펼쳐져 있다. 운동부 기숙사 외에는 학생과 외국인 교수를 위한 기숙사가 전무했던 서울캠퍼스의 단점을 보완하여 대규모 기숙사를 신축하였다. 이에 따라 운동부, 재학생 외에 해외 유학생, 외국인 교수 등을 수용할 수 있는 복지 공간을 확보하였다.

시설면에서도 한남동 시절과는 비교할 수 없을 만큼 많은 부분이 확충되었다. 교사동이나 공장형실험동, 박물관, 미술관 등의 확충은 말할 것도 없고, 학생회관은 이전보다 186%, 음악관은 174%, 체육관은 317%로 면적이 넓어져 학생들의 다양한 문화 활동이 가능해졌다. 이외에도 각종 야외 문화 공연과 퍼포먼스가 가능한 다용도 대형 광장과 야외음악당 등이 만들어지면서 문화와 복지가 어우러진 휴먼캠퍼스가 구현되었다.

캠퍼스 이전과 함께 단국대학은 외형적으로 이전과는 비교할 수 없을 만큼 좋은 교육 여건을 갖추게 되었다. 이제 필요한 것은 단국대학이 어떤 비전과 가치를 가지고 웅비할 것인가라는 지속 가능하고 미래 지향적인 경영 전략의 수립이었다. 이러한 시대적 요구에 부응하여 죽전캠퍼스 이전 직후 장호성 총장이 제시한 청사진이 바로「단국비전 2017+ : 도전과 창조」2009.3였다.

장호성 총장은 단국대의 미래는 글로벌 시대를 선도하는 수요자 중심의 대학이며, 이를 위해 캠퍼스 특성화를 가속화하고, 학생들에게 실질적 혜택이 있는 국제 교류 및 실용 교육을 활성화하겠다는 분명한 방향성을 제시하였다. 그리고 단국대학의 교육 경쟁력을 확보하기 위한 전략으로 IT 분야 및 BT 분야의 신성장 산업을 담당할 우수 전문 인력 양성을 선도하여 우리나라 교육과 사회 발전에 이바지하겠다는 계획을 수립하였다.

'세계로 도약하는 민족사학'으로서의 위상을 확립하기 위해서 수립된 이 계획안은 총 여섯 가지의 전략과 가치로 구성되어 있다.

① 글로벌 가치를 창출하는 교육 시스템 확립
② 지식정보 시대를 선도하는 연구 역량 확보
③ 감동과 효율의 선진적 행정·재정 운영
④ 미래형 그린캠퍼스 구현
⑤ '단국' 브랜드 구축하는 국제화 실현
⑥ 지역 사회 친화적 봉사 실천

그리고 여섯 가지의 전략과 가치 안에는 구체적 실행 방법으로서 세부적인 전략 과제들이 편성되었다〈표 2-1〉.

이 발전 계획은 1단계 기반 마련기2009-2011, 2단계 역량 확립기2012-2014, 3단계 비전 구현기2015-2017로 구성되었다. 이 기간 동안 캠퍼스 특성화 작업을 끝낸 장호성 총장은 새로운 틀 위에서 단국대학의 지속적인 발전을 위한 또 하나의 발전계획을 수립하였다. 그것이 바로 2017년 11월 개교 70주년을 맞아 수립된 혁신적 대학 발전 계획인 「2027 Dynamic 단국」이다. 이 계획은 '도전과 창조의 글로벌 대학'이란 비전을

〈표 2-1〉 단국비전 2017+ 도전과 창조

전 략	전략 과제
Ⅰ. 글로벌 가치를 창출하는 교육 시스템 확립	1. 우수 학생 선발 전략 강화 2. 실용형 맞춤형 교육 강화 3. 최우수 교원 초빙 4. 수요자 중심의 지원 체제 강화
Ⅱ. 지식 정보 시대를 선도하는 연구 역량 확보	1. 연구 선도화 전략 강화 2. 산학협력 활성화
Ⅲ. 감동과 효율의 선진적 행정 재정 운영	1. 고객 만족 행정 체계 구축 2. 재정의 효율성과 건실성 확보
Ⅳ. 미래형 그린캠퍼스 구현	1. 경쟁력 향상을 위한 기반 시설 확충 2. 소통을 활성화하는 캠퍼스 실현 3. 문화 창출형 그린캠퍼스 실현 4. 지능형 U-캠퍼스 실현
Ⅴ. '단국' 브랜드 구축하는 국제화 실현	1. 국제화 기반 강화 2. 국제 교류 활성화
Ⅵ. 지역 사회 친화적 봉사 실천	1. 지역 사회와 연계한 봉사 · 교육 프로그램 확대 2. 인도주의에 입각한 해외봉사 확대 3. 지역 주민을 위한 문화 행사 활성화 4. 지역 친화적 평생교육 체제 확립

표방하였으며 네 가지 발전 전략으로 구성되었다.

① 미래 지향적 교육 가치의 창출
② 세계 수준의 창의적 지식 공동체 구축
③ 봉사와 협력의 대학 브랜드 명품화
④ 혁신과 효율의 신개념 지식 · 경영 체제 구현

위의 네 가지 발전 전략을 구체화하고 실현하기 위해 세부적인 부분별 추진 목표와 핵심 과제를 제시하였다〈표 2-2〉.

〈표 2-2〉 2027 Dynamic 단국

발전 전략	추진 목표	핵심 과제
[교 육] 미래 지향적 교육 가치의 창출	교육 분야의 특성화	· 혁신적 교육 방법의 운영과 교육환경 구축 · 역량 기반, 수요자 중심의 교육과정 개발 · 교양교육과 교양학사 조직 체계화 및 집중 육성 · 학생지도상담 체계화 및 비교과 교육 확대 · 융합 중심의 대학원 교육 프로그램 개발 · 운영 · 학생 진로와 취 · 창업 지원의 체계화 및 활성화
	국제화 역량 강화	· 영어 전용 트랙 확대와 외국인 교수/학생 확보 · 세계 수준의 교육 콘텐츠 개발 및 활용 · 다각적 국제 교육 교류 확대 및 국제 표준 교육
	미래형 교육 지원 시스템 구축	· 학생 맞춤형 해빙 교육과정의 운영 · 융합형 교육 확대 · 비형식 교육, 직업교육, 평생교육센터 기능 강화 · EduAI 기반 학생 맞춤형 지원 체계 구축
[연 구] 세계 수준의 창의적 지식 공동체 구축	연구 수월성 확보 및 국제 경쟁력 강화	· 연구 사업 및 핵심 연구 주제 특화 분야 선정 · 연구 역량 및 지식재산권 확대 지원 체제 강화
	글로벌 연구 네트워크의 구축	· 연구 및 지식재산권 실적 제고를 통한 국제적 인지도 향상 · 해외 연구소 및 대학과의 공동 연구를 통한 교류 확대 · 대학원의 글로벌 인재 양성 강화
	독립, 자율, 체계적 연구 활동을 위한 시스템 완성	· 연구소 중심의 대학 연구 시스템 활성화 · 단국미래융합연구원 설립 및 연구 통합 조직 운영 · 연구 활성화를 위한 다양한 제도 혁신 · 학부-대학원 통합 연계 과정 및 대학원 중심 학부 과정 운영
[봉사 · 협력] 봉사와 협력의 대학 브랜드 명품화	지역 사회 친화형 명문 사학	· 지역학연구소 설립 및 육성 · 봉사와 협력의 다면화 시스템 구축 · 지역 사회 친화적 봉사 · 협력 프로그램 개발 및 운영
	인류사회에 공헌하는 글로벌 대학	· DKU Globalization System구축, 업무 전문성 강화 · DKU Globalization Fund 조성 · 해외 단국거점센터 확충 및 운영 활성화 · 협력 층위에 따른 국제 교류 및 협력의 전략적 추진
	세계 최고 수준의 산학협력 대학	· 판교 K-밸리와 연계한 IT 산학협력 클러스트 구축 · 오송-대덕-천안을 잇는 메디바이오 협력 중심 대학 · 산학협력 지원 시스템 고도화 · 기업가적 대학Enterprise University 도입

[조직 · 경영] 혁신과 효율의 신개념 조직 · 경영 체제 구현	학사 구조 유연화	· 해빙 교육 모델 기반의 학사구조 운영 · 트랙형 및 모듈형 교육 프로그램 설치와 운영 · 학사 단위별 행 · 재정적 자율성 강화
	행정 시스템 혁신	· 직무 전문가에 의한 책임 행정 시스템 확립 · 수요자 중심의 논스톱Non-Stop행정 서비스 구현 · 외국인 교수/학생 지원 강화
	재정 시스템 혁신	· 저비용 고효율 고품질 학사 및 행정 조직 운영 · 발전기금, 학사 단위 사업화, 재정 안정화 프로그램 운영을 통한 안정적인 재정 확보 · 투명한 재정 운영과 집행 실효성 평가 제도의 확립
	인공지능 기반 스마트 캠퍼스, 웰빙-그린 캠퍼스 구축	· 오프라인/온라인 통합형 다면적 교육-연구-환경 구축 · EduAI, 5G 등 첨단화 · 정보화 · 지능화 시스템 구축 · 의료, 복지, 안전이 24시간 보장되는 융복합 캠퍼스 구축 · 자연친화적 캠퍼스 환경 조성 및 효율적인 공간 배정

2) 학사 구조 조정

단국대학의 발전 계획을 차질 없이 수행하기 위해서는 이에 대응하는 학사 구조의 조정이 필요했다. 그것을 위해서 캠퍼스별 또는 캠퍼스 간 연계성을 기반으로 한 경쟁력 있는 특성화 분야의 집중 육성 및 대학의 재정 건전성 제고를 위하여 '본교-분교' 체제에서 '1대학 2캠퍼스' 체제로의 전환이 당면 과제로 대두되었다. 그리하여 2010년 10월부터 2011년 3월까지 갈렙앤컴퍼니의 컨설팅 결과를 참고하여 양 캠퍼스의 특성화 방향을 설정하고 이를 실현하였다.

당시 단국대학은 죽전과 천안에 동일한 학과가 중복되어 있어 집중 투자가 어렵고, 규모의 효과 또한 기대할 수 없었다. 따라서 대학 간 무한 경쟁 시대에 돌입한 오늘날 단국대학의 경쟁력을 높이기 위해서는 중복 학과의 통합 등 학문 단위 조정이 필요하였다.

우선 2013년에 죽전 · 천안 양 캠퍼스의 중복 학과를 통합해 양 캠퍼스 92개 학과를 60개 학과로 축소하여 대학의 재정 건전성 강화 및 시설 투자의 집중화를 기하도록 유도하였다. 죽전 · 천안 양 캠퍼스에 중복돼 있는 학문 분야의 캠퍼스 간 이동과 통합을 통해 죽전캠퍼스는 응용과학IT 관련 학문과 문화콘텐츠CT 관련 학문 중심으로 특성화시키며, 천안캠퍼스는 기초과학과 생명과학BT, 외국어 관련 학문으로 통합하였다. 2013학년도에 양 캠퍼스 학과 중복률을 54%에서 10%대로 축소해 기존의 본 · 분교 체제의 대학에서 캠퍼스 체제의 대학으로 전환하였다〈표 2-3〉.

분교는 본교에 대비되는 용어로, 법령상의 대학 신설 기준을 충족하여 설립된 별도의 학교이다. 반면 캠퍼스 체제란 캠퍼스로 구성된 대학의 체제를 말하며, 단일 대학의 분리된 교지를 지칭한다. 2010년 정부는 행정 및 재정 등 별도 학교로 운영되지 않고 있는 본 · 분교 체제가 분교의 설립 취지 및 법적 근거에 부합하지 않는 것으로 보고 향후 분교를 별도의 학교로 운영하거나 또는 단일 학교로 운영하도록 법령을 개정할 것임을 밝혔다. 향후 단일 학교 또는 별도 학교로의 선택을 강제할 가능성은 매우 높아져 이를 대비해야 하는 실정이었다. 특히 천안캠퍼스의 경우 대학 일원으로서 자부심을

〈표 2-3〉 캠퍼스 특성화 전략

죽전캠퍼스		천안캠퍼스	
IT	CT	BT	외국어(지역학)
• 핵심 분야 - 지능형 IoT - 인공지능(AI) - 빅데이터 - 차세대 전자부품 소재 - IT · CT 융합기반기술 • 핵심 사업 - 소프트웨어 중심 대학 - 정보문화기술연구원 - ICT융복합 내진 · 초고층학과 - BK21플러스 사업 · 유기광전자 기능소재 · 지능형 사물을 위한 융합소프트웨어 - ITRC(웨어러블씽킹센터)	• 핵심 분야 - 동양학 - 스토리텔링 - 융합디자인 - 디자인씽킹 • 핵심 사업 - SW디자인융합센터 - BK21플러스 · 지식재산 정보보호 특화 · 문화코드기반의 글로벌 영화제작 - 지식재산전문학위과정 - 영화콘텐츠전문대학원 - 문화콘텐츠기술연구소	• 핵심 분야 - 생명과학 - 생명기초-임상 중개연구 - 건강증진 및 웰빙 - 농생명, 보건의료 • 핵심 사업 - LINC+ 사업 - CK-II 사업-캠바이오 글로벌 - BK21플러스-나노바이오재생의과학 친환경안전동물자원	• 핵심 분야 - 권역별 지역학 - 신흥시장 지역학 - 글로벌 창업 - 글로벌 지역대학 • 핵심 사업 - GCC국가연구소 - 몽골연구소 - 북방문화연구소

갖게 하기 위해서도 본 · 분교에서 캠퍼스 체제로 전환할 필요가 있었다. 그 준비의 핵심 사항은 양 캠퍼스에 중복 학과 또는 유사 학과가 없도록 하는 것이었다.

그리하여 죽전캠퍼스의 자연과학 분야 4개 학과화학, 분자생물학, 응용물리학, 식품영양학와 외국어 분야의 2개 학과중어중문학, 일어일문학를 천안캠퍼스의 중복 학과와 통합하고, 천안캠퍼스에서 모집하는 공학 분야 4개 학과토목환경공학, 전자공학, 응용화학공학, 멀티미디어공학와 인문학 분야 2개 학과한국어문학, 역사학, 문화예술 분야 2개 학과시각디자인, 음악를 죽전캠퍼스의 중복유사 학과와 통합하였다.

이후 완전한 1대학 2캠퍼스 체제 구축을 위해 2014학년도 시행을 목표로 제2차 학문 단위 조정 추진을 완료하였다. 2014년 학사 편제 조정으로 죽전캠퍼스의 영어영문학과를 천안캠퍼스 영어과로 통합하는 대신 죽전캠퍼스에 영미인문학과를 신설하였다. 그리고 천안캠퍼스의 국제통상학부, 경영학부, 컴퓨터과학과, 국제학부글로벌경영학전공 등 4개 학부(과)를 죽전캠퍼스의 경제통상학부, 경영학부, 소프트웨어학과, 국제학부국제경영학전공로 통합하고, 천안캠퍼스에 포르투갈브라질어과, 제약공학과, 디스플레이공학과, 보건행정학과, 생명의학정보공학과 등 5개 학과를 신설하였다.

죽전캠퍼스는 컴퓨터공학, 기계공학, 전자전기정보통신의 IT 분야와 인문사회, 문화예술, 건축디자인의 CT 분야에서 학문적 기반과 역량을 확보하고 있다. 또한 죽전 인근의 지식기반산업 규모는 경기도의 27.5%를 차지하고 있고, 정보처리산업, 정보통신, 방송 영역 종사자 규모 및 산업 발달 상태가 우수하며, 수도권의 문화콘텐츠 분야에 대한 사회적 인력 수요가 클 것으로 전망된다.

천안캠퍼스는 의과대학, 치과대학, 약학대학, 첨단과학대학, 생명자원과학대학 등 기초과학과 생명과학에 관련된 학문적 기반과 역량을 확보하고 있다. 충청권의 산업 기반은 바이오, 의약, 화학, 식품 분야에 집중되어 전국의 18.9%에 해당하는 바이오 기업이 위치하고, 기초과학 분야의 정부 재정 투입 확대총 5조 2,000억 원에 따른 연구력 향상도 기대된다. 또한 천안캠퍼스에는 이미 중국어, 일본어, 몽골학, 중동학, 영어, 스페인어, 독일어, 프랑스어, 러시아어 등 총 9개의 외국어 학과가 있어서 외국어 분야 기반과 역량이 확보되어 있다. 아울러 신 수도권으로 다수의 국가 기관이 이전하여 국제사회와의 문화 및 경제 교류 활성화로 인한 다양한 언어 수요가 창출될 전망이다.

2013년 본 · 분교 체제에서 1대학 2캠퍼스 체제로의 학문 단위 구조 조정을 통해서 유사중복학과의 통합 유도를 통한 적정 규모화를 실현하였고, 학문 단위 간 집중을 통한 융 · 복합 연구 활성화 및 시너지 효과를 거둘 수 있게 되었다. 그 결과 캠퍼스별 특성화 및 집중화를 통한 투자 효율성 제고 및 대학의 재무 건전성 개선을 통한 미래 투자 여건을 확보하게 되었다.

학문 단위 조정을 통해서 2009년 이후 신설된 학과(부)는 IT · 엔지니어링 분야소프트웨어학과 · 모바일시스템공학과 · 산업보안학과 · 에너지공학과, BT 분야의생명공학부 · 제약공학과 · 임상병리학과 · 물리치료학과 · 보건행정학과 · 치위생학과 · 심리치료학과 · 약학과, 국제화 · 외국어지역학 국제학부 · 중동학전공 · 포르투갈브라질학전공, 미래 수요 예측 분야상담학과 · 해병대군사학과 등 총 4개 분야에 17개 학과(부)였다.

신설된 학과(부)는 특성화된 학문 분야IT, CT, BT, 지역학 등로의 선택과 집중으로 단국대학교를 대표하는 학문 분야 육성을 통해 대외 평판도를 상승시킬 수 있고, 미래 지향적인 학문 단위를 도입하여 4차 산업혁명 등 사회가 요구하는 분야로의 취업 및 진학 기회를 확대할 수 있는 분야를 고려하였다. 앞으로도 1차 개편 상태인 23개 단과대학 92개학과부에서 2020학년도 학사 구조 개편을 통해 18개 단과대학 72개 학과부로 조정할 계획이다〈표 2-4〉.

〈표 2-4〉 **학문 단위 조정 내용**

<table>
<tr><th>구분</th><th colspan="2">2009학년도</th><th colspan="2">2020학년도</th></tr>
<tr><td>모집 단위</td><td colspan="2">20개 대학 85개 학과(부)
〈10개 학부 75개 학과〉</td><td colspan="2">18개 대학 72개 학과(부)
〈18개 학부 54개 학과〉</td></tr>
<tr><td rowspan="4">신설
(2009년 이후)</td><td>IT · 엔지니어링 분야</td><td colspan="2">소프트웨어학과 / 모바일시스템공학과 / 산업보안학과 / 에너지공학과</td><td rowspan="4">17개
학과(부)
신설</td></tr>
<tr><td>BT분야</td><td colspan="2">의생명공학부 / 제약공학과 / 임상병리학과 / 물리치료학과 / 보건행정학과 / 치위생학과 / 심리치료학과 / 약학과</td></tr>
<tr><td>국제화 · 외국어(지역학)</td><td colspan="2">국제학부 / 중동학전공 / 포르투갈브라질학전공</td></tr>
<tr><td>미래수요 예측 분야</td><td colspan="2">상담학과 / 해병대군사학과</td></tr>
</table>

3) 고객 중심의 행정 조직 개편

미래의 단국대학은 수요자 중심의 대학이 될 것임을 천명한 장호성 총장은 급변하는 대학 경영 환경에 발 빠르게 대처하고 대학 경쟁력 확보를 위한 행정 조직 효율화 방안을 모색하였다. 그 결과 ① 행정 조직 전문화 ② 학생 중심의 교육 체계 구축 ③ 취업 지원 및 교육 서비스 기능 확대 ④ 대외 평가 분야의 집중적 관리 ⑤ 국제화 부분의 역량 강화 등을 시행 과제로 선정하였다. 이 방침에 따라 2012년 2월 1일자로 시행된 행정 조직 조정의 구체적 내용은 첫째 행정조직 전문화를 위해서 3실 6처를 1실 10처로 재편하고 부서별 업무를 세분화, 둘째 학생 중심의 교육 체계를 구축하기 위해서 재학생들이 가장 많이 이용하는 교학과의 기능 확대, 셋째 취업지원 및 교육 서비스 기능 확대를 위해 취업진로센터를 취업진로처로 승격시키고 산하에 취업지원과와 진로 교육과를 편성해 학년별 취업관리 별도 운영, 넷째 대외 평가 분야를 전담하고 평가 지표를 상승시키는 전략 기획 부처로 평가기획팀 구성, 다섯째 국제화 부분 역량 강화를 위해 국제문화 교류처를 국제처로 확대하여 산하에 글로벌전략팀, 글로벌교육센터 글로벌교육 및 글로벌서비스팀 등을 두어 업무를 분담시키는 것이었다.

이어서 2013년 3월 1일자로 시행된 직제 조정은 본격적으로 1대학 2캠퍼스 체제를 가시화하기 위한 것이었다. 죽전 · 천안 양 캠퍼스의 유사 직제를 통합하거나 직제명을 변경하여 각 캠퍼스의 자율성을 기반으로 하는 하나의 대학을 구현하는 데 목적을 누었다. 1대학 2캠퍼스 체제 구현을 위한 행정 효율화를 위해서 「One University 지향형 행정 체계」를 구축한 것이다.

4) 최상의 교육 행정 서비스 제공을 위한 CS경영센터 운영

2013년 3월 고객 서비스 만족도 1위 대학을 목표로 총무인사처 산하에 CS(Customer Satisfaction)경영센터를 신설하였다. 이를 통해 최상의 교육 행정 서비스를 제공할 것을 목표로 삼았다. CS경영센터의 운영 업무는 ① 국내 대학 최초의 통합콜센터를 개통해 전문 상담원 3명이 상주하여 각종 민원 업무 처리 ② 단소리 CS센터에서 학생들의 각종 학사 민원 서비스 제공 ③ VOC(고객의 소리)시스템으로 시설, IT, 학사 등 20개 영역 통합 관리 ④ CS마인드 교육, CS모니터링, 고객 지향적 CS혁신 과제 발굴, CS조직 문화 확산 및 개선 등이다. VOC는 부서별 관리, 신속 대응 원칙을 통해 2019년 7월 기준으로 10,190건을 처리하였다.

CS경영센터에서는 CS마인드 교육, CS모니터링, 고객 지향적 CS혁신 과제 발굴, CS조직 문화 확산 및 개선에 힘써 왔으며, 구성원(교수(조교)·직원·학생)의 행정 서비스 만족도 진단(DK-UCSI)을 실시하였다〈표 2-5〉. 이를 위해 내·외부 교육 수요자 중심의 대학 경영 통합 지표를 토대로 한 데이터 기반 만족도 진단 지표를 마련하여 학생, 교수 및 조교, 직원을 대상으로 행정 서비스 향상을 위한 소통과 긍정적 변화를 지향하고 있다. 행정 서비스 만족도 진단 결과 구성원의 만족도가 점진적으로 높아지고 있는 것으로 나타났다〈표 2-6〉.

〈표 2-5〉 만족도 진단 참여 현황

조사 대상	대상 인원	참여 인원	참여율
재학생	21,507	6,855	31.9%
교수 및 조교	1,064	276	25.9%
직원	376	171	45.5%
전체	22,947	7,302	31.8%

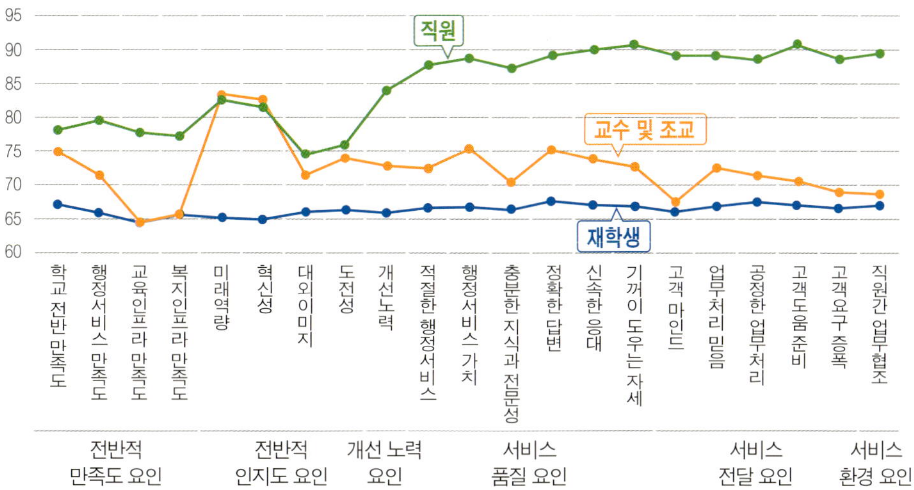

〈표 2-6〉 만족도 진단 결과

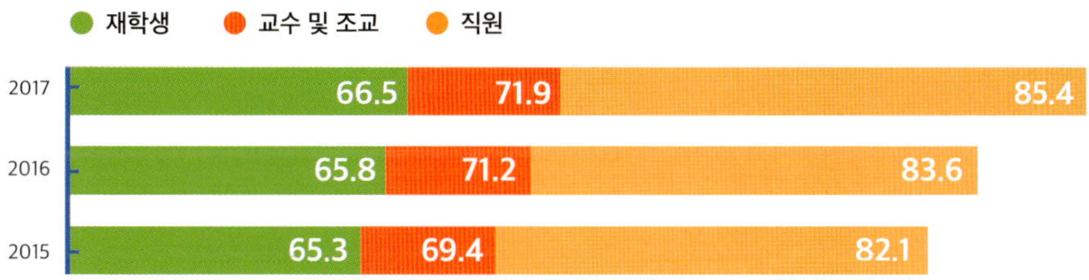

CS경영센터에서는 학과 만족도 환류 체계 시스템을 위한 학과 컨설팅을 제공하였으며, 진단 결과 개선 우수 사례를 수집 · 전파하였다.

〈표 2-7〉 2018학년도 4개 단과대학, 14개 학부 · 과 컨설팅 진행

캠퍼스	컨설팅 대상	비 고
죽전	음악대학 및 상경대학 전체 학과	2개 대학 / 8개 학과
천안	보건과학대학 및 의과대학 전체 학과	2개 대학 / 8개 학과
전체	총 4개 대학, 14개 학과	

5) 차세대 종합정보시스템 구축

글로벌 스탠다드를 충족하는 교육 환경과 종합시스템 인프라 확보를 위해 2015년 3월 차세대 종합정보시스템을 구축하였다. 2014년 2월 차세대 종합정보시스템 구축 사업자로 GS ITM을 선정하였다. 사업에 착수 결과 국내 대학 최초의 사설 클라우드서버 가상화를 구축해 자바와 XPlatform 개발툴을 이용한 최신 3Tier 웹아키텍처를 구현하였다. 이중화된 10Gbps 네트워크 기반 서버 가상화 구축, 고성능 DB시스템, 효율적 백업 시스템 등을 갖추었다.

차세대 종합정보시스템의 주요 특징은 ① 수요자 중심 학사 정보 시스템 구축으로 입학 · 졸업 · 동문까지 모든 학사

정보 업무 처리 일원화 ② 스마트 러닝을 통한 SNS와 연계된 학생, 교수 포트폴리오 소통형 스마트 교육 시스템 조성 ③ 경영 정보 시스템으로 대외 대학 평가지표, 내부 통계, 분석 및 예측을 위한 경영 전략 수립 체계를 갖추게 된 것이다. 이는 대학 경영진의 신속하고 객관적인 의사결정 시스템을 확립했다는 의의가 있다.

캠퍼스 특성화 전략 주요 성과 02

1) IT 분야 주요성과

가. 산학협력 선도대학 육성사업LINC+

단국대학은 산학협력 선도대학 육성사업LINC+ 단장: 어진우 산학부총장에 선정되었다. 사업 기간은 2017년 3월부터 2022년 2월까지며, 이 기간 동안 사업비 총 250억 원을 지원받는다. 사업을 수행하는 동안 산학협력 선도대학LINC 평가 4년 연속2013-2016 전국 최고 점수를 획득하여 총 230억 원의 사업비를 지원받았다. 이 사업은 현재 LINC+ 2단계2019~2021에 진입하였다.

이 사업을 추진하며 교육 · 창업 · 기업 · 지역 사회 등 각 영역별 4대파크를 연계한 線SUN - 플랫폼 모델을 구축하여 대학 · 기업 · 지역 사회 간 기술 인력과 장비 시설을 개방 공유하고 소통 협력함으로써 창조경제의 생태계를 조성하고 지역사회 혁신 및 혁신 가치를 창출하였다. 사업의 효율성 제고를 위해 단국대학은 교비 40억 원을 투입하였으며, 전국 최대 규모 산학협력 중점교수단38명을 운용하고 있다. 또한 링크학기제 65개 관련 강좌를 운용하여 재학생 2,112명이 관련 교과목을 이수하였다. 사업 환경 개선을 위해 죽전캠퍼스는 공공기기센터 내 IT5G 등 전문 기자재를 투입하였으며, 천안캠퍼스는 사업비를 효율적으로 집행하여 국제 공인의 공동기기센터를 운영하고 있다.

나. LINC+ 4차 산업혁명 혁신 선도 대학

4차 산업혁명시대 도래에 적극 대응해 온 단국대학은 LINC+ 4차 산업혁명 혁신선도대학 사업단장: 임성한 교수에 선정되었다. 사업 기간은 2018년 3월부터 2022년 2월까지이며, 이 기간 동안 정부로부터 사업비 총 40억 원을 지원받는다.

사업의 주요 내용은 융합지식과 4C비판적 사고 · 소통 · 창의 · 협업 역량 제고와 교육 환경 및 교과목 혁신이다. 사업을 구체화하기 위해 4D디지털도구 활용 · 하드웨어-소프트웨어 융합 · 디자인싱킹 · 의사결정 능력 역량 중심의 실습실4D Studio과 클라우드 기반 온라인 교육 지원 시스템인 D-Bank를 구축하였다. 훌륭한 교육 환경 속에서 기계공학과, 건축공학과, 토목환경공학과 등 사회기반학과가 주축을 이뤄 사업을 추진하였다. 그 결과 단국대학은 LINC+ 사업대학 중 유망 신산업 인재 양성 가능 대학전국 권역별 10개 대학에 선정되었다. 단국대학이 UNITYUNIversity-Industry cooperated infiniTY 수도권 권역 혁신 선도 대학으로 당당히 자리매김한 것이다.

다. 산학협력 교육 미니 클러스터

산학협력 및 취 · 창업 역량 개발을 위해서는 좋은 교육 환경 제공이 필요하다. 단국대학은 단순히 교육 환경 제공에 그치지 않고 '산학협력 교육 미니 클러스터'를 개소2018.5하여 '교육 공간 혁신'을 실현했다. 이 클러스터에는 'I-다산 STUDIO', 'D · ONE DANKOOK MAKER SPACE', '창의공학실'SW ICT관 2층 등이 들어서 학생들이 창의적인 아이디어를 시제품으로 제작할 수 있으며, 기업자 정신 교육 공간으로도 활용하고 있다.

라. 창업 교육 거점 센터

취창업은 대학생들에게 하나의 꿈이다. 단국대학은 전국 55개 LINC+사업단 중 정부가 2곳을 선정한 창업 교육 거점 센터에 수도권 · 충청권 · 강원권 대표로 선정되었다. 창업 휴학제 최대 2년 시행 등으로 정부로부터 '창업 친화적' 학사 제도 운영을 통한 창업 교육 능력을 인정받은 결과이다.

단국대학에 설치한 창업 교육 거점 센터 단장: 어진우 산학부총장는 2018년 8월부터 2021년 2월까지 총 사업비 7천 5백만 원을 지원받는다. 창업 교육 거점 센터는 기업가형 융합 인재를 양성하기 위한 '에디슨파크'를 구축하였다. 또한 '창업 교육 전문가 양성 스쿨'을 개설하여 청소년 대상 IoT 학교 체험을 제공하고, 창업 경진 대회 등을 개최하는 등 그 역할을 충실히 수행하고 있다.

마. SW중심대학 지원사업

미래창조과학부 주관 2017 SW중심대학 지원사업 단장: 나연묵 교수 선정은 그간 장호성 총장이 강조해온 스마트캠퍼스 실현의 일환이다. 사업 기간 총 4년 2017. 3 ~ 2020. 12의 이 사업은 사업비가 총 95억 원 정부 출연 및 참여 기업 포함이며, 단국대, 용인시, 한국컴퓨팅산업협회 및 클라우드연구조합, NHN엔터테인먼트, 안랩, 글루시스 등 24개 기업, 총 27개 기관이 참여하고 있다.

단국대학은 2018학년도부터 SW융합대학 및 SW융합학부 신설, SW융합바이오 · SW융합콘텐츠 · SW융합경제경영 · SW융합법학 · SW융합건축IT연계 전공을 운영하고 있다. 또한 전공과 상관없이 소프트웨어 기초 소양을 쌓기 위해 '창의적 사고와 코딩', '대학기초 SW입문', '전공별 SW활용' 등 전교생을 대상으로 소프트웨어 기초 교양 의무화를 실시하고 있다〈표 2-8〉. 2019학년도부터는 'SW인재전형'을 신설하여 SW융합대학 정원의 20%를 선발하고 있다. 그 결과 SW인재양성, SW중심대학 연차 평가에서 '상위 대학'에 선정되었다.

SW교육센터에서는 중 · 고등학교 및 지역 주민 대상으로 SW교육을 실시하여 청소년 및 일반인 대상 SW 문화 확산에도 기여하고 있다.

〈표 2-8〉 **소프트웨어 관련 기초 교과목과 개설 현황**

교과목명	학기	수강 인원
창의적 사고와 코딩	2017-1학기	1,368명
	2017-2학기	1,244명
	2018-1학기	4,257명
	2018-2학기	338명
	2019-1학기	4,497명
대학기초 SW입문	2018-2학기	3,820명
총계		15,524명

※ 2020년에 교양필수 1과목 추가, 3과목 6학점으로 확대할 예정

바. 초고층빌딩 글로벌R&BD센터

2015년 국토교통부 주관 초고층빌딩 글로벌R&BD센터 센터장: 정란 교수 선정으로 단국대학은 2020년 11월까지 사업비 총 233억 원 정부 출연금 및 참여 기업 포함을 투자하여 초고층빌딩 글로벌 TOP기술과 ICT융합 자동화 기반 고부가가치 원천기술, 기업 지원형 초고층빌딩 핵심기술, 초고층빌딩 글로벌 지원인프라 모델 등을 개발하고 있다. 이를 위해 2017년 정보·지식재산 대학원에 ICT융복합내진·초고층공학과를 개설하여 내진공학엔지니어를 양성하고 있다.

중소벤처기업부 지원으로 정보지식재산대학원 소속으로 설치한 ICT융복합내진·초고층학과는 ICT기술을 융합해 3D기반 초고층빌딩설계에 특화된 융복합 교육과정을 구축하였으며, ICT전산구조해석, 컴퓨터모델링, 프로그래밍활용, 센서모니터링IT 기술 등을 교육하고 있다.

사. 리모델링연구소

교육부 주관 리모델링연구소-대학중점연구소 지원사업 센터장: 이상현 교수에 선정된 단국대학은 지반구조재·마감재 내진성능 3D-DB구축, 내진성능 자가진단 SW개발 등 내진 리모델링 기술 개발의 거점 역할 수행하고 있다(사업 기간: 2018.6.~2024.5 / 사업비: 총 62.5억 원 정부 출연금 및 참여 기업 포함).

리모델링연구소는 사업을 추진하는 동안 내진 보강 우수 엔지니어를 배출하고, ICT에 기반한 건축물 내진 설계 및 보강 분야 최고 전문 연구 기관으로 발전시켜 나갈 예정이다.

아. 웨어러블 Thinking 연구센터ITRC

웨어러블 Thinking 연구센터ITRC 센터장: 최용근 교수는 미래창조과학부 주관 「대학 ICT연구센터 육성 · 지원사업」에 선정되어 기업 수요와 시장의 요구에 맞는 웨어러블 SW기술과 웨어러블 서비스 연구 개발에 전력을 기울였다(사업 기간: 2015.9~2018.8 / 사업비: 총 32.5억 원정부 출연금 및 참여 기업 포함). 이 사업에는 ㈜네오펙트뇌졸증 재활 시스템 기술, ㈜인바디체지방 측정 기술, ㈜와이브레인뇌인지 웨어러블 기술, 3llabs족압 측정 서비스 및 자세 측정 기술 등이 참여하여 단국대학과 공동 연구를 수행하였다.

웨어러블 Thinking 연구센터는 연구뿐만 아니라 웨어러블 환경에 최적화된 소프트웨어 및 서비스를 개발할 수 있는 글로벌 인재와 IoT사물인터넷 웨어러블 소프트웨어 전문 인력을 양성하고 있다. 사업 기간 동안 웨어러블싱킹연구센터의 연구와 교육에 대한 평가로 2019 ICT 기술사업화 페스티벌 '우수성과' 부문 과학기술정보통신부 장관상최용근 교수과 2019 ICT 미래인재포럼 '창의인재 평가' 부문 과학기술정보통신부 장관상양동석 연구원, 컴퓨터학과 박사 과정을 수상하였다.

자. 경기 단국-삼성 모바일연구소

경기 단국-삼성 모바일연구소소장: 이재동 교수는 모바일 콘텐츠/플랫폼 개발 환경 및 관련 기술/산업의 자생적 생태계 조성을 위하여 삼성전자, 단국대 및 경기 콘텐츠 진흥원이 상호 협력을 목적으로 구축하였다사업 기간: 2010~2015. 삼성전자는 모바일연구소 구축 및 운영을 위한 장비 제공 및 기술 지원 그리고 전문 개발 인력 육성을 위한 교육 사업을 지원하였고, 진흥원은 우수 프로젝트 발굴 및 산업 생태계를 조성하였다. 단국대는 연구 개발 기능 강화를 통한 모바일 개발 환경 활성화, 전문 개발 인력 육성 그리고 모바일 산업 생태계 조성을 위한 테스트 베드를 운영하였다. 이를 통하여 2013 문화 융합형 모바일용 웰니스 서비스 저작 기술 개발, 2014 도서 정보 통합 마이닝 기반 사용자 참여형 시각화 및 추천 큐레이션 플랫폼 개발, 2015 생활 스포츠 활성화를 위한 맞춤형 스포츠 큐레이션 시스템 개발 그리고 2016 공연자 위치 기반 공영 장치 자동 제어 시스템 개발 등을 담당하였다.

모바일연구소는 연구뿐만 아니라 모바일 플랫폼 환경에서 경쟁력 있는 소프트웨어를 개발 할 수 있는 글로벌 전문 인재를 양성하고 있다. 그 결과로 2019 글로벌 핵심 인재 양성 지원 사업을 미국의 Kent State University와 공동으로 수행하고 있다.

2) CT 분야 주요성과

가. 인문한국플러스HK+지원사업

캠퍼스 특성화 전략 사업의 일환으로 단국대학은 죽전캠퍼스에 CT 분야 특성화를 추진해 왔다. 그 결과 한국연구재단에서 주관하는 인문한국플러스HK+지원사업소장: 허재영 교수에 선정되어 정부로부터 2017년 10월부터 2024년 9월까지 사업비 총 114억 원을 지원받게 되었다. 단국대학은 인문한국플러스HK+지원사업 추진으로 인문학 연구 인프라를 구축하고, 세계적 수준의 인문학 연구 성과를 창출하여 인문학 대중화에 기여하고 있다.

인문한국플러스HK+지원사업을 수행하는 동안 단국대학은 국내외 학술 활동과 연구 성과 확산을 위한 연구 교류 네트워크 강화를 위해 경기 동남권 용인 · 하남 · 광주 · 양평 · 여주 총 5개 지역과의 MOU 및 지역인문학센터를 신설하였다. 지역 사회 인문 지식 확산을 위해 국내외 학술 대회와 해외석학 초빙 강연회를 개최하였으며, 전문 학술 도서 및 교양 도서를 발간하였다. 또한 평생교육 소외 계층이나 중장년 · 노년층, 초 · 중 · 고등학생 대상으로 인문 소양 교육을 실시하고 있으며, 인문학 콘서트, 인문 독서 토론 캠프, 진로 인문학 특강, 책 읽어주는 엄마아빠 특강 등을 실시하여 지역 사회의 인문학 확산에 힘쓰고 있다.

나. SW · 디자인융합센터 구축

단국대학은 미래창조과학부가 주관하는 SW · 디자인융합센터 구축 사업센터장: 김태형 교수에 선정됨으로써 CT 분야 특성화 영역을 더욱 확장할 수 있었다. 2015년 11월부터 시행하고 있는 이 사업은 미래창조과학부로부터 사업비 총 20억 원을 지원받고 있다.

SW · 디자인융합센터에서는 빅데이터, 클라우드, 인지컴퓨팅 등 미래 산업 주축 소프트웨어를 활용한 교육을 진행하고 있다. 또한 디자인씽킹 선두 대학인 스탠포드대학 D.School 및 도쿄대학 I.School 등과 공동 프로젝트를 수행하고 있다. 산합 협력 차원에서 SAP, SKT, PTC 등 국내외 기업과 글로벌 창의 인재 양성을 위한 MOU를 체결하여 재학생들에게 이론과 실무를 겸할 수 있는 기회를 제공하고 있다.

SW · 디자인융합센터는 지역 사회와 공공 기관과의 협업에도 적극적으로 나서 '디지털수원' 및 '스마트시티 챌린지 사업'을 주도한 바 있다. '디지털수원'은 수원시 관련 50개 홈페이지를 통합하고, 빅데이터 및 디자인싱킹을 활용해 오는 2020년까지 음성 인식 기반 모바일 플랫폼을 구축하는 사업이다. SW · 디자인융합센터는 '수원 정보화 플랫폼' 구축에 창의성을 발휘하여 효율적으로 수행한 결과 세계 3대 디자인 어워드인 'iF 디자인 어워드 2019'에서 본상을 수상하였다.

'스마트시티 챌린지 사업'은 수원시 및 국토부와 함께 유네스코 세계문화 유산인 '수원 화성행궁' 일대를 스마트시티로 탈바꿈하는 'New 1794 정조대왕 No.1프로젝트'로 SW · 디자인융합센터가 수행하고 있다. 이밖에 SW · 디자인융합센터는 5급 신임사무관 창의교육국가공무원인재개발원, 2016, 글로벌 창업가 혁신역량 강화프로그램미래창조과학부, 2016 등 '디자인씽킹' 정부 위탁 교육을 수행하며 디자인씽킹을 통한 혁신 교육 플랫폼 역할을 하고 있다.

다. 세계 최대 규모 『한한대사전漢韓大辭典』 완간

『한한대사전』은 1978년부터 총 30년간의 사업 기간 동안 310억 원국고 25억 포함의 예산과 연인원 22만 명의 인력을 투입해 2008년에 완간하였다. 『한한대사전』은 전 16권부록 1권 포함으로 구성되었다. 5만 5천 글자와 45만 단어를 수록한 대사전을 단국대학의 독자적 역량으로 완성한 바, 한국 대학 100여 년

『한한대사전』 완간 기념식(2008.10.28)

역사를 통틀어 대학 발간 학술서 중 최고 역작으로 인정받아 2009년에 대한민국학술원 우수 학술 도서로 선정되었다. 또한 2012년에는 교수신문사가 주관한 '대학의 유산, 한국의 미래다'에서 『한한대사전』이 가장 높은 평가를 받아 교육과학기술부 장관상을 수상하였다.

라. 『한한대사전』 및 『한국한자어사전』 디지털화

장호성 총장은 『한한대사전』 완간에 만족하지 않고 동양학연구소를 동양학 관련 각종 학문 분야를 이끌어갈 세계적 수준으로 육성하기 위해 동양학연구원 2011.9 으로 확대 개편하였다. 그리고 2009년부터 디지털한한대사전 편찬을 위하여 『한국한자어사전』1996년 완간 및 『한한대사전』의 디지털화 작업을 본격적으로 시작했다.

디지털화 사전의 기획 의도는 문화적 지식을 하나로 총체화시켜 사회에 환원하자는 뜻에 있으며, 인문학자는 물론 대한민국과 세계의 독자들이 인터넷을 통해 디지털한한대사전에 쉽게 접근할 수 있게 하기 위함이다.

이를 위해 동양학연구원은 2009년부터 자체적으로 디지털한한대사전 편찬을 위하여 『한한대사전』과 『한국한자어사전』의 텍스트 변환, 웹폰트서체 개발을 위한 폰트의 유니코드화, 사전 통합 편집기 개발 등의 사업을 진행해 왔다.

2010년부터 2013년까지 총 3년간 세계최대 『한한대사전』 디지탈사업화를 추진한 결과 1차로 『한국한자어사전』의 디지털화에 성공하여 2017년 9월 1일부터 ㈜네이버를 통해 인터넷 검색 서비스를 제공하고 있다. 이로써 동양학연구원이 공개한 『디지털한국한자어사전』 검색 서비스를 통해 전문 연구자는 물론 일반 대중도 고유 한국 한자어 콘테츠를 손쉽게 접할 수 있게 되었다.

마. 영화콘텐츠전문대학원 설립

국내 최초로 영화 전문 인력 양성을 위해 2012년에 설립2012. 3한 영화콘텐츠전문대학원에는 장호성 총장의 CT 분야 역량 강화에 대한 의지가 담겨 있다. 김동호 전 부산국제영화제 조직위원장 교수를 초대 원장으로 초빙하였으며, 김태용, 문소리 등 현장 경험이 풍부한 교원을 확보하였다. 그 결과 BK21플러스 사업의 일환인 '문화 코드 기반의 글로벌 영화 제작 전문인 양성 사업'을 유치 2013 하였으며, 재학생이 제작한 DCG장편영화 등 많은 작품이 부산 · 홍콩 · 베를린 등 국제 영화제의 여러 부문에서 수상하였다.

바. 석주선기념박물관

석주선기념박물관에는 약 4만여 점의 유물이 소장되어 있다. 그 가운데 안중근 유묵 보물 제569-21 및 덕온공주 당의 중요

석주선기념박물관 신축 개관식(2009.04.14)

석주선기념박물관

민속문화재 제1호 등 11건 100점의 유물이 중요민속문화재로 지정되었다. 석주선기념박물관은 유물 특성에 맞게 5개 전시실고고역사 · 미술학 및 민속 · 복식학 분야 등로 구성되었으며, 유물의 안전한 관리를 위한 항온 항습 시설과 자동 소화 설비 시설을 갖춘 최첨단 수장고를 구축하였다.

훌륭한 시설을 갖춘 석주선기념박물관이 대학 구성원의 전유물에 머물고 있는 것을 안타깝게 여긴 장호성 총장은 지역 사회와 소통하고 공유하는 박물관을 구상하였다. 이에 따라 석주선기념박물관은 지역 사회와의 소통을 위한 박물관 시민인문학강좌용인 지역 전통문화, 한국 역사와 용인 지역 인물들 등를 운영하고, 체험 학습 프로그램단오 부채 만들기, 백제 토기 만들기, 고려 기와 탁본, 유적지 가족 답사, 관모 접기 등 진행 및 어린이 패션쇼 개최 등으로 지역 사회에 전통문화를 보급하는 데 앞장섰다.

석주선기념박물관은 박물관 내 유물 전시에 그치지 않고 디지털시대에 걸맞게 '구글 아트프로젝트Google Art Project'에 참여하여 한국 문화의 우수성을 세계에 알리는 데 심혈을 기울여 왔다. 구글의 선진적인 IT 기술로 박물관 유물을 소개함으로써 미래 지향적 박물관을 구축하였으며, 60개국 700여 개의 세계적 박물관이 참여하는 문화 유산 온라인 전시에 동참하여 500만 명의 팔로워에게 한국의 문화 유산을 소개하고 있다.

사. 인문 사회 분야 연구 능력

2013년 동아일보가 주관한 인분 사회 분야 연구 능력 분석평가에서 단국대학은 정치외교학, 교육학, 역사학 3개 학문 분야에서 우수 대학에 선정되었다. 학문별 영향력 상위 20위 안에 총 7명의 교원이 선정되었다. 역사 분야에는 김문식6위, 전덕재11위, 이종수18위 교수, 교육학 분야에 김은경10위, 김애화14위 교수, 한국어 · 문학 분야에 허재영7위 교수, 정치외교학 분야에 가상준9위 교수 등이 이름을 올렸다.

아. CT 특성화 대외 주요 실적

2017년 제59회 사법고시에 수석이혜경 동문, 법학 전공을 배출하였으며, 2018년에는 입법고시 및 행정고시 양과 수석법학과 07학번 설그린, 국내에서 보기 드믄 이례적인 사례을 배출하였다. 같은 해 법원행정처 주관 법원사무직 전국 최다 합격자인 20명 배출은 CT 특성화가 맺은 결실이었다.

자. CT 분야 교·내외 주요 행사

(1) DKU LA문학아카데미

단국대학의 국제문예창작센터는 한국의 문학을 세계에 알리고 고국을 그리워하는 교민의 애환을 달래기 위해 국내 교육기관으로는 처음으로 해외 정기 문학 강의인 'DKU LA문학아카데미'를 2014년부터 실시하고 있다.

(2) 넬슨 만델라 탄생 100주년 기념 음악회

장호성 총장은 2018년 10월 31일 난파음악관 콘서트홀에서 개최된 넬슨 만델라1918~2013 탄생 100주년 기념 음악회에 참석하여 축사하고, 행사를 주관하였다. 이 음악회는 단국대학과 주한남아프리카공화국이 공동 주최하고, 34개국의 주한 대사 및 외교 사절 110여 명을 비롯하여, 지역 기관장, 격오지 교육관계자 등이 참석한 가운데 성대히 치러졌다.

이번 음악회는 인종 차별을 철폐하기 위해 평화, 통합, 용서와 화해의 삶을 실천한 만델라의 삶을 재조명하자는 취지에서 베르디 오페라 '나부코'를 공연했다. 나부코는 과거 아프리카 대륙이 겪었던 고통을 위로하고 인종간의 화합을 강조하고자 고대 유대인의 바빌론 포로 이주의 아픈 역사를 노래한 공연이다. 단국대 음대 오케스트라, 합창단이 협연하였다.

장호성 총장은 "아프리카와 한국은 과거 열강의 식민 통치로 인한 고통을 공유했지만 인류 평화를 기원하는 걸음에 함께할 의무도 있다. 만델라의 정신적 유산이 많이 선양되길 바라는 마음에서 음악회를 준비했다"고 밝혔다. 노주코 글로리아 밤 주한 남아공 대사는 "만델라 전 대통령이 평소 주장했던 '음악은 인류에게 축복과 자유'라는 메시지가 한국의 대학에서 울려퍼져 감회가 새롭다. 음악회를 계기로 한국과 남아공의 유대가 더욱 강화되길 바란다"고 말했다.

음악회 참석 주한 외교 사절로는 아프리카 12개국남아공 · 앙골라 · 코트디브와르 · 케냐 · 모로코 · 르완다 · 시에라리온 · 수단 · 튀니지 · 잠비아 · 탄자니아 · 가나, 유럽 6개국유럽연합 · 교황청 · 포르투갈 · 루마니아 · 스웨덴 · 우크라니아, 아시아 및 중남미 7개국태국 · 베트남 · 방글라데시 · 우즈베키스탄 · 이라크 · 엘살바도르 · 니카라과 등 25개국에서 대사가 직접 참석했다.

(3) 해외 무용 공연

단국대학은 국제사회와의 학술 교류뿐만 아니라, 각종 문화 교류를 통해 친선 관계를 더욱 확대하였다. 그 중 단국대학이 보유한 무용과 학생, 교수들로 구성된 공연단이 중요한 역할을 담당하고 있다. 단국대학 무용단은 우수하고 독창적인 우리 고유 문화를 세계에 알리고, 국익을 대변하는 민간 외교관으로서 큰 몫을 수행하고 있다〈표 2-9〉.

〈표 2-9〉 무용단 해외 공연 실적

연도	공연 실적
2004년	중국 산동예술대학 산예극장
2010년	미국 어바인 Barclay Theater 미국 California State University, San Bernardino 미국 California State University, Long Beach 미국 LA 한인타운 Garden Suites Hotel
2012년	미국 비버튼 Arts & Communication Magnet Academy 미국 Oregon State University 미국 University of Oregon 미국 Southern Oregon University
2014년	미국 비버튼 Arts & Communication Magnet Academy 미국 Oregon State University 미국 University of Oregon 미국 Southern Oregon University
2015년	카자흐스탄 국립예술대
2016년	헝가리 부다페스트 MOM Theater 헝가리 University of Pecs 스웨덴 스톡홀름 콘서트홀 중국 무석시
2019년	몽골 국립오페라발레극장

2010년 장호성 총장은 본교 무용과 학생, 교수들로 구성된 공연단을 이끌고 미국 캘리포니아 지역의 교류 협력 대학들을 방문하였다. 이 기회에 한국 무용 공연으로 수준 높은 문화예술 공연을 통한 단국대학의 저력과 역량을 홍보하고, 이 지역 대학들과 서면적 차원의 협약과 교류가 아닌 실제적 교류를 확대하기 위한 것이었다. 그 결과 국제 교류 프로그램과 국제 인턴십에 관한 협약 체결도 같이 이루어졌다.

2014년 5월 헝가리 부다페스트공과대학, 엘떼대학, 페이츠대학, 세멜바이스대학과의 교류 협약을 체결하고, 5월 21일 헝가리 부다페스트 MUPA 예술의 전당에서 단국대 무용단이 공연을 펼쳤다. 이 공연은 한국과 헝가리의 수교 25주년을 기념하는 공연으로서 유럽의 거장 마거졸탄의 바이올린 연주와 자매 대학인 엘떼대학의 헝가리 전통 무용 공연이 함께 이루어짐으로써 양국간 우의를 더욱 돈독하게 하는 계기가 되었다.

2016년 9월 24일부터 10월 6일까지 스웨덴과 헝가리를 방문해 한국 무용 공연을 펼쳤다. 이 공연은 헝가리 한국 문화원과 주스웨덴 한국대사관 초청으로 마련된 것으로 단국대학 무용단이 국제 외교의 한 축을 담당하고 있음을 보여준다.

한국과 헝가리 수교 25주년 기념 공연(2014.05.21)

헝가리 공연을 성황리에 마친 후(2014.05.23)

10월 25일 장호성 총장은 헝가리 무궁화무용단 예방단을 접견하였다. 이날 예방에는 김재환 한국 문화원 원장을 비롯한 관계자와 Zsuzsanna 단장을 비롯한 15명의 무궁화무용단이 함께 하였다. 무궁화무용단은 2013년 자발적으로 결성된 한국전통무용동호회로 단국대학은 2014년 헝가리 무용단 공연을 계기로 인연을 이어오면서 한류 문화 전파에 기여하고 있다.

3) BT 분야 주요성과

가. 약학대학 유치와 의약바이오 클러스터 구축

장충식 이사장은 일찍이 총장 시절인 1977년 천안캠퍼스 신축 공사를 진두지휘하면서 생명과학 중심 대학으로 육성할 것을 계획하고, 이 곳에 농대현 생명과학대-치대-의대-약대를 설립할 것을 구상하였다. 그 계획에 따라 천안캠퍼스에 1980년 치의예과 설치, 1984년 치과대학 부속병원 개원, 1988년 의예과 설치, 1992년 간호학과 설치, 1994년 의과대학 부속병원 개원 등 의료 계열 학과와 병원 설립이 순차적으로 진행되었으며, 약학대학 설립은 마지막 과제로 남게 되었다. 약학대학 설립은 기존 의료 계열 인프라를 바탕으로 하여 자연과학대학, 생명자원과학대학에 소속되어 있는 다양한 학문 분야를 연계하여 천안캠퍼스를 BT 분야로 특성화하는 대학의 장기 발전 계획의 완결 과제였다.

2009년 하반기에 약학대학 신설추진위원회위원장 조인호 전 부총장를 구성하여 약학대학 유치 사업을 가동하였다. 그리고 마침내 2010년 2월 26일 교육과학기술부로부터 2011학년도 약학대학 신설 및 정원 배정에 관한 승인을 획득함으로써 BT 특성화를 목표로 한 천안캠퍼스를 명실상부한 보건의료 All-in-One 캠퍼스로 조성할 수 있게 되었다. 2011년 3월 3일에 약학관 준공식이 있었는데, 연면적 1만 1,340㎡지하 1층, 지상 6층으로 건축비 및 기자재 구입비 등 약 285억 원이 투입되었다. 약학관의 준공으로 천안 · 충남 지역의 보건 의료 환경 개선 및 우수 의료 인력 양성에 더 많은 기여를 할 수 있게 되었다.

약학관 준공식에 참석한 장호성 총장은 “신설 약대는 기존 의대, 치대, 부속병원, 유관 연구소 등 천안캠퍼스의 생명과학 인프라를 활용해 임상 교육을 강화하고 학제 간 융합 연구를 통해 최고 수준의 약사를 배출할 것”이라는 포부를 밝혔다. 이로써 ① 의과대학—치과대학—약학대학—간호대학—보건과학대학 ⇒ 의 · 약학 교육 ② 의대병원—치대병원 ⇒ 의료 · 보건 임상 ③ 첨단과학대학—생명자원과학대학 ⇒ 바이오 분야를 담당하는 의약바이오 클러스트의 위상이 견고하게 구축되었다〈표 2-10〉. 약학대학은 설립 이후 지금까지 약사 국가고시 전국 최고 합격률을 유지하고 있다.

한편 1992년부터 개설되었던 간호학과도 24년 만인 2016년 3월부로 간호대학으로 승격되어 현재 입학 정원 112명의 대규모 의료 교육 기관으로 성장하였다. 규모뿐만 아니라 교육 내실면에서도 우수성을 인정받고 있다. 한국간호교육 인증평가원 주관 우수 간호 교육 기관으로 5년 연속 인증을 획득하였으며, 최근 3년간 간호대학 간호사 국가시험에서 합격률 평균 98.2%라는 높은 성적을 유지하고 있다.

〈표 2-10〉 **의약바이오 클러스터 구축 환경**

의과대학－치과대학－약학대학－간호대학－보건과학대학	⇒ 의 · 약학 교육
의대병원－치대병원	⇒ 의료 · 보건 임상
첨단과학대학－생명자원과학대학	⇒ 바이오 분야

나. 의대 · 치대 부속병원의 성장

약학관 준공으로 천안캠퍼스에 의약바이오 클러스터를 완성하고, 이를 토대로 BT 분야의 연구 개발 사업에 전력을 기울이기 위해서는 기본적으로 가장 먼저 설립된 치과대학 부속병원과 의과대학 부속병원이 안정적인 재정 건전성을 유지하면서 발전하는 것이 필요했다. 이런 측면에서 보았을 때 장호성 총장 시기에는 치과대학 부속병원과 의과대학 부속병원의 재정 수익률이 이전보다 크게 신장된 사실이 눈에 띈다.

의과대학 부속병원의 경우 2007년의 수입액이 1천2백80억 원 정도였는데, 2019년 현재 2천8백70억 원으로 두 배를 훌쩍 넘는 규모로 증가하였다. 손익면에서도 2007년 당시 10억 원 정도의 손실이 있었던 반면에 2016년에 2백4십8억 원 상당의 흑자를 보이기 시작하면서, 2019년에는 4백7십7억 원의 순이익을 달성하였다〈표 2-11〉.

천안 치과병원도 2008년에 수입이 1백18억 원 정도에서 2019년에 2백44억 원으로 2배 이상 증가하였다. 재정 건전성 측면에서도 긍정적인 지표를 확인할 수 있다. 2008년도에 3

천안치과병원

죽전치과병원

억 원의 순이익을 본 것에서 2016년에 46억6천만 원의 순이익으로 정점을 찍고, 2019년에는 38억7천만 원의 순이익을 기록하였다. 2011년부터 2013년까지 약간의 손실이 발생한 것은 보다 나은 진료 환경과 연구 시설을 갖추기 위해서 2013년 3월 6일 새롭게 개원한 치대부속병원의 신축 공사비와 최첨단 시설 관련 비용 때문이었다.

신축한 치대 및 부속병원은 지하 1층, 지상 7층, 연면적 2만6,389㎡로 중부권 최대 규모로 건립되었다. 구강외과와 치과보철과 등 11개 진료과를 비롯해 임플란트센터, 장애인 구강진료센터, 무통진료실, 중앙기공실 등을 갖췄다. 또 전신마취 수술실과 전신CT, 미세현미경 등 고가의 첨단 장비를 추가 도입했다. 특히 치과 진료용 유닛 체어 156대를 설치해 진료 시간도 대폭 줄였다.

장호성 총장은 "신축 치과대학과 치과병원의 최첨단 시설을 활용해 우수 인재를 양성하고 양질의 의료 서비스로 지역사회에 공헌하겠다"고 약속하였다. 그리고 "의대, 치대, 약대 등 의약바이오클러스터를 구축한 천안캠퍼스의 BT 분야 특성화는 전국 최고 수준이 될 것"이라는 자신감을 드러내었다.

2010년에는 경기도민과 교내 구성원들에게 수준 높은 구강 의료 서비스를 제공하기 위해서 죽전캠퍼스 안에 죽전치과병원을 개원하였다. 경기도내 유일한 치과대학 부속 병원으로 문을 연 죽전치과병원은 유닛 체어 30대와 전신 마취 수

〈표 2-11〉 단국대학교 의료원 수입 · 지출 현황

(단위 : 백만원)

구분	2006년	2007년	2008년	2009년	2010년	2011년	2012년	2013년	2014년	2015년	2016년	2017년	2018년	2019년
수입	119,188	128,311	134,097	150,225	161,888	164,451	172,728	183,055	197,515	204,989	233,780	245,034	269,696	287,371
지출	115,994	129,374	133,801	145,918	163,454	164,568	171,938	185,397	199,123	206,428	208,894	218,689	237,001	239,666
손익	3,194	-1,063	296	4,307	-1,566	-117	790	-2,342	-1,608	-1,439	24,886	26,345	32,695	47,705

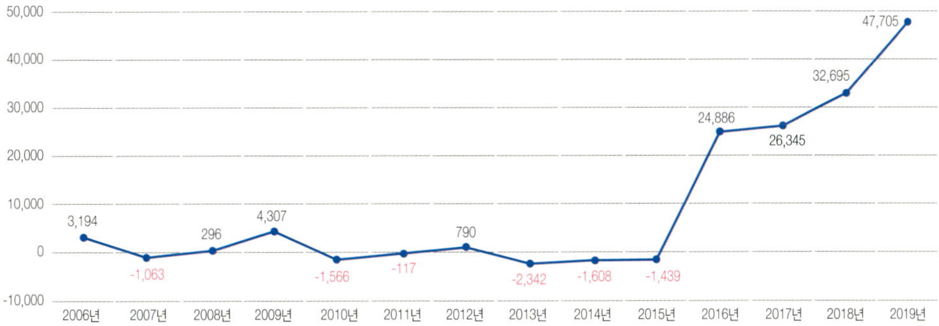

〈표 2-12〉 천안치과병원 수입 · 지출 현황

(단위 : 백만원)

구분	2008년	2009년	2010년	2011년	2012년	2013년	2014년	2015년	2016년	2017년	2018년	2019년
수입	11,837	12,103	12,313	12,840	14,266	16,850	18,735	21,049	21,705	22,893	23,600	24,441
지출	11,537	11,097	11,621	12,855	15,188	18,520	18,365	17,384	17,036	20,580	22,258	20,564
손익	300	1,006	692	-15	-922	-1,670	370	3,665	4,669	2,313	1,342	3,877

※ 2019회계년도는 1월까지 수입 지출을 추정하여 계산함

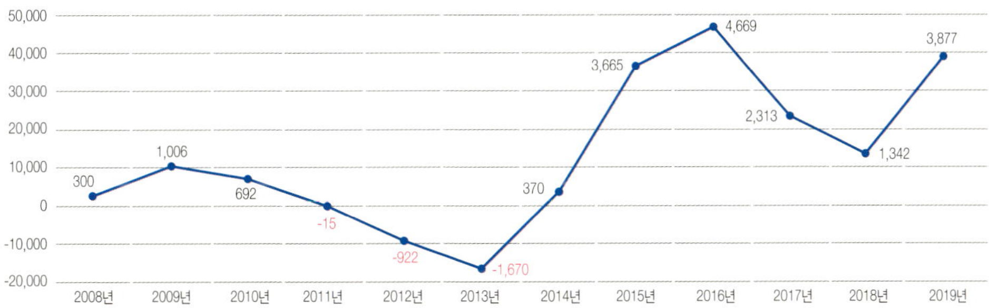

〈표 2-13〉 천안치과병원 환자 현황

(단위 : 명)

구분	2008년	2009년	2010년	2011년	2012년	2013년	2014년	2015년	2016년	2017년	2018년	2019년
초진	18,268	19,169	20,325	20,714	21,502	23,914	26,006	25,348	25,565	26,838	28,910	27,295
재진	137,816	133,139	119,853	115,918	121,840	135,562	145,833	153,199	157,121	156,798	170,668	166,281
합계	156,084	152,308	140,178	136,632	143,342	159,476	171,839	178,547	182,686	183,636	199,578	193,576

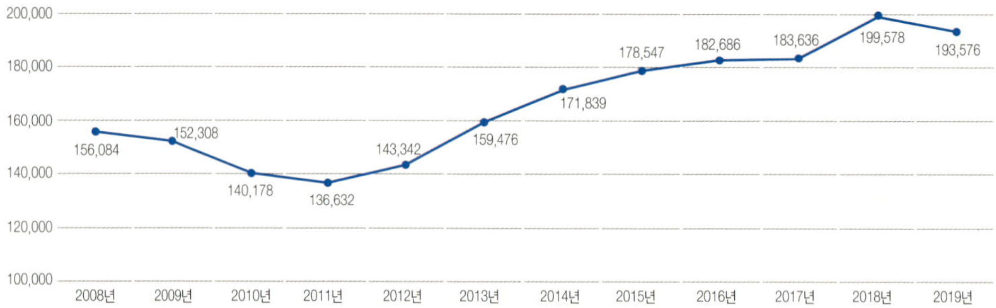

* 구강외과 단국대 입원 환자수는 제외함
* 2019년도 2월통계는 환산하여 적용함
* 세종치과병원은 2017년 8월에 개원하였으며, 합산하여 작성함

〈표 2-14〉 죽전치과병원 수입 · 지출 현황

(단위 : 백만원)

구분	2010년	2011년	2012년	2013년	2014년	2015년	2016년	2017년	2018년	2019년
수입	345	2,326	3,182	3,763	4,234	5,632	6,076	7,052	7,657	8,953
지출	945	4,141	4,351	4,556	4,930	5,579	5,989	6,351	7,223	8,394
손익	-600	-1,815	-1,169	-793	-696	53	87	701	434	559

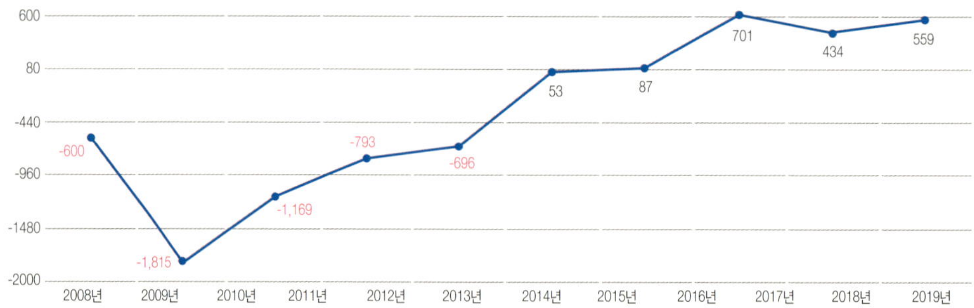

〈표 2-15〉 죽전치과병원 환자현황

(단위 : 명)

구분	2010년	2011년	2012년	2013년	2014년	2015년	2016년	2017년	2018년	2019년
초진	953	3,687	4,156	5,520	6,381	6,512	6,478	5,989	6,325	6,726
재진	2,636	18,168	25,284	34,456	39,595	45,423	50,122	52,815	54,159	61,571
합계	3,589	21,855	29,440	39,976	45,976	51,935	56,600	58,804	60,484	68,297

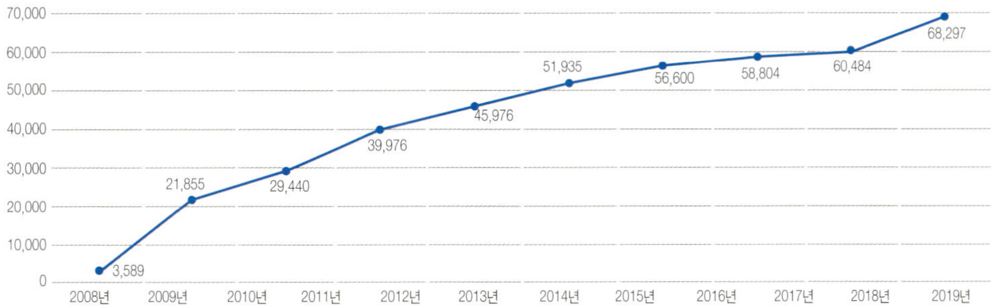

술실, 입원실을 갖췄다. 그리고 임플란트, 교정, 악안면턱안면 영역의 안전하고 효과적인 수술이 가능한 CAD/CAM 치아 제작 장비 및 3차원 입체 영상 CT와 레이저, 치과용 미세현미경 등 최첨단 장비를 도입했다. 죽전치과병원은 초기 운영 유지비로 재정적 측면에서는 손실이 한동안 발생하였으나, 2015년부터 흑자로 전환되었다. 2010년 수입액이 3억4천만 원에서 2019년 수입액이 89억5천만 원으로 크게 신장하였다.

다. 과학기술정보통신부 주관 「해외 우수 연구기관 유치 사업」 선정

'UCL이스트만-코리아 덴탈메디슨 혁신센터'소장: 김해원 교수가 과학기술정보통신부 주관 해외 우수 연구 기관 유치 사업에 선정되었다. 사업 기간은 2018년 7월부터 2023년 6월까지이고, 사업비는 총 81억 원을 지원받는다. 앞으로 본 사업을 통해서 치의학 및 조직재생공학연구 분야 원천 기술 확보가 가능해질 것으로 전망된다.

혁신센터 선정은 단국대학 조직재생공학연구원이 세계적인 대학인 영국 UCL의 이스트만 치의학연구소를 유치하여 이루어진 성과이다. 조직재생공학연구원은 2007년 설립 이후 550여 편의 연구 논문 발표, 2,000여 건의 국내외 특허 출원, 250억 원의 중대형 국책 과제 수주 등 세계적 연구 기관으로 자리매김했으며, 그동안 중점연구소사업, WCU사업, BK21+사업, 글로벌연구실사업 등 대형 사업을 주도적으로 수행하였다.

'한국베크만광의료기기연구센터'센터장: 정필상 교수도 사업 기간 2018년 7월부터 2022년 6월까지 사업비 총 84억 원을 지원받게 되었다. 한국베크만광의료기기연구센터는 2012년 설립 이후 SCI급 논문 61편 발표, 해외 특허 등록 1건, 국내 특허 등록 27건, 기술 이전 15건 등 첨단 과학 의료 기기 공동 연구의 인프라를 구축하고, 세계 수준의 광의료 기기 연구 클러스터, 국내 광의료 기기 산업 선진화에 기여해 왔다. 그 결과 2015년 정필상 센터장이 광의료 기기 분야 발전에 기여한 공로를 인정받아 대통령 표창을 수상하였다.

라. 한국연구재단 주관 「수도권대학특성화사업CK-II」 수주

'켐바이오 글로벌 전문 인력 양성 사업단'소장: 김성환 교수이 사업 기간 2014년 9월부터 2019년 2월까지 사업비 총 100억 원을 지원받았다. 화학과, 미생물학과, 생명과학과, 분자생물학과 등 4개 학과가 CK-II사업에 참여하여 융 · 복합 지식 기반 기초 학문과 응용을 겸비한 응용화학-생명공학-의 · 치 · 약학 융 · 복합 교육을 실시하였다. 이와 같은 Top-Edu 고품질 교육 서비스를 통해 재학생들의 글로벌 역량 개발, 취업률 제고 및 대학원 진학에 큰 도움을 주었다.

마. 한국연구재단 주관 「BK21+사업」 수주

나노바이오 재생의과학 글로벌 연구단이 사업 기간 2013년 9월부터 2020년 8월까지 사업비 총 85.2억 원을 지원받는다. 본 연구단은 SCIE 논문 총 432편 발표, 국내 특허 등록 85건, 기술 이전 10건의 성과를 자랑하며, UCL 이스트만 치의학 연구소와 공동 연구 인프라를 구축하고, 재생의과학 분야의 글로벌 전문 인력을 양성하고 있다.

친환경 · 안전 축산물 생산을 위한 동물 자원 전문 인력 양성 사업팀도 사업 기간 2013년 9월부터 2020년 8월까지 사업비 총 24.9억 원을 지원받는다. 동물 자원 분야 원천 기술 연구 및 실용화 연구, 친환경 동물 자원 산업을 선도할 전문 인력을 양성하고 있다.

운동의과학특화 전문인재양성 사업단도 사업 기간 2013년 9월부터 2020년 8월까지 사업비 총 13.2억 원을 지원받는다. 질병 예방과 증상 개선, 재활을 도모할 수 있는 운동의과학 관련 특화 전문 인재를 양성하였으며, 운동 실천 지도자 양성 교육을 운영하고 있다. 동시에 해외 석학 초청 세미나 및 학술 세미나 개최, 운동의과학회지를 발행하고 있다.

바. 대학병원 메르스 극복과 닥터 헬기 운영 및 치과종합병원 신축 통한 의료 복지 공헌

2015년 발생한 메르스 사태 때 전국적으로 총 37명의 사망자와 186명의 감염자가 발생하였고, 1만 6천여 명이 격리되는 대혼란을 겪었으나 단대병원은 충남 지역 유일의 국가지정 입원 치료 병상으로서 70여 일 동안 음압 격리 병실의 철저한 관리로 단 한 명의 추가 감염자도 발생하지 않은 유일한 병원이라는 성과를 보여주었다. 2016년 보건복지부가 실시하는 '권역응급의료기관 평가' 결과 414개 응급 의료 기관 중 전국 1위를 차지하였다. 2017년 제3기 '상급종합병원' 지정으로 최고 수준의 의료 역량을 인정받았고, 닥터 헬기의 운영을 통해 도서 지역 및 의료 취약 지역에 의료 복지를 실현하고 있다.

천안캠퍼스 치과병원 안에 충남장애인구강진료센터를

닥터 헬기 운영으로 의료 취약 지역에 의료 복지 실현

개소해 장애인 치과 진료 복지를 실현하고 있으며, 죽전치과병원, 세종병원 및 치과병원 개소로 의료 시설 취약 지역의 의료 인프라를 마련함으로써 지역 주민들에게 내실 있는 의료 서비스를 강화하였다.

사. BT 특성화에 따른 최근 대외 주요 실적

화학과가 2017년 산업계 관점 대학평가 및 대교협과 기업이 인정한 최우수 학과로 선정되었다. 산업 현장 수요자 중심의 교육 환경 구축 사례로 인정받았다. 보건과학대학의 치위생학과가 치과위생사 국가시험에서 2년 연속 전국 수석을 배출하였다. 그 주인공은 2017년 강수연, 2018년 김여주 학생이다. 생명자원과학대학 동물자원학과의 김인호 교수가 '외국인 돼지 박사'를 지도하여 국 · 내외 대학에 양돈영양 교수 6명을 배출하였다. 치과대학에서 치과의사 국가고시 2년 연속 전국 수석을 배출하였다. 그 주인공은 2015년 권율, 2016년 조은정 학생이다.

4) 외국어 분야

가. 외국어대학 내 특수 외국어 및 지역학 전공 개설

단국대학은 몽골학과, 중동학과, 포르투갈브라질어과 등 10개 외국어 및 지역학 전공을 운영하고 있다. 이는 한국외국어대학을 제외하고 하나의 단과대학에서 10개 언어를 가르치는 이례적 모델로 손꼽힌다. 단국대학은 국내 대학 최초로 몽골학과를 개설하여 한 · 몽 학술 교류에 이바지해 왔다. 2008년 장호성 총장 취임 이후 몽골학과 정원을 20명에서 30명으로 확대하고 몽골국립 보건대학, 몽골국립 과학기술대학 등 4개 대학과 자매 결연을 체결하여 실질적 학문 교류를 확대 강화하였다.

천안캠퍼스에는 중국어, 일본어, 몽골학, 중동학, 영어, 스페인어, 독일어, 프랑스어, 러시아어, 포르투갈브라질어 등 총

10개의 외국어 학과를 두어 외국어 및 지역학 분야 기반과 역량을 확보하였다. 천안과 인접한 세종시를 중심으로 하는 신수도권으로 다수의 국가 기관이 이전하여 국제 사회와의 문화 및 경제 교류 활성화로 인한 다양한 언어 수요가 창출될 전망이다.

나. 지역학 연구소 설치해 활발한 연구 활동과 학술 교류

아시아 · 아메리카 연구소, 아랍문화연구소, GCC국가연구소 등 지역학 연구소를 설치하여 활발한 연구 활동과 학술 교류를 진행하고 있다. 몽골연구소는 몽골 및 북방 문화 연구와 『몽골어대사전』, 『몽한대사전』 등을 편찬하였으며, '차세대 몽골 한국학 리더 양성 교육' 프로그램 운영을 통해 몽골 내 한국학자 초청 연수를 진행하며 몽골 내 한류와 한국학 발전에 이바지하고 있다.

다. 장호성 총장 몽골 최고훈장 수훈

2014년 6월 16일 장호성 총장은 몽골 대통령이 수여하는 최고 친선 훈장인 '북극성 훈장'을 수훈하였다. 이 훈장은 단국대학이 『몽골어-한국어 대사전』, 『동북아 유목문화 대사전』의 발간을 주도하고 매년 몽골에 의과대학, 치과대학의 의료봉사단과 학생봉사단을 파견하는 등 한국과 몽골의 교류를

몽골 최고 훈장 수훈. 왼쪽부터 Gonchigdor 몽골국회부의장, 장호성 총장, Ganbold Boasanjav 주한몽골대사(2014.06.14)

활성화 한 공로를 인정받아 수훈하게 되었다. 북극성 훈장은 몽골 대통령이 자국 발전에 기여한 외국인에게 수여하는 최고의 친선 훈장으로 버락 오바마 미국 대통령, 블라디미르 푸틴 러시아 대통령 등이 받은 바 있다.

5) 국내 최초 인공지능 기반 스마트 캠퍼스

가. 교육 경쟁력 강화 위한 스마트 교육 시스템

수요자 중심 학사 정보 시스템을 위해 스마트 캠퍼스 구현이 가능한 학사 플랫폼을 개발하였다. 스마트 러닝 기반

SNS와 연계된 학생 · 교수 포트폴리오 기반 소통형 교육 시스템을 구축하였다.

나. 인공지능 챗봇 '단아이DanAI' 시범 서비스

대학 생활과 관련된 질문에 답변해주는 챗봇 서비스 '단아이DanAI'를 구축하여, 수업 정보, 교내 생활 정보, 학사 정보, 취업 정보 등 학교 생활 정보 서비스를 제공하고 있으며, 365일 24시간 학생 개인 상황 및 적성에 따라 맞춤 정보를 제공하고 있다〈표 2-16〉.

〈표 2-16〉 인공지능 챗봇 '단아이DanAI' 서비스 개념도

단아이DanAI 구축을 통해서 객관적인 최신 정보 습득, 학생 개인 상황 및 적성에 따른 맞춤 상담 효과와 기존 상담자 역할을 한 교수·직원의 업무 능력 향상 효과가 기대된다.

2016년 9월 기존의 교수학습개발센터를 대폭적으로 확대 개편하여 미래교육혁신원을 발족시켰다. 미래교육혁신원은 교육성과평가센터, 교수학습개발센터, EduAI Educational Artificial Intelligence 센터를 신설하여 교육 혁신을 주도하고 있다.

4차 산업혁명과 인공지능 기반 교육 지원 시스템을 구축하여 미래 지향적 교육 시스템을 기획·운영하고 있으며, 디자인씽킹, 이러닝 및 K-MOOC, 플립러닝, Active Learning 등 혁신적 교육 방법을 도입하였다. 2021년까지 현재 서비스를 고도화하여 개인 비서 컨셉으로 맞춤형 정보를 제공할 계획이다.

다. 단아이DanAI 2단계 서비스 모델 오픈

시범 서비스에 대비 학사 DB를 연동해 학사·교과목 정보·취업 진로·대학 생활 정보를 제공하고 엑소브레인, 네이버지식, 기상청 등 외부 연동을 가능케 해 학사 전반 영역 커버를 가능케 하였다. 실시간 검색 강화를 위해 '학사·교과·취업 어드바이저' 기능을 생성할 수 있어 재학생의 개인 비서 역할을 충실히 수행하고 있다. 국내 대학 최초 위키피디아 기반 지식 질의 응답 '엑소브레인'한국전자통신연구원 ETRI 개발, 국내 최초로 장학퀴즈에 출연해 우승을 차지한 인공지능 기능을 탑재하였다.

라. 학생 역량 관리 시스템 영웅스토리

'YOUNG 熊 story'영웅스토리는 2017년 11월 학생들의 교과·비교과 정보를 한 곳에서 관리해 주는 프로그램으로 구축되었다. 주요 서비스는 역량 관리, 인증 관리전공·교양·비교과 프로그램 연계 핵심 역량 그래프이며, 비교과 프로그램·진로 설계·포트폴리오·상담 등 역량별 표준 점수 및 상대 비교 점수를 제공한다〈표 2-17〉. 영웅스토리를 통해 대학생 스스로 진로 설계에 기반한 '자기 주도적 대학 생활'이 가능하며, 학업·취업·상

〈표 2-17〉 'YOUNG 熊 story'영웅스토리 주요 기능

메뉴명	주요 기능
마이스토리	· 학생 개인별 전공·교양·비교과 교육과정 수강 및 활동 이력 조회 · 6대 핵심 역량 및 10대 전공 역량 진단 결과 확인
인증 관리	· 대학 교육목표와 연계된 대학 인재상으로 인증 관리능동적·혁신적·헌신적 인재 · 전공/교양/비교과 교육과정의 역량 설정 및 대학 인재상과 연계 구축
비교과 프로그램	· 교내에 개설되는 모든 비교과 프로그램온라인 비교과 포함 검색 및 신청 · 교외에 개설되는 비교과 프로그램외부 비교과 등록 및 인정 확인
진로 설계	· 기업 진출·진학·창업·공직 진출 등 사회 진출 직군 설정 및 진로 방향 선택 · 직군별 필요로 하는 역량 파악 및 역량 증진을 위한 로드맵 수립
포트폴리오	· 개인 역량, 비교과 프로그램 활동 이력, 진로 계획 등 영웅스토리에 축적 정보 기반 · 이력서 작성, 자기소개서 작성, 교과목 포트폴리오 작성
취창업	· 채용 정보 및 대외 활동 정보 제공, 취업 컨설팅 신청 · 취창업 프로그램 신청 및 캠퍼스 리크루팅
상담/커뮤니티/설문	· 교내 9개 상담 신청의 일원화로 상담 서비스에 대한 접근성 제고 · 포털 공지, 행사 참여 게시판, 교내 진행 중인 설문 참여 등

담 · 비교과 등 관련 부서에서 개별적으로 운영하던 홈페이지를 하나로 통합해 학생 교수의 대학 생활 전반에 편의성을 제공하고 있다.

마. 『동아일보』 특집 보도

『동아일보』 2016년 6월 2일자 대학탐방 섹션을 통해 단국대학의 AI교육 시스템이 특집으로 보도되었다. 2016년 스마트 캠퍼스 구축 위한 미래교육혁신원의 'EduAI' 신설 내용을 소개하였고, 입학부터 취업까지 개개인에 맞는 커리큘럼을 구축하여 학생 수요자 중심 대학으로 변화하고 있음을 보도하였다. 동아일보 기사에 따르면, 단국대는 국내 첫 AI 캠퍼스를 구축하였으며, "학생 스스로 미래 설계"의 길을 열었다.

창업지원 활성화 03

1) 분당 · 판교 · 죽전 수도권 창업 메카 구축

가. 창업지원단 조직 및 사업화 성과

2014년 1월 중소기업청 주관 사업인 창업선도대학 육성 사업에 5년 연속 선정됨에 따라 2014년 3월 총장 직속 부속 기관으로서 창업지원단을 신설하였다. 창업지원단은 창업운영지원팀 · 창업교육센터 · 창업사업센터 · 글로벌기업가발굴센터 등 1팀 3센터로 구성되었으며, 공동 사업 확대로 대한민국 대표 창업 플랫폼 구축에 기여하였다.

민간기관으로 크라우딩펀드, 엔젤클럽, 창조경제혁신센터, 엑셀레이팅 기관 프라이머 등과 공공 기관으로 경기도, 중소기업진흥공단, IBK, 자산관리공사 등을 연계시켜 창업 저변 확대 · 글로벌 창업 기업 육성 · 취약 계층 창업 지원 사업 · 예비 창업자 교육 사업 등을 지원하였다.

창업 아이템 사업화 지원을 위해서 창업자 발굴 및 창업 지원금 지원, 기술 개발, 시제품 제작, 판로 개척 등 전 과정을 후원하였는데, 창업 지원금은 최대 7,000만 원, 예비 창업자 및 1년 미만 창업 기업 대표 30인을 지원하였다〈표 2-18〉.

〈표 2-18〉 창업 지원 현황

연도	사업화지원	창업(명)	고용인원	매출액	지식재산권 등록(건)
2014년	30	30	33	1,821,359,000	55
2015년	30	30	45	4,008,387,841	11
2016년	29	29	72	2,927,950,000	25
2017년	26	26	202	21,249,246,000	18
2018년	29	29	181	15,017,452,000	23
소 계	144	144	533	45,024,394,841	132

나. 체계적인 창업 지원 및 육성

대학생 및 일반인 실전 창업 강좌 운영을 활성화하였다. 창업 기초 학습, 창업 심화 학습, 창업 현장 학습을 통한 철저한 기업가 정신을 확립시키고, 창업 전 실전 창업 강좌를 통한 성공 창업 시뮬레이션 구현 및 실무 교육을 진행하였다〈표 2-19〉.

〈표 2-19〉 창업 강좌 현황

연도	죽전		천안		소계	
	강좌수	수료생	강좌수	수료생	강좌수	수료생
2016년	146	4,541	153	4,621	299	9,162
2017년	135	4,227	142	3,869	277	8,096
2018년	125	3,747	129	3,558	254	7,305
소 계	406	12,515	424	12,048	830	24,563

창업 친화적 학제 구축 프로그램을 운영하였다. 그 내용은 (예비)창업가 졸업 요건 경감 제도학점 이수/논문→ 창업 트랙를 시행하고, 최대 2년 간 창업 휴학제 및 창업 대체 학점제창업 현장

실습 및 창업 실습를 실시하였다. 창업 교육 학점 교류를 시행 카톨릭대 · 강남대 · 경기대 · 수원대 · 아주대 · 인천대하였고, 2015년부터 창업 특기생 입학 전형을 시행하였다. 그리고 창업패키지 프로그램 제공으로 창업 마일리지를 쌓아 S등급 도달 시 1백만 원의 장학금을 지원하였다. 창업 동아리에는 최대 1,000만 원을 지원하고 40여 개의 창업 동아리를 발굴 지원하였다.

2015년부터 북한 이탈 주민의 안정적인 국내 정착을 위한 창업 교육, 창업 지원, 인큐베이팅 및 재기 지원을 위한 북한 이탈 주민 창업 교육 및 지원 사업을 진행하고 있으며, 이를 위해서 단국대, IBK기업은행, 한국자산관리공사 등이 협력 체제를 구축하여 창업 지원 사업을 실시하고 있다. 그리고 5년 연속 DKU 스타트업 데모데이 및 창업 동아리 페스티벌 등을 개최해 오고 있다.

2) 창업 지원 성과

언론사인 『한국경제』가 주관하는 「이공계 대학평가」에서 2018년 벤처 매출 200억 및 창업 강좌 이수 1위, 창업 전담 인력 2위, 2016년 학생 창업률 1위 및 창업 및 취업 지원 2위의 성적을 거두었다. 세부 평가 항목은 교육의 질, 연구의 질, 산학 협동 및 기술 실용화, 창업 취업 지원 등이었는데, 총점 200점으로 전국 대학 중 종합 14위, 자연과학계열 평가 부문 전국 11위, 창업 및 취업 지원 부문 전국 2위의 성적을 거두었다.

학내 벤처 주요 성과로는 죽전 41, 천안 19, 총 60개 업체가 입주해 있는 상태이다. 주목할 만한 사업체는 다음과 같다.

㈜네오펙트는 재활 의료기기 업체대표 상품: 라파엘 스마트글러브 등로서 죽전캠퍼스 차세대녹색기술창업플라자센터에 입주해 있다. 2018년 12월 28일 코스닥에 상장했으며, 2018년 기준 매출액 57억 원, 시총 800억 원의 규모로 성장하였다. 대학 협력 사업으로 최용근 웨어러블산업센터장대학원 컴퓨터학과을 최고기술경영자CTO로 영입하였고, 그의 논문 「운동학습 알고리즘 및 뇌졸중 재활 치료에 대한 수학적 모델링 연구」를 기반으로 기술 개발에 박차를 가하고 있다. 최용근 교수는 ㈜네오펙트 성과 발전 기금 2억 및 향후 기술 이전료 전액을 단국대학에 기부하였다. 2019년 후반기에 판교 제2테크노밸리로 사옥을 이전하였고, 단국대 산학협력 전용 공간을 마련하였다.

㈜젠바디는 국내 최초로 지카바이러스 진단 키트를 개발하였으며, 진단용 항원 항체 원료를 제조한다. 천안캠퍼스 생명공학창업보육센터에 입주해 있으며, 2018년 기준 매출액 700억 원을 돌파하였다. 대학 협력 사업으로 단국대병원, I-다산 LINC+사업단, ㈜젠바디가 의료기기 개발 및 임상 시험에 관한 MOU를 체결하여, 산·학·병 협력 인재 양성을 위한 교육과정, 현장 실습, 인턴 실습 등 공동 교육프로그램을

운영하고 있다.

㈜케이스건축은 목조 건축 설계 · 시공 건축사무소로 용인시 처인구에 3천여 평의 주택 단지를 조성하였다. 단국대 산학협력단 기술지주㈜ 자회사 최초의 건축사무소로서 목조 주택 특허 패널라이징공법, 목조내진골조 등를 기반으로 메이플빌리지 용인 전원주택 단지 Ⅱ, Ⅲ 양평 및 강원도 양양 2,500평 복합 문화 단지를 조성하였다. 대학 협력 사업으로 본교 건축공학과 출신 인력 고용 및 단기 현장 실습 산업체 현장 실습을 실시하고 있다.

학생 지원 강화 04

1) 장학금 지급 확대

대학 등록금 문제는 1997년 말 IMF 구제 금융 체제 이후부터 곤궁해진 서민 가정의 중요한 경제 문제로 다루어진 이래 역대 정권의 주요 정책 과제였다. 그리하여 2011년에 '반값등록금' 문제로 크게 쟁점화 되어 사회적 문제로 대두되었다. 이런 사회 환경에서 장호성 총장은 2011년 11월 2일 열린 개교 63주년 기념식사에서 "발전 기금과 장학금 유치 등 재정 확보에 총력을 기울이겠다"며 재학생들의 학비 감면을 위해 힘쓸 것을 다짐하였다.

그 결과 2008년 대비 2018년 학부 교내·외 장학금 지급 기준이 5.3배 상향 지급되었다〈표 2-20〉. 설립자 범정·혜당장학금 외 30여 개의 다양한 장학금 제도를 통해 학생들의 면학 여건을 조성하였으며, 글로벌 인재 장학금, 외국어 우수 장학금, 국제화 장학금 등을 통해 세계화의 발판을 마련하였다.

장학금 지급과 관련된 감동적인 스토리도 있었다. 2018년 9월 19일 백혈병을 앓다 세상을 떠난 국문과 13학번 김소예 학생의 어머니가 단국대학에 장학금 2천 700만 원을 기부했다. 단국대학은 김소예 양에게 명예 졸업장을 수여하여 그녀를 영원히 기억하기로 하였다.

2019년 5월 3일 12년째 이어온 '춘강·거보 장학금' 수여식이 진행되었다. 춘강 박상엽 동문법률학과 51학번과 거보 신석주 동문화학공학과 75학번이 출연한 대학 발전 기금이 12년을 꾸준히 이어오며, 254명의 학생에게 장학금 5억 4천만 원을 수여하였다.

〈표 2-20〉 장학금 지원 현황

(단위 : 천 원)

연 도	캠퍼스	학 부			대학원			합계
		교내장학금	교외장학금	소계	교내장학금	교외장학금	소계	
2018	죽전	15,765,337	19,680,202	35,445,539	10,986,102	1,246,073	12,232,175	47,677,714
	천안	14,888,413	22,438,012	37,326,425	3,776,469	631,272	4,407,741	41,734,166
	통합	30,653,750	42,118,214	72,771,964	14,762,571	1,877,345	16,639,916	89,411,880
2017	죽전	15,397,925	19,052,347	34,450,272	10,704,989	1,205,438	11,910,427	46,360,699
	천안	15,454,898	22,502,649	37,957,547	3,621,795	552,757	4,174,552	42,132,099
	통합	30,852,823	41,554,996	72,407,819	14,326,784	1,758,195	16,084,979	88,492,798
2016	죽전	15,475,654	18,177,560	33,653,214	10,778,852	1,167,015	11,945,867	45,599,081
	천안	16,024,678	21,856,775	37,881,453	4,194,008	677,850	4,871,858	42,753,311
	통합	31,500,332	40,034,335	71,534,667	14,972,860	1,844,865	16,817,725	88,352,392
2015	죽전	15,539,858	17,375,329	32,915,187	10,919,148	1,015,869	11,935,017	44,850,204
	천안	16,593,091	19,863,039	36,456,130	4,879,559	966,075	5,845,634	42,301,764
	통합	32,132,949	37,238,368	69,371,317	15,798,707	1,981,944	17,780,651	87,151,968
2014	죽전	14,989,368	16,213,927	31,203,295	10,473,028	458,846	10,931,874	42,135,169
	천안	15,211,210	17,594,391	32,805,601	4,482,799	453,605	4,936,404	37,742,005
	통합	30,200,578	33,808,318	64,008,896	14,955,827	912,451	15,868,278	79,877,174
2013	죽전	12,957,137	11,166,754	24,123,891	10,597,408	528,627	11,126,035	35,249,926
	천안	13,906,210	11,350,946	25,257,156	4,436,714	60,800	4,497,514	29,754,670
	통합	26,863,347	22,517,700	49,381,047	15,034,122	589,427	15,623,549	65,004,596
2012	죽전	11,141,499	2,677,193	13,818,692	8,790,345	692,569	9,482,914	23,301,606
	천안	12,306,063	3,101,271	15,407,334	3,558,346	66,043	3,624,389	19,031,723
	통합	23,447,562	5,778,464	29,226,026	12,348,691	758,612	13,107,303	42,333,329
2011	죽전	9,663,104	2,315,913	11,979,017	9,208,351	667,662	9,876,013	21,855,030
	천안	11,153,685	2,134,534	13,288,219	2,222,543	27,140	2,249,683	15,537,902
	통합	20,816,789	4,450,447	25,267,236	11,430,894	694,802	12,125,696	37,392,932
2010	죽전	8,373,521	1,981,754	10,355,275	8,090,098	813,059	8,903,157	19,258,432
	천안	9,720,778	2,351,423	12,072,201	863,907	0	863,907	12,936,108
	통합	18,094,299	4,333,177	22,427,476	8,954,005	813,059	9,767,064	32,194,540
2009	죽전	7,267,188	898,935	8,166,123	7,378,643	948,812	8,327,455	16,493,578
	천안	8,351,547	1,316,214	9,667,761	898,398	0	898,398	10,566,159
	통합	15,618,735	2,215,149	17,833,884	8,277,041	948,812	9,225,853	27,059,737
2008	죽전	5,772,476	629,866	6,402,342	6,663,039	497,631	7,160,670	13,563,012
	천안	6,513,854	666,065	7,179,919	730,053	0	730,053	7,909,972
	통합	12,286,330	1,295,931	13,582,261	7,393,092	497,631	7,890,723	21,472,984

2) 취업 역량 강화 프로그램

오늘날 우리 사회에서 청년 취업 문제는 매우 심각한 사회 문제로 대두되어 있다. 장호성 총장이 학생들에게 실질적 혜택이 있는 국제화 프로그램 및 실용 교육의 활성화와 산학 협력 사업을 적극적으로 추진한 것도 궁극적으로 청년 취업 문제를 해결해 보기 위한 노력의 일환이었다. 학교 행정 체제도 취업 지원 및 교육 서비스 기능을 확대하여 학생들의 취업 활동을 현실적으로 지원할 수 있게 개편하였다. 취업진로센터를 취업진로처로 승격시키고 산하 기구로 취업지원과와 진로교육과를 편성해 학년별 취업 관리를 별도로 운영하게 하였다.

아울러 학생들이 취업 준비에 도움이 될 수 있도록 여러 가지 프로그램들을 시행하였다. ① 취업 준비생을 위한 맞춤형 집중 취업 역량 프로그램인 단국올패스프로그램DAP을 실시하고 있다. 인사 담당자 특강, 선배 멘토링 특강, 취업 지원 담당 교수 면담 등 1:1 맞춤형 취업 지원 프로그램이다. ② 방학 중 학생들의 취업 역량을 진단해 기업별 채용에 대비하는 아이잡-JOB 프로그램를 실시하고 있다. 직무별/업종별 그룹을 구성하고 담당 전문가를 배정, 채용 절차별 교육을 진행하고 있다. ③ 단국 골든 타임 프로그램을 통해 RMS 취업 전략 캠프, 취업지원관 7주 프로그램, 영어 집중 교육 등을 실시하고 있다. ④ 직무 아카데미를 통해 직무별 교육을 통한 진로 설정 및 준비 전략을 제공하고 있다.

⑤ 취업 상시 프로그램으로 단과대학별 맞춤형 컨설팅실을 운영해 진로 상담, 자기소개서 첨삭 등을 지원하고, 최신 시설 완비 및 취업준비생을 위한 공간 JOB CAFE를 운영 중이다. 학년별 맞춤 취업 지원 프로그램을 통해 진로 설정, 심리 검사, 직무 교육, 입사 서류 작성 등을 지도하고, ⑥ 기업 인사・채용 관계자 초청 간담회를 개최하여 취업 준비생들에게 유용한 정보를 제공하고 있다.

⑦ 취업 준비 마스터 플랜을 도입하였다. 취업 관련 프로그램을 연속 과정으로 구성해 서류→필기→면접 대비 20개 프로그램을 운영 중이다. [1단계-서류] 과정에서는 자기소개서 입문자 과정, 지원 희망 기업별 실습, 역량 기반 자기소개서 등, [2단계-필기] 과정에서는 주요 기업 채용 대비 방법, 영역별 문제풀이 또는 모의시험 등, [3단계-면접] 과정에서는 면접 가이드, 면접 실습 및 피드백, PT 면접 및 토론 면접 준비 방법 등을 교육한다. 단국골든타임 프로그램도 운영하여 학생 개인, 수준별 취사 선택이 가능하도록 지원하고 있다.

3) 캠퍼스 시설 현대화

가. 교사 변동 현황

단국대학이 설립 이래 서울 소재 대학으로 누려오던 기득권을 포기하고, 죽전캠퍼스로 이전하게 된 결정적인 원인은 교육 공간의 부족 때문이었다. 학교 이전 문제로 소란하던 1997년 4월 14일자 『연합뉴스』의 기사는 이런 상황을 정확하게 소개하고 있다.

"단국대는 공간이 비좁아 교육 환경의 질적 개선이 어려운

죽전캠퍼스 전경

한남동 서울캠퍼스를 지방으로 옮기기로 하고 지난해 7월 경기도 용인시에서 새 캠퍼스 조성 작업에 착수하였다."

해방 이후 정통 민족사학으로 설립된 단국대학은 장충식 이사장이 36세의 젊은 나이에 총장을 맡으면서부터 괄목할 만한 발전을 이룩하였다. 폐지되었던 주간부의 부활, 종합대학교 승격, 천안캠퍼스 신설, 그리고 치과대학과 의과대학 등을 설립해 단국대학교를 명실상부한 한국 대표의 대규모 종합대학교로 면모를 일신시켰다. 그러나 세월이 흐를수록 한남동캠퍼스의 협소한 입지적 한계가 수면 위로 떠올랐다. 대학의 양적 성장에 걸맞는 교육 및 연구 시설의 부족 현상이

천안캠퍼스 전경

누적되면서, 한남동캠퍼스로는 더 이상 21세기가 요구하는 명문 사학으로서의 위상을 달성하기가 어렵다고 판단한 것이다. 그리하여 21세기형 첨단 교육을 실현한다는 목적으로 죽전 신캠퍼스로의 이전이라는 역사적 사업을 과감하게 추진하였다.

한남동캠퍼스보다 7.5배나 큰 죽전캠퍼스로의 이전은 그동안 열악했던 교육 환경을 일신시켰다. 넓은 부지 위에 디지털캠퍼스 · 휴먼캠퍼스 · 그린캠퍼스의 이상을 구현한 죽전캠퍼스는 건물 면적에서도 한남동캠퍼스와는 비교할 수 없는 규모를 자랑하게 되었다. 죽전캠퍼스 준공 직전 기준으로 비교해도 우선 대학본부/교수회관은 2,191.2㎡, 중앙도서관은 798.6㎡, 학생회관은 5,184.3㎡, 과학관은 11,774.4㎡, 공학관은 14,925.9㎡, 음악관은 4,511.1㎡, 인문사회사범학관은 2,976.6㎡, 체육관은 9,804.3㎡, 박물관은 2,376㎡, 미술관은 3,207.6㎡, 기숙사는 5,379㎡, 파워플랜트 2,300.1㎡, 학군단 884.4㎡, 연민기념관 547.8㎡, 옥외주차장 10,721.7㎡, 종합관은 24,215.4㎡가 한남동캠퍼스 때보다 확장되었다. 이후 죽전 · 천안 양 캠퍼스의 교사 시설은 지속적으로 확충 증가되었다〈표 2-21〉.

〈표 2-21〉 교사 변동 현황

(단위 : ㎡,%)

연도	캠퍼스	기준면적	보유면적					교사확보율
			기본시설	지원시설	연구 시설	부속시설	기타시설	재학생기준
2018	죽전	172,777	179,962	41,474	14,481	12,155	8,202	117.0
	천안	169,492	170,734	43,652	18,652	77,437	24,296	124.1
2017	죽전	171,487	180,472	41,477	14,239	30,523	9,146	137.7
	천안	169,861	189,130	43,336	1,216	77,461	11,185	137.6
2016	죽전	172,958	181,583	41,517	13,002	12,772	7,400	136.5
	천안	168,092	182,335	43,104	3,621	79,374	6,635	136.3
2015	죽전	175,186	177,490	46,038	13,688	11,602	7,456	136.4
	천안	172,302	169,571	56,138	3,577	77,862	6,635	133.1
2014	죽전	175,868	179,499	33,425	12,259	11,181	6,728	128.0
	천안	175,002	169,643	56,509	3,611	77,683	6,635	131.3
2013	죽전	175,356	153,574	42,298	11,667	9,578	12,209	118.4
	천안	174,148	163,481	41,086	9,534	80,138	6,635	122.9
2012	죽전	174,830	153,574	42,298	11,667	9,085	12,209	188.7
	천안	182,580	145,211	42,476	4,049	78,828	12,820	105.0
2011	죽전	173,512	149,712	42,298	3,269	5,732	5,203	112.5
	천안	181,622	135,493	42,476	3,965	78,828	11,042	104.0
2010	죽전	174,070	149,712	42,298	3,269	5,732	5,203	112.2
	천안	182,214	135,492	42,476	3,881	78,828	6,776	99.8
2009	죽전	183,930	149,712	42,298	3,269	5,732	5,203	104.4
	천안	167,512	135,492	42,476	3,881	78,828	6,635	106.2
2008	죽전	182,180	129,882	24,029	1,901	5,732	5,203	84.5
	천안	167,620	135,287	25,731	6,640	74,795	6,635	96.1

나. 기숙사 수용 현황

죽전캠퍼스로 이전하면서 학생들의 주거 안정과 면학 분위기를 조성하고 공동체 생활을 통한 인성 함양을 위해 기숙사를 확충하였다. 그 결과 민자 기숙사와 공공 기숙사의 유치

죽전 진리관과 웅비홀

천안 단우홀

로 학생들의 주거 편의가 획기적으로 개선되었다. 캠퍼스 이전 전까지 서울캠퍼스에는 기숙사 시설이 전무한 형편이었으나 죽전캠퍼스로의 이전은 확대된 교지를 기반으로 기숙사 시설을 대폭 확대하는 계기가 되었다.

2007년 6월 죽전캠퍼스 생활관인 집현재가 준공되었다.

〈표 2-22〉 캠퍼스 신축 통한 교육 환경 조성 현황

캠퍼스	건물명	연면적	준공일	비고
죽전캠퍼스	웅비홀	1만 8,270㎡ (지하 1층, 지상 10층)	2008.12.30	민자기숙사
	대학원동	2만 1,198㎡ (지하 2층, 지상 7층)	2009.1.2	
	복지관	6,406㎡ (지하 1층, 지상 6층)	2010.3.30	
	서관	1만 1,751.50㎡	2011.6.30	
	무용관	1만 1,751.50㎡	2011.9.27	
	국제관	9,725.63㎡	2013.5.30	
	진리관	1만 3,182㎡ (지상 10층)	2015.1.27	행복기숙사
	70주년기념관	5,432㎡ (지상6층)	2019.6	
천안캠퍼스	단우홀	1만 8,224㎡ (지하 1층, 지상 8층)	2008.11.1	민자기숙사
	제2예술관	4,259.55㎡	2011.1.5	
	약학관	1만 1,340.69㎡	2011.1.17	
	치과대학 치과대학부속치과병원	26,389.96㎡ (지하1층, 지상7층)	2013.3.6	
	봉사관	1만 3,205㎡ (지상 10층)	2014.2.15	행복기숙사
	자연과학2관	7,259.18㎡	2016.5.20	

2008년 10월 천안캠퍼스 민자 기숙사인 단우홀이 준공되어 11월 29일 개관식이 열렸다. 2008년 12월 죽전캠퍼스 민자기숙사 웅비홀이 준공되어 30일에 개관식을 가졌다. 2014년 2월 전국 최초의 공공 지원 기숙사인 천안캠퍼스 행복기숙사 봉사관이 준공되어 3월 12일 개관식을 가졌다. 2015년 2월 죽전캠퍼스 행복기숙사인 진리관이 준공되었다〈표 2-22〉. 이로써 단국대학은 4,704명을 수용할 수 있는 기숙사 시설을 확보하였다〈표 2-23〉.

〈표 2-23〉 **기숙사 수용 현황**

캠퍼스	생활관	수용인원	비고
죽전캠퍼스	집현재	454명	
	웅비홀(민자기숙사)	1,078명	
	진리관(공공기숙사)	930명	수도권 최초 정부지원(2015년)
	소계	2,462명	
천안캠퍼스	학사재	304명	
	단우홀(민자기숙사)	1,014명	
	봉사관(공공기숙사)	924명	전국 최초 정부지원(2014년)
	소계	2,242명	

다. '스마트캠퍼스' 관련 대학 IT인프라

단국대학은 이전 이후 교사동이나 기타 연구 · 의료 · 문화 시설과 같은 외형 확장에만 치중하지 않고 디지털캠퍼스의 이상에 걸맞는 교내 정보통신망 구축에도 심혈을 기울였다. 그리하여 국내 대학 최초로 클라우드 112코어, 3.8테라바이트TB 서버 및 120TB 스토리지를 구축하였다. 차세대 종합 정보 시스템 구축으로 시스템 안정성을 확보하였고, 2015년 3월 정보 인프라 유연성 개선, 자원 효율성 증대 등을 위해서 100억 원 규모의 예산을 투입하였다. 그리고 죽전 · 천안 캠퍼스 내 무선랜Wifi 인프라전자출결시스템 등의 업그레이드를 시행하였다.

라. 학교 주변 토지 매입과 수도 · 전기 요금 절감

장호성 총장은 취임 이후 안정적인 면학 분위기 조성을 위해서 학교 주변에 문제의 소지가 있을 법한 토지를 일괄적으로 매입하였다. 예를 들면 죽전캠퍼스의 경우 학교 구내에 들어와 있는 사유지 및 국유지 등을 매입을 통해서 정리함으로써 학교 교육용 토지로서의 활용도를 높이고, 학생들이 마음 놓고 안전하게 학업에 전념할 수 있도록 면학 분위기를 조성해 주는 데 신경을 썼다.

천안캠퍼스의 경우도 개교 당시부터 학교 진입로 쪽으로 알박이 땅들이 존재하여 지속적인 분쟁의 소지가 되어 왔다. 장호성 총장은 이 부분들을 말끔히 해결하여 학교 부지를 온전히 학생들의 편의 시설과 교육 시설 확충을 위해서 개발할 수 있는 기반을 조성하였다. 장호성 총장 재임시 매입한 토지 내용물은 다음과 같다.

〈표 2-24〉 **축전캠퍼스 토지 및 건물 매입 현황(07~19년)**

자산구분	소재지	취득년월	수량(면적㎡)	비고
건물	기흥구 보정동 31, 31-2 가동 (근호가든, 집현재II가동)	2013-11-13	91,200	인지세, 농특세포함, 설계, 시공
건물	기흥구 보정동 31,31-2 나동 (근호가든, 집현재II나동)	2013-11-13	797,120	인지세, 농특세포함, 설계, 시공
토지	기흥구 보정동 31 (근호가든, 집현재II토지)	2013-11-13	150,000	인지세, 농특세포함
토지	기흥구 보정동 31-2 (근호가든, 집현재II토지)	2013-11-13	1,391,000	인지세, 농특세포함
토지	기흥구 마북동 9-13 (現마북동655)	2009-07-15	104,000	
토지	기흥구 마북동 9-14	2009-07-15	58,000	
토지	기흥구 마북동 9-15	2009-07-15	86,000	
토지	수지구 죽전동 1059 (現죽전동1491)	2010-10-22	718,000	
토지	수지구 죽전동 산55	2010-10-22	496,000	
토지	수지구 죽전동 1048	2011-05-31	568,000	
토지	기흥구 마북동 559	2011-05-31	918,000	
토지	기흥구 마북동 559-1	2011-05-31	533,000	
토지	기흥구 마북동 560	2011-05-31	156,000	
토지	기흥구 마북동 560-1	2011-05-31	16,000	
토지	기흥구 마북동 568	2011-05-31	820,000	
토지	기흥구 마북동 569-1	2011-05-31	871,000	
토지	기흥구 마북동 산3-3	2009-04-22	315,000	
토지	기흥구 마북동 산3-2 (現마북동655번지)	2009-04-22	1,198,000	
토지	기흥구 보정동 산7	2010-03-10	19,638,000	도시계획시설변경
	토지 매입분 총면적		28,924,320	※(건물 매입 면적 888.32㎡ 및 한남더힐 면적 제외)

〈표 2-25〉 **천안캠퍼스 토지 및 건물 매입 현황(07~19년)**

자산구분	소재지	취득년월	수량(면적㎡)	비고
토지	태안군 소원면 의항리 1230	2014-12-24	10	환지처분정산금(증가)
	천안시 동남구 안서동 526-111	2009-04-20	616	
	천안시 동남구 안서동 544-1	2009-04-20	322	
	천안시 동남구 신부동 238-16	2009-09-02	1,720	
	천안시 동남구 안서동 526-131	2012-11-15	1,360	
	천안시 동남구 신부동 224-21	2015-02-10	86	
	천안시 동남구 신부동 224-29	2015-02-10	99	
	천안시 동남구 신부동 232-7	2015-02-10	595	
	천안시 동남구 신부동 238-21	2015-02-16	210	
계			5,018	

앞에서도 언급한 것처럼, 장호성 총장은 취임 직후에 아침마다 운동화를 신고 직접 교내 청소를 하면서 바닥에 있는 껌을 손수 떼어냈던 사람이다. 그 만큼 학교를 아끼고 가꾸는 일에는 자신의 체면을 고려하지 않았다. 총장 재임 시절에도 잠시나마 짬이 나면 조용히 학교 구석구석을 돌아보면서 취약 시설이나 개선 부분들을 점검하였다. 그중에서도 학교 경상비 절감에 크게 기여한 아이디어 하나가 전기 운용 체계 정비였다.

장호성 총장은 양캠퍼스의 전기 요금 절감 시책을 시행하였다. 죽전캠퍼스 총무인사처 처장 윤응구는 상하수도 요금제 변경 실시와 함께 기존의 교내 형광등을 저전력 고효율의 LED 램프로 교체하였다. 죽전캠퍼스는 우선 소비전력이 높고 사용 기간이 긴 시설물인 주차빌딩, 풋살경기장 등을 중심으로 교체 작업을 진행하였고, 천안캠퍼스는 인문과학관, 체육관 등 노후 건물의 리모델링 작업 시 램프 교체 작업을 진행하였다.

그 결과 2019학년도 기준 죽전캠퍼스는 2천3백만 원, 천안캠퍼스는 3천9백만 원, 양캠퍼스 전기 요금 도합 6천여만 원의 관리 운영비를 매년 절감할 수 있게 되었다. 이 액수는 기존 형광등 대비 약 51%의 절감 효과를 가져온 것이다.

상하수도 요금제 변경과 누수 시설 교체 및 전기시설 교체를 통한 관리 운영비 절감은 장호성 총장의 물자 절약 정신이 빛을 발한 큰 성과라고 할 수 있다. 학교에 대한 애정과 관심이 없었더라면, 해마다 양캠퍼스에서 상하수도 요금 7억7천만 원, 수돗물 누수 요금 6억 원, 그리고 전기 요금 6천2백만 원 등 도합 14억3천2백만 원이라는 거액의 경상비가 매년 지출되었을 것이기 때문이다. 앞으로 매년 경상비로 지출되는 관리 운영비 중 상당액이 자동 절약될 수 있다는 사실은 10여년 넘게 동결 상태에 있는 대학 등록금으로 인해 어려움에 처해 있는 대학 재정 문제 해결에도 상당한 기여를 하게 될 것이 틀림없다.

〈표 2-26〉 죽전캠퍼스 전기 요금 절감 현황

사업명	기존 등 소비전력(W)	LED 소비전력(W)	절감 전력	수량	절감액(년)	절감율
교내가로등 LED램프 교체공사	250	80	170	144	8,756,496	68%
풋살경기장 LED램프 교체공사	1000	200	800	14	1,843,968	80%
주차빌딩 및 국제관, 대학원 주차장 LED램프 교체공사	64	40	24	485	9,992,707	38%
집현재 사생실 LED램프 교체공사	72	40	32	205	2,346,512	44%
합계					22,939,683	57%

〈표 2-27〉 천캠퍼스 전기 요금 절감 현황

사업명	기존 등 소비전력(W)	LED 소비전력(W)	절감 전력	수량	절감액(년)	절감율
인문과학관 LED램프 교체공사	64	40	575	144	4,057,200	38%
체육관 LED램프 교체공사	64	40	396	14	2,794,176	38%
학사재 LED램프 교체공사	64	40	837	485	5,905,872	38%
산학협력관 LED램프 교체공사	64	40	1,681	205	9,488,909	38%
테니스장 LED램프 교체공사	400	200	96		2,257,920	50%
가로등 LED램프 교체공사	175	70	381		14,309,789	60%
합계					38,813,865	46%

gning Ceremony of MOU between Peking Universit

Ⅲ. 국제화 역량 강화

01 국제 교류 범위의 확대

장호성 총장은 단국대학의 글로벌 경쟁력 강화를 위해 세계 유수 대학과의 교류 협력을 지속적으로 강화시켜 나갔다. "국제 경쟁력 강화가 대학 발전 및 미래와 직결되어 있다"는 생각으로 '단국대'란 브랜드를 세계에 각인시키는 것이 장호성 총장이 추진하는 국제화의 중요 목표였다.

단국대학에는 1979년 3월 국제문화 교류처가 신설되었으나 이듬해 9월 폐지되고 교무처, 총무처로 이관되었다가 기획실 산하 국제협력과로 옮겨져 업무가 수행되었다. 2002년 6월 대외협력실이 신설되고 여기에 국제교류팀을 두었으며, 2004년 9월에 국제문화 교류처가 설치되었다. 이는 2000년대 이후 각종 대학평가에서 국제화 부문이 차지하는 비중이 높아짐에 따라 학교 간 경쟁에 대비하기 위해서 설치되었던 것으로 2012년 2월 국제처로 명칭을 바꾸었다.

단국대학의 국제 교류와 관련하여 그 범위가 확연하게 확대된 것은 장호성 총장 재임 기간이었다. 이전 시기에 비해서 비약적으로 증가하였기 때문에 국제 교류의 역동성과 확장성이 두드러진 시기였다고 할 수 있다. 2007년에 자매 대학 수가 83개교였으나, 2009년에 109개교, 2013년에 213개교,

2016년에 304개교, 2017년에 52개국 307개교, 2019년 상반기에 400개교에 달하는 비약적인 성장세를 보여주었다.

장호성 총장 재임 시절 단국대학과 MOU를 체결한 해외 대학들은 다음과 같다. 총장 취임해인 2008년에 독일 지겐대학교 · 호주 타즈마니아대학교 · 중국 경덕지도자학원 · 미국 오레곤주립대 · 중국 운남성농업대학 · 미국 쉐난도어대학교 · 태국 킹몽쿳북방공과대학교 · 미국 위스콘신주립대학교 · 파라과이 아순시온까톨리카대학교 · 대만 중원대학교 · 미국 캘리포니아주립대학교 · 중국 북경북대방정소프트웨어기술학교 등이다.

2009년에는 러시아 칼미크주립대학교 · 미국 쿠퍼유니온대학 · 미국 아이오와대학교 · 일본 신슈대학 · 미국 미시건대학교 · 중국 하얼빈공정대학 · 중국 하얼빈사범대학 · 중국 하얼빈이공대학원동학원 · 중국 산동사범대학 · 미국 플로리다주립대학교-Waly Disney Internship Program 매년 갱신 · 일본 군마대학 · 미국 이스트캐롤라이나대학교 · 미국 뉴욕시립대학교 킹스브로 커뮤니키컬리지 · 중국 길림대학 · 미국 몽클레어주립대학교 · 미국 플로리다대학교 · 중국 요녕대학 · 대만 명도대학 등과 MOU를 체결하였다.

2010년에는 우즈베키스탄 우즈벡국립체육대학교 · 사우디아라비아 타이바대학교 · 사우디아라비아 알이맘대학교 · 사우디아라비아 교육부 킹압둘라 장학 프로그램 교류 협정 체결 · 일본 하코다미래대학 · 페루 라 몰리나 국립농업대학교 · 중국 중국과학기술대학 · 아랍에미리트 고등기술대학교 · 중국 연태대학 · 일본 교토시립예술대학 음악대학 · 미국 캘리포니아주립대학교-어바인 MOU 갱신 · 미국 캘리포니아주립대학교-머시드 · 미국 맨하탄칼리지 · 에콰도르 에콰도르까똘리까대학교 · 체코 오스트라바공과대학교 · 스페인 카를로스 3마드리드대학교 · 캐나다 메디슨햇칼리지 · 미국 인카네이트 워드대학교 · 베트남 하노이국립교육대학교 · 캐나다 프린스에드워드아일랜드대학교 · 네덜란드 인홀댄드 응용과학대학 · 네덜란드 폰트스대학교 벤로 · 미국 매사추세츠대학교-애머스트 · 베트남 하노이대학 · 미국 몽클레어주립대학교 · 태국 실빠껀대학교 · 베트남 하노이사회과학인문대학교 · 베트남 홍방인터내셔널대학교 · 스페인 말라가대학교 · 캄보디아 판나사스트라대학교 · 베트남 호치민시립생명자원환경대학교 · 중국 동제대학 · 인도네시아 모에스토포대학교 · 캐나다 맥이완대학교 · 중국 북경어언대학 · 중국 강서이공대학과 MOU를 체결하였다.

2011년에는 중국 심천대학교 · 일본 와세다대학교 창조이공대학 · 미국 컨코디아대학교 · 태국 탐마삿대학교 · 몽골 몽골보건과학대학교 · 아랍에미레이트 고등기술대학교 · 헝가리 엘떼대학교 · 헝가리 세멜바이스대학교 · 몽골 몽골과학기술대학교 · 몽골 몽골사범대학교 · 사우디아라비아 알가다 국제보건대학교 · 러시아 차이콥스키음악대학교 · 베트남 호치민시립기술대학교 · 호주 머독대학교 · 아이슬란드 비프로스트대학교 · 터키 에게대학교 · 미국 캘리포니아폴리텍주립대학교 포모나MOU 갱신 · 호주 선샤인코스트대학교 · 미국 채프먼대학교 · 일본 동경약과대학 · 인도네시아 세벨라스마레뜨대학교 · 베트남 호치민시립산업대학교 · 사우디아라비아 킹압둘라지즈대학교 · 페리스주립대학교 · 대만 중원대학 · 중국 하얼빈이공대학 · 중국 상해대외무역학원 등과 MOU를 체결하였다.

2012년에는 홍콩 홍콩이공대학교 · 미국 노던주립대학교 · 라오스 보건과학대학교 · 오클랜드대학교 · 중국 북경대

북경대학교와 MOU 체결(2012.05.08)

학MOU 갱신 · 스페인 세비야대학교 · 홍콩 홍콩시립대학교 · 캐나다 나이아가라대학교 · 중국 내몽고대학 · 일본 아이치대학교 · 미국 뉴욕대학교 폴리테크닉대학 · 아르헨티나 부에노스아이레스대학 · 일본 오사카가쿠인대학 · 중국 경덕진도자학원과 SEA 전략적 협약 체결 · 카자흐스탄 알마티과학기술대학교 · 멕시코 우남대학교 · 중국 남개대학 학생교류협정 · 미국 노스웨스트 크리스천대학 · 카자흐스탄 카자흐 국립예술대학 · 벨라루스 벨라루스주립음악원 · 태국 마하사라캄대학교 · 인도네시아 ITS대학 등과 MOU를 체결하였다.

2013년에는 독일 드레스덴공과대학교 · 인도네시아 비너스대학교 · 미국 네바다주립대학교-리노 · 미국 네브라스카 링컨대학교 · 미국 일리노이공과대학교 · 베트남 다낭시립공과대학교 · 독일 오토-폰-귀리케대학교 막데부르크 · 중국 청화대학 · 중국 북경대학 예술대학 · 베트남 퀴논대학교 · 아랍에미리트 UAE대학교 · 캐나다 프린스에드워드아일랜드대학교 · 미국 세인트토마스대학교 · 일본 나고야시립대학교 · 말레이시아 헬프대학교 · 호주 아들레이드대학교 · 몽골 호브드대학교 · 호주 스윈번공과대학교 · 노르웨이 릴레함메르대학교 · 대만 담강대학교 · 폰티스대학교 아인트호벤 · 독일 울름대학교 · 프랑스 몽벨리에대학교MOU 갱신 · 프랑스 몽벨리에 제2대학교 · 러시아 극동연방대학교 · 대만 수저우대학교 · 대만 동오대학 · 미국 Study Abroad Foundation SAF · 미국 서북대학

켄트대학교와 국제교류 협약(2015.03.12)

교 · 미국 켄트주립대학교 · 스페인 산티아고 데 콤포스텔라 대학교 · 중국 동화대학교 등과 MOU를 체결하였다.

2014년에는 스페인 부르고스대학교 · 싱가폴 난양폴리텍 · 대만 국립대남예술대학교 · 홍콩 홍콩시립대학교 · 일본 하쿠오대학교 · 멕시코 과나후아토대학교 · 스페인 로비라이빌힐리대학교 · 미국 캘리포니아주립대학교 새크라멘토 · 이스라엘 테크니온이스라엘공학대학교 · 터키 이스탄불공과대학교 · 캐나다 오카나간대학 · 미국 벨몬트대학교 · 미국 유나이티드스테이트대학교 · 중국 산동이공대학 · 루마니아 루마니안-어메리칸대학교 · 중국 청화대학 · 중국 중경우전대학 · 스페인 카밀라호세셀라대학교 · 대만 봉갑대학교 · 러시아 러시아국립지적재산대학교 · 러시아 쌍뜨뻬쩨르부르크음악학원 · 남아프리카공화국 넬슨만델라메트로폴리탄대학교 · 대만 보인대학교 · 멕시코 산루이스뽀또시대학교 · 네덜란드 스텐든대학교 · 브라질 유니시노스대학교 · 대만 국립중흥대학교 · 카자흐스탄 키맵대학교 · 몽골 몽골국립보건과학대학교 · 브라질 플루미넨세대학교 등과 MOU를 체결하였다.

2015년에는 필리핀 웨스트네그로스대학교 · 칠레 딸카대학교 · 필리핀 팬퍼시픽대학교 · 이탈리아 켄트주립대학-플로렌스 캠퍼스 · 인도 미와대학교 · 미국 피어스칼리지 · 브라질 상파울로대학교 · 미국 세인트마틴대학교 · 러시아 카바르티노발카리아 국립농업대학교 · 러시아 카바르디노발카리아 국립대학교 · 브레멘대학교 · 필리핀 딸락주립대학교 · 중국 내몽고사범대학교 · 베트남 동나이기술대학교 · 미국 메다일칼리지 · 미국 오하이오도미니칸대학교 · 브라질 파울리스타대학교 UNESP · 브루나이 브루나이공과대학교 · 말리이시아 테일러대학교 · 미국 캘리포니아주립대학교-롱비치MOU 갱신 · 몽골 국제울란바타르대학교 · 미국 몬타나주립대학교 · 헝가리 피츠대학교 · 중국 서북공업대학교 · 미국 MCPHS대학교 · 필리핀 라살대학교 · 미국 펜실베이니아대학교 · 카자흐스탄 알파라비카자흐스탄국립대학교 · 인도네시아 멜크부아나대학교 · 중국 경덕진도자학원 · 중국 길림대학 · 스페인 카스틸라라만차대학교 등과 MOU를 체결하였다.

2016년에는 러시아 태평양국립대학교 · 일본 오카야마대학 · 프랑스 INSEEC 경영대학 · 필리핀 산카를로스대학교 · 미국 노스조지아대학교 · 멕시코 푸에블라대학교 · 필리핀 산카를로스대학교 · 캐나다 세네카칼리지 · 콜롬비아 로사리오대학교 · 멕시코 푸에블라대학교 · 미국 웨스트알라바마대학교 · 중국 사천이공대학 · 베트남 다낭대학교 · 캐나다 센테니얼칼리지 · 캐나다 몽턴대학교 · 미국 웨스트알라바마대학교 · 벨기에 세인트루이스대학교-브뤼셀 · 멕시코 아나후악대학교 · 콜롬비아 콘래드로렌츠대학교 · 영국 스태포셔대학교 · 중국 심양체육대학 · 미국 사우스베일로대학교 · 미국 캘리포니아경영과학대학교 · 브루나이 브루나이다루살람대학교 · 싱가포르 싱가포르기술디자인대학교 · 프랑스 버건디대학교 · 러시아 태평양국립대학교 · 스페인 카나리아대학교 · 대만 국립중앙대학 · 일본 고베국제대학 · 중국 북경연합대학 · 영국 웨스트잉글랜드대학교-브리스톨 · 멕시코 바하캘리포니아대학교 · 프랑스 IPSA응용과학대학교 등과 MOU를 체결하였다.

2017년에는 영국 버밍험시티대학교 · 중국 강서재경대학 · 대만 국립대만예술대학 · 독일 압프슈타트지그마링겐대학교 · 대만 현장대학 · 일본 분세이예술대학 · 필리핀 돈호노리오벤투라기술대학교 · 필리핀 팜팡가주립농업대학교 · 미국 애크린대학교 · 일본 와세다대학교 · 오스트리아 FH빈대학

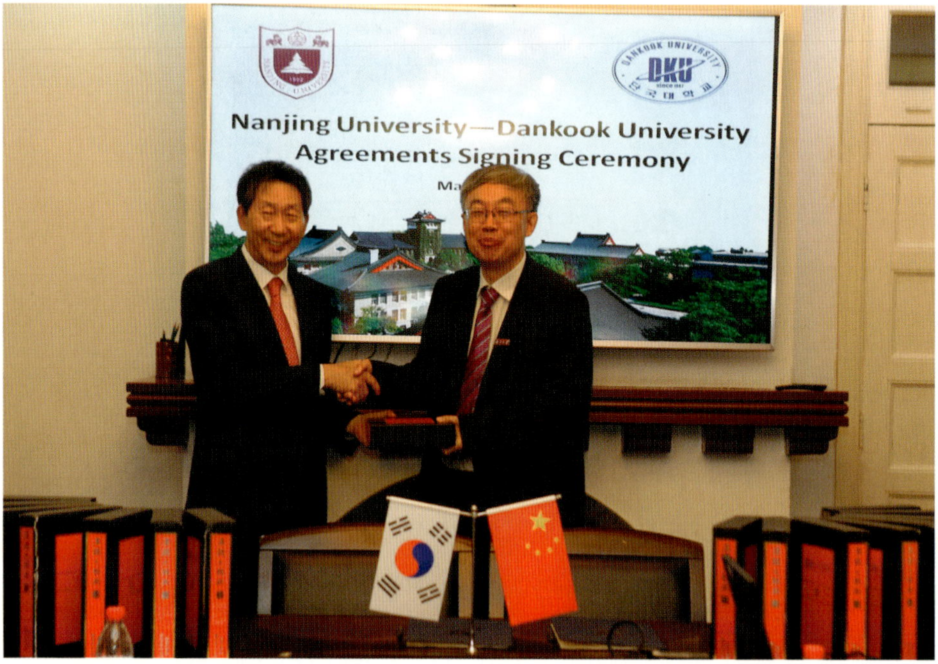

중국 난징대와 국제교류 협약(2018.05.13)

교 · 중국 심양체육대학 · 미국 센트럴오클라호마대학교 · 대만 국립이란대학 · 중국 청화대학 등과 MOU를 체결하였다.

2018년에는 중국 난징대학교 · 중국 요성대학교 · 베트남 FTU대학 및 하노이공과대학 등과 MOU를 체결하였다. 2019년에는 중국 태원이공대학 · 캐나다 더글라스 칼리지 · 인도네시아 BINUS대학 및 UMN 대학 · 중국 정주대학 · 브라질 PUCPR 대학 등과 MOU를 체결하였다.

장호성 총장이 교육 협력 협약을 체결한 해외 대학들은 미국 · 영국 등 특정 일부 지역에만 국한된 것이 아니라, 전 세계를 포괄하는 미래 지향적인 교류 관계를 구축하였다는 점이

특징이다. 장호성 총장 시기에 단국대학과 MOU를 체결한 대학들은 미국 · 영국 · 캐나다 · 일본 · 중국 · 대만 소재 대학들은 물론이고, 기타 유럽의 여러 나라헝가리 · 루마니아 · 독일 · 스웨덴 · 덴마크, 중동 지역아랍에미리트 · 이라크 · 리비아 · 카타르 · 쿠웨이트, 동남아 지역태국 · 인도네시아 · 베트남, 남미지역페루 · 멕시코 · 브라질, 아프리카 지역앙골라 · 남아프리카공화국 등에 있는 대학들을 골고루 포함하고 있다.

장호성 총장은 해외 대학들과의 교류가 형식적인 양적 확대에만 그치지 않도록 실제적인 교류 협력의 위상을 갖추는 데에도 노력하였다. 2010년 미국 LA 국제 교류 행사에 한국무용단원을 이끌고 방문하여 문화 예술 공연을 펼침으로써 단국대학의 저력과 역량을 홍보하였고, 이후에도 헝가리, 스웨덴, 카자흐스탄 등을 방문할 때 한국무용단을 대동함으로써 단국대학의 문화적 역량을 선보이고, 한류 전파, 국제 외교 담당의 일익을 담당하였다. 그리고 해당 교류 협력 대학들과 실질적 교류를 확대하여 재학생들의 글로벌 경쟁력 강화와 취업률 향상을 위한 국제 인턴십 협력 체결 등의 성과를 얻었다.

2012년에는 그동안 거리상의 이유로 서류상 자매 교류를 맺고 한 번도 방문하지 못한 남미권 대학들을 방문하였다. 2004년부터 본교와 자매 교류를 맺은 Colima대학을 방문하여 Arturo Cedillo Nakay 총장을 예방하고, 교환 학생으로 현재 공부중인 단국대학 재학생들을 만나 격려하였다. 2018년 6월에는 단국대학과 복수학위제를 시행 중인 중국 연태대학교에서 열린 복수학위 3기 졸업식에 참석하여 축사하였다.

장호성 총장은 대학 교육과 관련된 국제 포럼에도 참여하여 국제적 수준의 대학 교육을 실현하기 위해 노력하였다. 2015년 12월 2일 한국고등교육기관의 국제교류협의체인 KAFSA Korean Association of Foreign Student Administrators 2015 동계총회에 참석하여, 회장교 총장으로서 '글로벌 환경의 대학의 도전, 기회 그리고 역할'이라는 주제로 특강을 하였다. 2011년 3월에는 아랍에미리트에서 개최된 EWB Education Without Borders 국제 포럼에 토니블레어 영국 전 총리 등을 비롯한 20여 명의 주요 인사들과 함께 메인패널로 참석하였다.

장호성 총장은 해외 소재 대학들과의 교류 협력뿐만 아니라 국력의 신장으로 전세계에 펴져 있는 한인 사회와의 유대 강화를 통해 단국대학의 위상을 높이는 전략도 추진하였다.

장호성 총장은 2009년 1월 12일 미주지역한인총연합회와 교류 협약식을 갖고 미주 지역 한인 대표자들에게 단국대학교 명예 홍보 대사 위촉장 수여식도 거행하였다. 2009년 3월 10일 범정관 대회의실에서 해외 동포들의 친목 교류 단체인 세계한민족총연합회와 교류 협약식을 가졌다. 이날 협약식은 남미한인회 총연합회 회장 이영수, 재유럽한인회 총연합회 회장 김다연, 대양주한인회 총연합회 회장 정해명, 아중동한인회 총연합회 회장 박정길, 재중국한인회 총연합회 회장 정효권, 캐나다한인회 총연합회 회장 김근하가 참석해 단국대학과 교류 협약을 체결하였다. 국내 대

해외한인회 총연합회 교류 협력 협약식(2009. 03. 10)

학 가운데 해외 동포 단체와 광범위한 교류 협약 체결은 단국대학이 처음이다. 장호성 총장은 "해외 동포들의 위상이 확대, 강화되는 상황에서 해외 동포 단체들과의 교류협약이 단국대학의 세계화에 도움이 될 것으로 본다"고 말했다.

그리고 이날 9명의 해외한인회 총연합회 임원단을 단국대병원 홍보 대사로 위촉했다. 지난 1월 미주한인회 총연합회와 의료 협정을 체결하고, 김승리 회장을 비롯한 37명의 임원단에게 홍보 대사를 위촉한 데 이어 해외한인회 총연합회 임원단을 초청하여 해외 동포들에게 단국대병원을 알리고, 재외 동포들의 건강 수호에 이바지하겠다는 대학 측의 의지를 피력하였다.

위촉식에는 장호성 총장과 김상홍 · 조인호 부총장, 박우성 병원장 등을 비롯하여 김길남 세계한민족대표자협의회 의장, 김승리 미주한인회 총연합회 총회장 등 해외 한인회 관계자들이 참석했으며, 송교승 재중국한국인회 총연합회 사무총장과 송재은 캐나다한인회 총연합회 사무총장에게도 각각 위촉장을 수여했다.

위촉과 관련하여 송교승, 송재은 사무총장은 "단국대병원의 홍보 대사로서 자긍심을 갖고 중국과 캐나다에 거주하는 동포들의 건강 지킴이로 열심히 활동하겠다"고 다짐하였다. 이에 대해 박우성 병원장은 "현재 미주한인회 총연합회를 통해 건강 검진 등을 목적으로 내원하는 환자가 증가 추세에 있으며, 재외 동포들이 고국을 방문했을 때 언제라도 건강 검진을 받을 수 있도록 뇌졸중 및 심혈관 질환, 암 정밀 검진 등 특화된 종합 건강 검진 프로그램을 제공하고 이상 소견 시 진료과와의 협진을 통해 빠르고 체계적인 진료 서비스를 제공하겠다"고 화답했다.

장호성 총장은 2010년 6월 21일 범정관 대회의실에서 단국대학의 세계화 추진을 전략적으로 지원하기 위한 26명의 국제 홍보 대사를 위촉하였다. 이날 위촉된 국제 홍보 대사들은 모두 각국의 한인회장들로서 해외 동포 사회에서 단국대학의 위상 제고와 해외 자매 결연 대학과의 교류 협력을 지원하고 있다.

국제화 역량의 성장과 발전 02

대학의 국제화 교육은 외국에서 우수한 유학생들을 적극적으로 유치하고 내국인 학생들이 굳이 외국에서 수학하지 않더라도 충분한 외국어 실력과 국제 감각을 갖추고, 글로벌 마인드로 사고할 수 있는 환경을 만들어 주는 것이 필요하다. 진정한 의미의 국제화가 이루어지기 위해서는 다양한 국적의 학생 유치와 더불어 대학 내에서 외국인 학생과 내국인 학생들의 자발적 교류 속에 문화적 간극을 좁히는 것이 바람직하다.

단국대학은 2004년 국제문화 교류처를 설치하여 국제문화 교류와 협력 사업에 관심을 기울이기 시작하였다. 장호성 총장 취임 이후인 2009년부터 'International Summer School'과 'International Winter School' Global Internship, Dual Degree 프로그램 등을 시행하면서 캠퍼스 글로벌화 작업이 본격적인 궤도에 오르기 시작하였다. 그리고 캠퍼스 이전 이후 강의실 확충 등 인프라가 구축되면서 1천여 명의 대규모 교육 프로그램의 실시가 가능해졌다. 단국대학 재학생의 외국어 능력 및 글로벌 의식 함양을 주목적으로 하는 'Global Village' 프로그램이 대표적이다.

이 프로그램에 참여하는 외국 학생들은 도예체험, 한국

INTERNATIONAL SUMMER SCHOOL(2016.06.21)

음식 만들기, 한국무용 및 국악 수업 등의 한국 문화 체험활동도 하고 있다. 캠퍼스 내 방학 중 연수는 교환 학생 프로그램의 일환으로 실시되므로 참가하는 외국학생 수에 비례하여 단국대학 학생의 해외 파견이 이루어지는 구조이다. 이러한 연수 활성화를 통해 학생 교류가 확대 및 활성화되어 교환수가 증가하였고 외국대학과의 다방면에 걸친 실질적이고 구체적인 교류가 실현되었다. 특히 2011년 국가가 도입한 외국인 유학생 유치 · 관리 역량 인증제의 조건을 단국대학은 2013년에 만족시켰고, 2015년 교육 국제화 역량 인증 최우수 대학으로 선정된 이후 현재까지 유지하고 있으며, 외국인 유학생 전용 조리실, 글로벌라운지 등의 유학생 후생 복지 증진을 위한 시설까지 마련하면서 외국인 유학생 규모가 점차 확대되기 시작했다.

1) 외국인 학생 유치 현황 및 성과

가. 외국인 유학생 유치 노력

단국대학은 외국인 유학생의 전략적 유치를 위해 중국, 말레이시아, 몽골 내 단국대 해외 거점 센터를 설립하여 '단국대 예과반'을 개설하였다. 단국대 예과반에는 단국대학 국제교육센터 소속 한국어 강사를 파견하여 입학 예정자 학생 한국어 교육을 전담케 하였다. 유학생 유치 방식 다각화를 위해 국내 전문대학 내외국인 학생 편입 유도를 위한 협약을 체결하였으며, 유학생 국적 다양화를 위해 동남아, 몽골, 러시아, 터키 등 해외 협력 기관과 협력하고 있다.

외국인 유학생 유치를 위해 해외 현지 공연과 홍보 행사도 개최하였다. 2016년에는 중국 현지 SK하이닉스 초청 한중 문화 교류 공연을 진행했으며, 말레이시아 한류 행사 "HALLYU NIGHT"도 개최하였다.

글로벌 홍보를 통한 단국 브랜드 인지도 강화에도 힘썼다. 잠재 유학생을 위한 글로벌 홍보 콘텐츠를 제작하여 2017

년 중국 웨이보에 게재하였다. 단국대학과 북경대 언어연구원이 공동 개발한 한국어 교재 『너랑나랑 한국어』를 중국 현지에서 발행하여 온·오프라인 서점에서 판매함으로써 직간접적으로 단국대 홍보 효과를 톡톡히 누리고 있다.

나. 외국인 학생 현황

외국인 학생은 학부생, 어학연수생, 교육과정 공동운영생, 교환연수생In교환학생, 대학원생 등으로 구분할 수 있다. 2018년 단국대학의 외국인 학생수는 1,506명으로 2008년 대비 9.4배가 증가하였다〈표 3-1〉.

〈표 3-1〉 **외국인 학생 현황**

구분	2008	2009	2010	2011	2012	2013	2014	2015	2016	2017	2018
대학원생	60	65	87	135	130	102	137	166	177	213	236
학부생	74	87	138	222	236	224	216	219	342	501	635
어학연수생	-	-	-	-	-	142	150	201	222	305	391
교육과정 공동운영생	-	-	-	-	-	-	-	13	28	36	39
교환연수생 (In교환학생)	25	55	95	75	81	98	113	129	143	177	205
합계	160	208	321	432	447	566	616	728	912	1,232	1,506

▲ 2008년 대비 2018년 외국인 학생 9.4배 증가

다. 재정 수입

유학생 유치를 위해 단국 브랜드 인지도 강화와 글로벌

홍보 콘텐츠 확산 노력의 결과로 단국대학의 외국인 학생수는 2008년 대비 2017년 기준으로 약 8배 증가하였다. 유학생의 유치 증가는 대학의 국제화뿐만 아니라 재정 수입에도 효자 역할을 하고 있다. 2017년 유학생 수지[수입 항목국제교육센터 학기별 수업료, 학부 수업료 · 입학금 · 전형료, 기숙사비, 대학원 수업료 · 입학금 · 전형료 등과 지출 항목국제교육 행정 직원 인건비 · 강사료 · 기숙사 관리비 · 기타 잡비, 유학생 및 대학원 관련 교강사 인건비, 장학금, 기숙사 관리비, 홍보비, 운영비 등을 분석해 보면 약 33%의 수익이 발행하였음을 확인할 수 있다〈표 3-2〉.

〈표 3-2〉 **2017년 유학생 수지 분석 [국제처 제공]**

[단위: 원]

수입	지출	수익	수익률(%)
8,873,088,966	5,965,773,655	2,907,315,311	33%

라. 외국인 유학생 유치 및 관리 인증제

단국대학은 외국인 유학생 유치를 통한 대학 재정의 안정보다는 유학생 관리와 역량 강화에 역점을 두었다. 그 결과 2015년에는 교육부 주관 '외국인 유학생 유치 · 관리 역량 인증 대학'에 선정되었으며, 2017년에는 교육부와 한국연구재단이 평가하고 주관하는 '교육국제화역량인증IEOAS 최우수 대학'에 선정되었다.

2) 국외 대학과의 교류 협정 체결

가. 국외 대학과의 교류 협정 체결자매 대학 현황

단국대학은 2018년 기준 외국 대학과 355건의 교류 협정을 맺고 있다. 국외 대학과의 교류 협정 체결은 2008년 기준 92건과 비교하면 3.8배 증가하였다〈표 3-3〉.

〈표 3-3〉 **국외 대학과의 교류 협정 체결자매 대학 현황**

연도	자매대학	연도	자매대학
2018년	355건	2012년	187건
2017년	329건	2011년	165건
2016년	304건	2010년	141건
2015년	273건	2009년	106건
2014년	240건	2008년	92건
2013년	213건	2007년	83건

▲ 2007년 대비 2018년 국외 대학과의 교류 협정 체결 4.2배 증가

나. 대륙별 교류 협정 체결자매 대학 현황

2018년 기준 단국대학의 국외 대학과의 교류 협정자매 대학 현황을 대륙별로 분류해 보면 아시아권이 21개국 160개 대학으로 가장 많으며, 북미가 3개국 92개 대학, 유럽이 21개국 76개 대학 등이다〈표 3-4〉.

〈표 3-4〉 **대륙별 교류 협정 체결**자매 대학 **현황**

대륙	국가	자매대학	대륙	국가	자매대학
남미	7	14	아프리카	5	6
북미	3	92	오세아니아	2	7
아시아	21	160	유럽	21	76
계	59	355			

3) 국제관 신축과 국제학부 신설

가. 국제관 신축

국제관은 연면적 9,725.63㎡건축 면적 1,647.97㎡, 지상 6층, 지하 1층 규모로 2013년에 신축하였다. 국제관에는 대학의 국제화 역량 강화를 위해 설립한 국제학부 학생의 강의 시설과 국제 교류 관련 시설이 들어섰으며, 행정 인력을 배치해 학사, 행정, 유학생 지원 등 체계적인 국제 교류 업무를 지원하고 있다〈표 3-5〉.

〈표 3-5〉 국제관 사용 현황

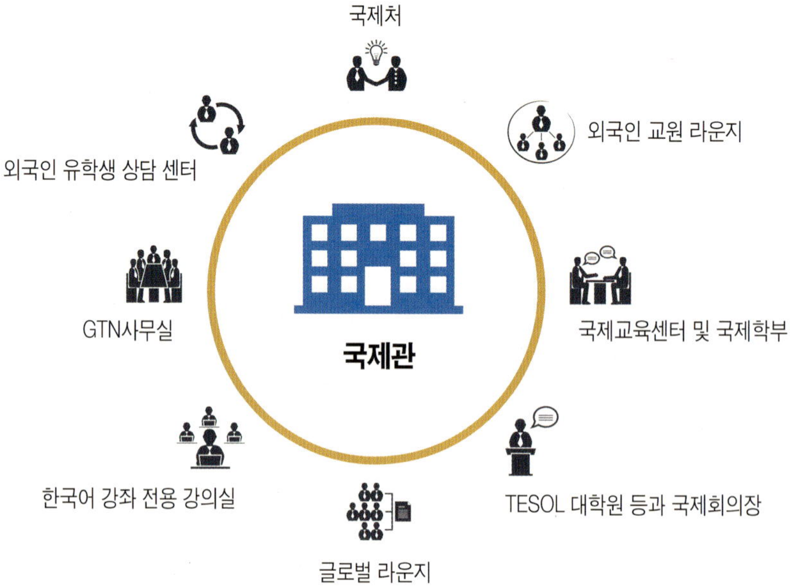

나. 국제학부 신설

2011년에 신설한 국제학부는 국제화 교육을 향한 단국대학의 노력을 상징적으로 보여주는 학사 조직이다. 국제학부는 모든 수업 과정을 영어로 진행하는 국제적 수준의 교육과정으로 구성하였다. 국제학부에는 국제경영학전공과 모바일시스템전공을 두어 사회와 시대가 요구하는 인재를 양성하고 있다.

4) 국제 교류 프로그램

가. 국제 교류 프로그램

단국대학은 외국인 학생을 대상으로 다양한 교육 프로그램을 진행하고 있다. 국제화 프로그램으로는 교환 학생 프로그램, 원어민튜터링 프로그램, 교비 · 자비 어학연수 등이 있으며, 장기 프로그램으로는 교비 · 자비 어학연수 등, 학위 프로그램으로는 중국 연태대학과의 한중교육합작 프로그램, 미국 켄트주립대학, 서던오레곤대학과의 복수학위 등이 있다〈표 3-6〉.

〈표 3-6〉 **국제 교류 프로그램**

구분	주요프로그램	IN	OUT
일반 프로그램	교환 학생 프로그램	○	○
	원어민 튜터링 프로그램	○	
	GKS 우수 교환 프로그램	○	○
	일반 방문 학생 프로그램	○	○
	Hornors Program		○
	'호소끼가즈꼬' 일본연수방문프로그램		○
	인턴십 병행 연수 프로그램		○
	해외인턴십 프로그램		○
	교비/자비 어학연수		○
	국제 여름/겨울ISS/IWS-Global 빌리지	○	
	홍콩시립대학 여름 교환 프로그램	○	○
	이켄트주립대학교 플로렌스 단기 연수		○
	ASEAN 국가 우수 이공계 초청 연수	○	
학위 프로그램	한중교육합작 프로그램(옌타이)	○	
	미국 서던오레곤대학교 복수학위	○	○
	경덕진도자대학 3+1+2 프로그램	○	

나. 외국인 유학생 관리 정책 및 성과

(1) 유학생 관리 전담 조직 구축

국제처에서는 유학생 정책 수립 후 각 단과대학 및 유관 부서교무처, 학생처, 기숙사 등와 유기적으로 협력 체계를 유지하며 유학생의 입학에서부터 한국어교육, 학사 · 체류 · 생활 · 인턴십 · 취업 지원 등 모든 행정 편의를 원스톱 서비스로 제공하고 있다.

(2) 생활관 우선 입사 제도 시행

유학생이 단국대학에 진학 후에는 학업에만 열중할 수 있는 환경 조성을 위해 '유학생 생활관 우선 입사 제도'를 시행하고 있으며, 외국인 대학원생 중 일부를 생활관 사감 조교로 선발 배정하여 생활관 내 유학생을 전담 관리하고 있다.

(3) 유학생 의료 보험 가입 지원

단국대학은 모든 유학생들의 보험 가입 의무화 제도를 시행하여 질병 또는 상해 발생 시 충분한 의료 혜택을 제공하고 있다. 유학생 보험 가입비 전액을 교비로 지원하여, 보험 가입 부담의 최소화로 전원 보험 가입을 유도하고 있다.

(4) 국제 교류 프로그램 제공과 외국인 유학생 역량 강화

국제처는 날로 증가하는 외국인 학생들을 효율적으로 관리하기 위해서 다양한 교육 환경을 제공하고 있다. 외국인 유학생들에게 초등학교 교육 봉사, 학교 생활 도우미 등 봉사 활동과 언어교류 프로그램에 참여할 수 있는 기회를 제공함으로써 GTN국제학생회를 활성화하고 자체 역량을 강화하고 있다. 유학생들은 캠퍼스 투어 및 학교 소개에 능동적으로 참여하고, 페이스북과 블로그 등 SNS 관리와 교내외 GTN 홍보 등에 참여함으로써 단국대 구성원으로서 자긍심을 드높이고 있다.

다. 다양한 국제 문화 교류 추진 노력

(1) 세계작가페스티벌(2010년, 2013년)

국내외 유명 작가를 초청해 시 낭송과 교류를 통해 세계 문인들이 서로 우의를 다지고, 단국대학 국제 문화 교류의 성과를 보여주는 사례이다.

(2) 해외 공연

- 미국 LA 무용단 문화예술 공연2010년
- 미국 오레곤 소재 자매 대학 초청 한국무용 공연2012년
- 헝가리 한-헝 국교수립 25주년 기념 초청 한국무용 공연2014년

- 카자흐스탄 자매 대학 초청 한국무용 공연 2015년
- 중국 허난성 12개 고등학교 생활음악과 K-POP 댄스 공연 2016년
- 헝가리 한국 문화원 및 스웨덴 한국대사관 초청 한국무용 공연 2016년
- 중국 SK하이닉스 초청 한국 및 현대무용 공연 2016년

(3) 기타 해외 거점 센터 연계 사업 등

- 중국 정주대학 한국어반 개설 2012년
- 태국 마하사라캄대학교 협력 세종학당 설립 2013년
- 몽골 INECS 한국어반 개설 2014년
- 헝가리 한국어말하기대회 2015년

단국대 총장배 헝가리 엘떼대학 한국어 말하기 대회(2015.10.28)

- 중국 경덕진도자대학 합동 전시회 개최 2015년
- 중국 북경대학 유학반과 한국어 교재 공동 개발 2016년
- 중국 산동예술학원과 정기적으로 합동전시회 개최

IV.

지역 친화형 **명문 사학 주도**

01 대외 협력 사업 활성화

단국대학은 학교 이전 이후 빠른 시일 내에 죽전캠퍼스를 안착시키는 일이 무엇보다도 중요한 선결 과제였다. 뿐만 아니라 대학은 지역 사회 발전의 견인차 역할을 할 수 있는 인적·물적 집합체이며, 지역 주민의 문화 향유와 정보 욕구에도 부응할 것을 요청받는 존재이기 때문에 대학이 지역 사회에 공헌하는 핵심 주체가 되어야 한다는 점도 분명한 사실이었다.

특히 단국대학은 교시인 '진리·봉사' 정신을 구현하기 위해서 노력해온 대학으로서, 학문 분야별 전문성을 최대한 활용하여 지역 사회에 기여도를 높이고 지역과의 유대 강화를 통해 지역친화적 봉사와 공헌을 해야 한다는 의무감이 상존하였다. 지역 사회에서 신뢰받는 대학상을 구축하기 위해서는 무엇보다도 지역 사회 주요 기관 및 기업체와의 교류 협력을 확대할 필요가 있었다.

캠퍼스 이전 이후 교류 협력 협약 체결 건수를 보면 서울캠퍼스 시기인 1997~2006년 사이 건수가 33건에 불과했으나, 이전 후인 2007~2013년 사이에만 109건으로 3배 이상 증가하였다. 이는 주로 지방자치단체, 유관 기업체, 관공서 등 지역 사회 유관 기관과의 교류 협력 체결 비중이 큰 폭으로 증

이재명 성남시장 단국대 방문(2017.11.29)

가하였음을 보여준다.

특히 장호성 총장 재임 기간 중에는 경기도, 용인시, 수원시, 성남시, 화성시 등 캠퍼스 주변의 지방자치단체와의 협력 관계뿐 아니라 유관 기업체, 관공서 등 지역 사회 유관기관들과의 교류 협약이 증가하였다. 그리고 산학협력 사업 증가로 각종 사업단GRRC, RIS, 창업보육센터 등의 산학 교류 협약도 증가하였으며, 지자체 연계 사업단, 캠퍼스 주변 판교, 광교, 죽전 등 IT 단지 등과의 유기적 협력 체계가 크게 확대되었다.

장호성 총장 시기에 비약적으로 확대된 대외 협력 체제 구축 현황은 다음과 같다. 먼저 교류 협력 협약을 체결한 지자체는 경기도, 용인시, 화성시, 고성군, 하동군, 성남시, 용인시 보정동 '문화의 거리' 추진위원회, 청양군, 오산시, 경기도 의회, 태안군, 세종특별자치시 교육청, 수원시 등이고, 경기도 교육청과 경기도 예비 대학 운영 협약, 천안시, 충청남도교육청과 교육 자원 공유 및 협력을 위한 업무 협약, 성남시와 시민 참여형 도시 계획을 위한 관학 협력 협약, 포항시와 '지진 방재 및 건축물 내진 리모델링' 기술 개발과 활성화를 위한 단국대학교-포항시 간 업무협약, 수원시와 단국대학교-수원시 간 업무 협약과 단국대학교-4차산업혁명 관련 기업10개 간 업무 협약, 천안시 · 공주대 · 한국기술교육대 등과 도시 재생 뉴딜 사업을 통한 공동 상생 발전 협약, 단국대학교와 여주시 간 관 · 학 협력 체계 구축을 위한 업무 협약 등을 체결하였다.

교류 협력 협약을 체결한 유관 기관으로는 한국토지공사, 한국조폐공사, 한국특허정보원, 파고다교육그룹, 한국백혈병소아암협회, 한솔개발, 한국청소년활동진흥원, 천안고용센터, 대전 · 충남경영자총협회, 고용노동부청주지청, ㈜웨이블레이에듀, 신안종합리조트㈜, 경기지방경찰청, 충남지방경찰청, 한국사학진흥재단, 경기중소기업종합지원센터, IBK기업은행, 교보생명, 한국감정원, 한국고용정보원, ㈜뭐샤, EBS 교육방송, 에너지신문, 한국원자력문화재단, 한국가스안전공사, 한국-아랍 소사이어티, 국립과학수사연구원, 카네기연구소, 용인문화재단, 대전 · 충남지역 총장협의회, 한국가스공사, 한국석유관리원, 국가기록원, 한국교직원공제회, 국민체육진흥공단, 한국수력원자력㈜, 금융감독원, KBS JAPAN㈜, 한국자산관리공사, (사)한국드론협회, 해양환경관리공단, 한국IBM, 경기관광공사, YTN, 금융보안원, 국민안전처와 융합형 위기관리 전문인력 양성에 관한 업무협약 체결, (사)천안문화재단, (사)대우세계경영연구회 등이다.

산학협력 협약을 체결한 사업단은 충남테크노파크, OBS 경인TV, 한국생산성본부, ㈜루멘스, 우리은행, 한글과컴퓨터, 삼성탈레스, 삼성전자서비스, 알파돔시티자산관리㈜, 한국데이타베이스진흥원, 안양-과천상공회의소, ㈜비케이전자, ㈜시스케이트, ㈜KBS아트비전, 한국특수직능교육재단, 대한민간조사협회, 삼성디스플레이 등이다.

특히 2014년 5월 독일 SAP본사에서 체결된 단국대-SAP-경기도 간의 국제 산관학 교류 협력 협약에서는 SAP가 일련의 교육과정을 통해 일정 수준 이상의 자격을 갖춘 인재에 한하여 500명의 정규직 채용과 500명의 인턴 채용을 약속하였고, 단국대는 이러한 교육과정을 주도하는 역할을 맡기로 하는 파격적 조건의 협약이 체결되었다. 2018년 3월에는 HDC 현대산업개발그룹과 산학협력 교류 협약을 체결하였는데, 단국대학의 발전과 우수 인재 양성을 위해서 정몽규 그룹회장이 대학 발전 기금을 전달하였다. 이어서 단국대학 광에너지소재연구센터CPEM와 유무기융합 고차구조연성화학소재 연구센터SCMRC 내에 HDC현대EP가 설립한 HDC현대EP 중앙연구소를 설치하는 개소식을 가졌다.

교류 협력 협정을 체결한 지역의 대학은 명지대학교, 한국기술교육대학교, 경찰대학, 열린사이버대학교, 군장대, 송호대, 우송대 등이며, 대학과 지자체 간 교차 협약을 체결한 예로는 명지대학교와 용인시 발전을 위한 업무 협약, 4개교가천대, 성균관대, 아주대, 한양대 및 3개 기관KT, 경기창조경제혁신센터, 한국인터넷진흥원 다중 협약, 3개교강남대, 명지대, 용인대와 용인 공유 대학 업무 협약, 단국대 · 용인시 · 강남대 간 '용인시 시민 참여형 도시 계획'을 위한 MOU 등이 있다〈표 4-1〉.

〈표 4-1〉 교류 협약 체결 현황

연도	2008	2009	2010	2011	2012	2013	2014	2015	2016	2017	2018
계	3	37	9	10	19	17	20	8	14	11	15

▲ 2008년 대비 2018년 교류 협력 협약 체결 건수 5배 이상 증가

1) 상담 서비스 전담 기관 선정

상담학과가 경기도 소외 계층 상담 서비스 전담 기관에 선정되었다. 상담학과는 경기도 여성가족사업 전문기관인 경기도여성비전센터와 MOU를 체결하고 가족 상담 서비스를 실시하고 있다. 상담학과 전임 교원 3명, 전문 상담사 22명 단국대 상담학과 석박사학위 소지자으로 구성된 상담 센터는 저소득층, 한 부모 및 위기 가족, 독거 노인 및 취약 계층 등 3,500명 ~2019.12 대상으로 전화 상담, 인터넷 상담, 찾아가는 상담 가평, 여주, 오산, 평택, 안산 등을 실시하였다.

2) 도시 생태계 환경 문제 개선 공동 연구

단국대학 녹지조경학과는 수원시 및 서울대 조경학과와 MOU를 체결하고, 국비 81억 원을 투입하여 수원시 도시 생태계 환경 문제 개선을 위한 공동 연구 사업을 수행하고 있다. 사업단은 수원시 미세먼지 및 열섬 현상을 해결하고 도시 생태계 평가 관리 시스템과 BIO+CITY 구현을 위한 회복력 향상 패키지 기술을 개발하고 있다.

3) 지역 사회 인문 교양 대중화 기여

한국연구재단 주관 인문한국플러스HK+ 지원 사업에 선정된 지원 사업단은 총 100억 원을 투입하여 경기도 동남권용인, 하남, 광주, 양평, 여주 주민 대상 인문 교양 강좌를 실시하여 인문학 대중화를 이끌었다. 또한 지역인문학센터를 통해 해외 석학을 초빙하여 특강을 실시하고, 인문 소양 교육평생교육, 소외 계층, 중장년 · 노년층 등, 인문학콘서트, 인문독서토론캠프, 진로인문학특강, 책 읽어주는 엄마아빠 특강 등으로 인문 교양이 일상 생활 속에 스며들게 했다.

4) 포항 지진 관찰, 지진 방재 및 내진 리모델링 지원

단국대학 리모델링연구소는 포항시와 2019년에 MOU를 체결하고 지진 방재 및 내진 리모델링 사업을 협력하고 있다. 리모델링연구소는 포항시 지진 조기 복구와 시설물 안전 유지를 위한 '건축물 내진 성능 자가 점검 시스템'을 구축하고 있다. 한국연구재단 주관 대학중점연구소지원사업에 선정된 리모델링연구소는 9년간 62억 원을 지원받아 첨단 기술을 접목한 내진 리모델링 기술 연구와 지진 방재 · 액상화 · 건축물 내진 관련 기술을 개발하여 시민 보호를 위한 내진 테이블을 보급할 예정이다.

5) 단국대병원 암센터 착공

2019년 4월 11일 단국대학은 2021년 10월 완공을 목표로 충청남도 최초로 단국대병원 암센터 착공식을 거행했다. 암센터는 건축 면적 29,869.91m^2 약 9,035평에 지하 3층, 지상 7층, 250병상 5~7층 규모로 단국대병원에서 분산 운영되던 암 치료 기능을 통합하고 인력과 의료 장비를 보강할 예정이다. 차

(천) 단국대학병원 암센터 착공식(2019. 04. 11)

세대 염기서열 분석 장비, 선형가속기, 심리클리닉 등 최신식 의료 장비를 도입하여 국내 최고의 암센터로 자리매김할 예정이다.

6) 단국대 치과병원 및 세종의원 개원

우리나라의 새로운 행정 중심 도시로 자리잡고 있는 세종시는 의료 서비스 공백으로 불편을 겪고 있었다. 단국대학은 세종시 주민과 이주 공무원을 위한 신속하고 전문적인 의료 서비스를 제공하기 위해서 2017년 8월 22일에 세종시에

세종의원과 세종치과병원 개원(2017.08.22)

위치한 단국빌딩 2층에 단국대 세종의원을 개원하였다. 단국대 세종의원에는 소화기내과, 내시경검사실, 신장내과, 인공신장실, 소아청소년과, 영상의학과, 검진센터 등을 설치하였다. 단국빌딩 3층에는 구강악안면외과, 치주과, 소아치과 등을 설치하고 단국대 세종치과병원을 개원하였다. 이로써 세종시 주민과 이주 공무원 등은 최신 설비와 최고의 의료진을 갖춘 단국대 세종의원과 단국대 세종치과병원에서 최상의 의료서비스를 받을 수 있게 되었다.

7) 의료 봉사를 통한 사회 봉사

치대병원은 2005년부터 2007년까지 총 43개, 2008년부터 2010년까지는 22개, 2011년 14개, 2012년 25개, 2013년 16개, 2014년 20개, 2015년 8개, 2017년부터 현재 5개 시설에서 구강 검진 봉사 활동을 실시해 오고 있다.

2010년 12월에는 보건복지부에서 추진하는 중중 장애인의 치과 의료 사각지대 최소화 사업에 뜻을 같이하고 전국 최초로 충남장애인구강진료센터를 단국대학교 치과대학 부속 치과병원에 개소하였다. 장애인구강진료센터는 장애인 구강 건강 관리의 중요성을 부각시키고, 지금까지 치과 진료를 받지 못했던 중증 장애인을 위한 '전신마취하 치과진료'를 활성화하여 장애인 치과 진료 접근성을 향상시켰다. 충남장애인

구강진료센터는 충북과 경기도 지역 장애인 복지 시설을 매월 1-2회 방문하여 무료 구강 검진, 구강 보건 교육, 불소바니쉬도포를 실시하고 있다.

2010년 12월 죽전캠퍼스 내에 죽전치과병원을 개원하여 지역 사회와 상생 발전하는 대학상을 추구하며 수준 높은 구강 의료 서비스를 제공하고 있다. 2012년 5월 보건복지부와 경기도의 지원을 받아 경기도장애인구강진료센터를 열어 지역 주민 및 소외 계층의 구강 보건 향상을 위해 노력하고 있다.

죽전치과병원도 천안의 치과병원과 마찬가지로 의료 전문 인력의 재능 기부 형태로 사회 봉사 활동을 실천하고 있으며, 지역 사회 복지 기관을 찾아 무료 치과 진료 등 다양한 봉사 활동을 실시하여 나눔의 가치를 확대하고 있다.

죽전치과병원 개원식(2010.12.06)

단국대학 의과대학 부속 단대병원은 2008년부터 단국대학의 사회 봉사 활동과 연계하여 몽골 중심으로 해외 의료 봉사 활동을 해오고 있다. 2015년 5월 20일에 국내 첫 메르스중동호흡기증후군 환자가 확진된 후 급속히 유행되어 전 국민은 메르스 공포에 휩싸인 바 있다. 186명의 감염자가 발생하였고, 38명이 사망하고, 전국적으로 1만6천여 명이 격리되었다. 메르스가 확산되는 가운데 단대병원은 충남 지역 유일의 국가 지정 입원 치료 병원으로 지정된 이후 70여 일 동안 진료 활동 끝에 단 한 명의 추가 감염자가 발생하지 않은 국내 유일의 병원으로 메르스 극복에 인상적인 공헌을 하였다.

단국대병원의 메르스 극복 기록물『눈물과 헌신의 71일』

광복이후 대한민국 최초의 4년제 사립대학 개교
산학협력 중심
함께 링크하고,

V.

연구 · 산학협력 사업 활성화

01 산학협력의 역사

최고의 대학을 만들겠다는 장호성 총장의 포부는 2009년 3월에 발표한 「단국비전 2017+:도전과 창조」에서 잘 드러난다. 이 발전 계획안에는 '세계로 도약하는 민족 사학'으로서의 위상을 확립하기 위한 방안이 마련되었다. 여기에 의하면 단국대학의 교육 경쟁력을 확보하기 위한 전략으로서 IT 분야 및 BT 분야의 '신성장 산업'을 담당할 우수한 전문 인력을 양성하는 것이다. 한편 장호성 총장 취임 전후 단국대학의 선결 과제 중 하나는 대학 재정을 안정화 시키는 것이었다. 이 두 가지 목표를 달성하기 위한 방법으로서 정부의 재정 지원과 대외 연구비 확충에 유리한 산학협력 사업이 중요 실천 과제로 부각되었다.

산학협력 정책은 2002년 4월 산업 교육 진흥 및 산학협력 등의 촉진에 관한 법률이 입법 예고되면서 그 전기가 마련되었다. 단국대학은 그해 12월에 산학협력단추진위원회를 결성하고 2003년 8월에 산학협력단을 설립하였다. 그리고 세부적 준비 과정을 거쳐 2005년 3월 1일부터 업무를 시작하였다. 그러나 산학협력 사업을 본궤도에 올려놓기 시작한 것은 장호성 총장 취임 이후라고 할 수 있다. 죽전 · 천안 양 캠퍼스를 통합하여 관리하던 산학협력단은 2011년 12월에 BT 분야 클러스터가 조성되어 있는 천안캠퍼스 산학협력단이 별도 법인으로 설립됨으로써 캠퍼스 특성에 걸맞는 산학협력 사업을 추진할 수 있게 되었다.

그 결과 산학협력 성과가 큰 성장세를 타게 되었다. 2007년 죽전 · 천안 양 캠퍼스를 합친 대외 연구비 수혜액이 184억 2,317만 원으로 전임 교원 1인당 2,537만 원 수준이었다. 그러던 것이 캠퍼스 이전으로 연구 환경이 안정기에 이른 2010년에는 수주액 345억 4,007만 원, 전임 교원 1인당 대외 연구비가 3,786만 원 수준으로 대폭 증가하였다. 이러한 증가 폭은 더욱 커져서 2013년에는 수주액 435억 8,058만 원, 전임 교원 1인당 대외연구비가 3,938만 원에 달하였으며, 2016년에는 수주액 520억 292만 원, 전임 교원 1인당 대외 연구비가 4,716만 원 수준으로 2007년과 비교할 때 대외 연구비 수혜액에서 3배 가까운 실적 향상이 있었다.

2008년 이후 산학협력 실적은 대형 산학협력 사업의 유치로 더욱 큰 성과를 나타내게 되었다. 교육과학기술부가 2008년 하반기에 추진하여 2009년부터 시행된 대규모 대학 재정 지원사업인 '세계 수준의 연구 중심 대학WCU' 사업에 신득용 교수의예과 팀이 선정되어 매년 34억 원씩 5년에 걸쳐 170억 원의 연구비를 지원받게 된 것을 필두로 2009년에 건설교통기술연구 개발사업국토해양부, 선진기술국가국제공동연구사업지식경제부, 2010년에 신기술창업집적지역지원사업중소기업청, 연구사업단사업식품의약품안전청, 2011년에 국악분야예술강사지원사업문화체육관광부, 농식품발전지원연구센터경기도 · 용인시 유치 등 단국대학의 산학협력 성과가 가파르게 성장하였다.

특히 2012년 4월 이계형 산학부총장을 사업단장으로 하여 교육과학기술부가 지원하는 '산학협력선도대학지원사업LINC'에 선정된 것은 단국대학 구성원들이 산학협력 사업 도전에 자신감을 갖게 되는 중요한 계기가 되었다. 이 사업은 지역 산업과 연계한 다양한 산학협력 선도 모델을 창출 · 확산하기 위한 것으로, 단국대학은 매년 40억 원씩 5년에 걸쳐 200억 원의 국고 지원금을 받게 되었다. 이 사업의 수행으로 단국대학은 천안캠퍼스에 링크사업단2013년 6월에 창조다산링크사업단으로 개칭을 개소하여 산학협력 사업을 집중적으로 추진하였다.

장호성 총장은 정부 시책의 방향성을 예의 주시하면서, 죽전캠퍼스와 천안캠퍼스의 입지적 조건을 잘 활용하였다. 2011년 정부 미래기획위원회는 우리 사회의 미래 위기 요인에 시급히 대응하기 위하여 우선 콘텐츠 · 소프트웨어SW, 시스템반도체 산업에 정부 산업 정책 역량을 집중하고 이를 위해 경기 판교테크노밸리를 미국의 실리콘밸리와 같이 반도체 클러스터로 발전시키겠다고 발표했다. 그리고 기업과 인근 대학 간에 유기적인 산업 생태계를 조성하자고 제안했다.

이를 기회로 포착한 장호성 총장은 21세기 신성장 동력으로 부상한 스마트 폰, 모바일 서비스 등 스마트 코리아를 이끌 '경기도 글로벌 소프트웨어 융합센터 가칭'를 죽전캠퍼스에 설립할 계획을 추진하였다. 그 결과 2월 10일 경기도중소기업지원센터에서 열린 '스마트코리아, 스마트워크 융합 서비스' 행사에서 경기도 및 Smart-경기포럼과, 단국대학 죽전캠퍼스에 경기도 글로벌 S/W융합센터 설립을 위한 협약을 체결했다. 협약에는 경기도, 용인시, 경기지방중소기업청, CISCO, 스마트-경기포럼 등 15개 기관이 참여했다. 경기도 글로벌 S/W융합센터는 경기도내 핵심 디지털 산업의 중심지인 광교-죽전-판교 디지털밸리와의 활발한 산학연 연계 활동을 통해 경기 지역 소프트웨어 산업 분야의 허브 역할을 담당하게 되었다.

이 계획을 실현하기 위한 후속 사업으로 2011년 9월 20일 죽전캠퍼스에 산학협력 사업을 주도할 서관 현 글로컬 산학관을 준공하였다. 서관은 연면적 11,751㎡, 지상 6층, 지하 2층 규모로 지어졌으며, 산학협력 관련 실험실 및 연구실, 창업보육센터, 영화콘텐츠 제작 관련 연구실 등이 입주하였다. 그리고 2013년 6월 14일 서관에서 경기도지사를 비롯한 경기도의원, 용인시 부시장 등의 내빈들이 참석한 가운데 경기테크노파크 남부사업단 및 단국대학교 산학협력추진본부 개소식을 거행하였다.

2015년 9월 8일에는 죽전캠퍼스에서 정갑윤 국회부

웨어러블 Thinking 센터 방문(2019.06.05)

의장 등 교내외 귀빈들이 참석한 가운데 단국대 웨어러블 Thinking 연구센터 개소식이 거행되었다. 2016년 7월 19일에는 죽전캠퍼스 서관 1층에서 IT, SW 등과 같은 신기술 접목을 통한 디자인싱킹을 중점 연구 · 교육하는 'SW · 디자인융합센터' 개소식을 가졌다. 개소식에는 용인시장, 미래창조과학부 및 NIPA 관계자, SAP, IBM, PTC, NICE지니데이터㈜ 등 국내외 주요 기업 관계자들이 참석했다.

장호성 총장은 천안캠퍼스의 바이오 관련 산학협력 사업 확장을 위해서 오송 생명과학단지를 방문하였다. 그 결과 2009년 12월 8일 충청북도지사와 오송 첨단의료복합단지 조성, 발전, 공동 협력을 위한 관학 협약을 체결하였다. 이 협약에 따라 양 기관은 오송 첨단의료복합단지의 활성화를 위하여 교육, 연구, 기술 부분의 인적 교류를 포함하여 데이터베이스의 공유, 시설 및 장비의 공동 사용 등 포괄적 협력을 약속하였다.

2013년 9월 26일에는 천안캠퍼스에서 장호성 총장이 참석한 가운데 새롭게 산학협력관 개관식을 거행하였다. 이날은 개관식뿐 아니라 교육부와 한국연구재단이 함께 주최하고 전국 22개 대학이 참여한 창업페스티벌 개막식이 동시에 개최됨으로써 천안캠퍼스가 산학협력 사업의 중심지가 됨을 널리 알리는 좋은 기회가 되었다.

죽전 · 천안 양 캠퍼스에 산학협력 사업 베이스 기지를 확실하게 구축한 이후부터 산학협력 사업 관련 수주가 눈에 띄게 증가하였다. 2013년에 BK21플러스사업교육부, 2014년에 창업선도 대학육성사업중소기업청, 수도권대학특성화사업교육부 등을 수주하며 대형 산학협력 과제 유치를 지속하였다. 2015년 12월에는 정란 교수건축공학과, 리모델링연구소장가 국토교통부가 지원하고 국토교육과학기술진흥원이 주관하는 초고층빌딩 글로벌 R&BD센터사업에 선정되어 2020년 6월까지 202억 원의 연구비를 지원받게 되었다. 이 사업에서는 초고층 빌딩 설계 기술의 국산화를 위해 세계 초일류 기술 개발을 추진하고 있다.

2017년 상반기에는 창업선도 대학지원사업, SW중심대학지원사업, 사회맞춤형 산학협력선도대학 육성사업LINK+, 고

교교육정상화기여대학지원사업, 한국형온라인공개강좌사업K-MOOC 등 굵직한 사업을 유치하며 정부 재정 지원 사업 5관왕의 위업을 달성하였다.

단국대학은 선정된 산학협력 사업을 성실히 수행함으로써 타대학의 모범 사례로 자리잡았다. 2012년에 산학협력 활성화 우수 대학을 선정·지원한 LINC 사업에서 단국대학은 4년 연속2012-2015으로 최고 점수를 기록하며 명실상부하게 국내 최고의 산학협력 대학으로 자리잡았다. 이에 더하여 LINC+ 사업의 선정으로 5년간 230억 원의 산학협력 재원을 재투입할 수 있게 됨으로써 양적·질적으로 더욱 우수한 산학협력 성과를 창출할 수 있게 되었다.

산학협력 실적을 나타내는 또 다른 지표로는 기술 이전과 특허 출원 실적이 있다. 2007년에 죽전·천안 양 캠퍼스를 합친 기술 이전 과제수 4건, 수입료 1,400만 원에서 2010년 과제수 15건, 수입료 1억 3,953만 원, 2013년 과제수 42건, 수입료 5억 1,163만 원, 2016년 과제수 67건, 수입료 10억 5,863만 원을 달성하였다.

특허 실적은 2007년 국내 특허 출원수 37건에 등록수 32건이었다. 그러던 것이 2010년에 출원수 109건, 등록수 39건, 2013년 출원수 186건, 등록수 98건, 2016년에 출원수 273건, 등록수 148건으로 성장하였다. 해외 특허는 2011년에 출원수 23건, 등록수 1건으로 출발하여 2016년에 출원수 25건, 등록수 3건의 현황을 보였다.

산학 교류 협약 체결 현황도 2004~2006년 사이에 19건에서 2007~2013년 사이에 342건으로 크게 증가하였다. 이는 2012년 이후 각종 사업단의 유치가 활성화되어 각 사업단별 GRRC, HRD, RIS, 창업보육센터 산학 교류 협약 체결 건수가 증가한 요인이 컸다. 또 지자체 연계 사업단, 캠퍼스 주변 IT단지 판교, 광교, 죽전, 기흥 등과의 유기적 협력 관계 구축으로 대학 특성화 정책이 큰 도움을 받았다. 천안캠퍼스의 경우도 천안 및 충남, 충북 지역 사회와 연계된 산학 교류 협약 체결이 매년 증가해 왔으며, 특히 2012년에 산학협력선도 대학지원사업 LINC이 추진된 이후에는 그 실적이 더욱 높아졌다.

이와 같이 장호성 총장 재임 이후 연구와 산학협력 분야에서 괄목할 만한 성과가 나타나게 된 것은 죽전캠퍼스 이전으로 인한 연구 공간 및 시설의 확충이라는 하드웨어 측면과 더불어 죽전과 천안의 장점을 살린 캠퍼스 특성화를 위한 기획·전략과 투자, 그리고 새로운 대학 발전의 전기를 마련하고자 했던 장호성 총장을 비롯한 단국대학 구성원들의 열정과 노력이라는 보이지 않는 힘이 시너지 효과를 냈기 때문이다.

그러나 장호성 총장이 처음 산학협력 사업을 활성화시키려고 했을 때 교내 여건이 썩 좋았던 것은 아니었다. 가장 어려웠던 점은 교직원들의 자신감 부족 문제였다. 장호성 총장은 이런 문제를 극복하기 위해서 산학협력 사업의 필요성과

목표를 제시해 주되, 결과에 연연하지 않고 교직원들이 능동적으로 일할 수 있도록 차분하게 기다려주고 응원하는 정책을 펼쳤다. 초반기 산학협력 사업에 도전했다가 사업 수주 획득에 실패한 양 캠퍼스 연구팀들을 적극적으로 격려한 것도 그런 이유였다.

장호성 총장은 산학협력 사업 추진 초기였던 2009년 6월 12일, 지식경제부와 교육과학부가 진행한 2단계 산학협력 중심 대학 육성 사업에 응모했던 죽전캠퍼스 연구팀과 오찬을 함께하며 그동안의 노고를 격려했다. 6월 13일 저녁에는 천안캠퍼스에서 정부 수행 과제를 신청했던 교수 20명을 격려하는 만찬을 가졌다. 몇 달 동안 교육과학부와 지식경제부 등의 과제에 응모했던 지역 거점 대학 신청팀, 광역 경제권 선도 산업 인재 양성 사업 신청팀, 2단계 산학협력 중심 대학 육성 사업 신청팀, WCU신청팀 등을 초청해 만찬을 함께 했다. 장호성 총장은 만찬에서 "이번 신청에서 좋은 결과를 얻지는 못했지만 교수님들이 최선을 다해 주어서 고맙다"고 위로하고, "이번을 계기로 단국대학의 발전 가능성을 확인했으며 다음에는 좋은 결과가 있을 것으로 생각한다"고 격려했다.

처음에는 방법을 제대로 몰라 수동적인 태도를 보이던 교직원들도 차츰 장호성 총장의 격려에 힘입으면서 자신감을 가지고 산학협력 사업에 참여하는 모습을 보여주었다. 그리고 교직원들의 태도가 능동적으로 바뀌면서 연속적으로 대형 산학협력 사업에 선정되는 낭보가 줄을 이어 날아들었다. 이렇게 변화되어 가는 학풍을 지켜보면서, 장호성 총장은 단국대학의 교직원들이 한 번 마음을 먹으면 무슨 일이든지 해내고야 마는 엄청난 저력을 지닌 존재라는 사실을 새삼 확인했다고 한다.

연구 · 산학 역량 강화 02

1) 교원 확충과 연구 전담교원 직급 신설

신규 교원 충원 시 연구 실적의 양적 · 질적 우수성에 방점을 둔 인사 제도를 수립하고 유능한 연구 인력 초빙을 위한 연구 전담 교원 직급을 신설하였다. 전임 교원은 2008년 대비 2019년에는 285명을 증원하였다〈표 5-1〉.

〈표 5-1〉 2008년 대비 2019년 전임 교원 증가 현황

(단위:명)

연도	캠퍼스	전임	비전임				계
			겸임	초빙	초빙	기타	
2019	죽전	488	102	156	523	387	1,656
	천안	524	30	107	265	107	1,033
	소계	1,012	132	263	788	494	2,689
2018	죽전	493	37	115	627	373	1,645
	천안	596	10	60	351	112	1,129
	소계	1,089	47	175	978	485	2,774
2017	죽전	500	33	91	628	338	1,590
	천안	606	8	53	319	99	1,085
	소계	1,106	41	144	947	437	2,675
2016	죽전	502	29	58	640	316	1,545
	천안	659	8	19	329	100	1,115
	소계	1,161	37	77	969	416	2,660
2015	죽전	511	28	62	646	207	1,454
	천안	673	7	28	366	143	1,217
	소계	1,184	35	90	1,012	350	2,671
2014	죽전	521	19	62	649	213	1,464
	천안	607	7	25	363	123	1,125
	소계	1,128	26	87	1,012	336	2,589
2013	죽전	456	14	39	716	228	1,453
	천안	556	10	18	407	124	1,115
	소계	1,012	24	57	1,123	352	2,568
2012	죽전	441	21	46	745	191	1,444
	천안	529	14	25	417	100	1,085
	소계	970	35	71	1,162	291	2,529
2011	죽전	402	12	40	754	168	1,376
	천안	488	8	17	439	103	1,055
	소계	890	20	57	1,193	271	2,431

연도	캠퍼스	전임	비전임				계
			겸임	초빙	초빙	기타	
2010	죽전	358	24	46	863	129	1,420
	천안	479	14	17	477	75	1,062
	소계	837	38	63	1,340	204	2,482
2009	죽전	327	31	76	896	120	1,450
	천안	415	28	59	497	56	1,055
	소계	742	59	135	1,393	176	2,505
2008	죽전	328	39	68	843	101	1,379
	천안	399	31	65	491	39	1,025
	소계	727	70	133	1,334	140	2,404

2) 교원 업적 평가 기준 강화 및 산학협력단 전문 인력 배치

2011년 3월에 전임 교원 연구 업적 점수를 계열별학과별로 세분화하였으며, 호봉 승급 시 연구형 · 표준형 · 교육형 트랙으로 구분해 차등 적용하고 있다. 2015년 3월 1일 신규 임용 교원부터 정년 보장 심사를 의무화하여 교원 업적 평가 기준을 강화하였다. 임용 후 6년 기준 한국연구재단 등재 학술지 및 SCI, SCIE 등의 국제학술지 게재 논문의 평가 점수가 인문계열은 2,750점, 사회계열은 3,025점, 체육계열은 3,300점, 자연계열은 가그룹에서부터 바그룹까지 차등을 두어 최하 2,750점에서부터 최고 3,850점까지를 충족시켜야만 정년을 보장해 주는 제도를 마련하였다. 대신에 정해진 기간 동안 연구 업적을 충족하면, 조기에 정년을 보장해 주도록 하였다. 그리고 연구와 산학 부문 역량 강화를 위해 연구전담 부서를 신설하였으며, 산학협력단에는 전문 인력을 배치하여 제 기능을 발휘할 수 있게 했다.

교원 업적 평가 기준을 강화하고 연구를 장려한 결과 전임 교원 논문 1인당 실적이 2008년 대비 2018년에 국내 0.7편, 국제 0.3편으로 상향되었다〈표 5-2〉.

〈표 5-2〉 2008년 대비 2018년 전임 교원 1인당 연구 실적 향상

(단위:편)

연도	캠퍼스	전임교원	국내	국제	1인당 실적	
					국내	국제
2018	죽전	493	479.5	126.8	1.0	0.3
	천안	596	306.1	253.8	0.5	0.4
	소계	1,089	785.6	380.6	0.7	0.3
2017	죽전	500	548.7	104.1	1.1	0.2
	천안	606	366.9	222.3	0.6	0.4
	소계	1,106	915.6	326.4	0.8	0.3
2016	죽전	502	543.6	103.5	1.1	0.2
	천안	659	397.9	262.4	0.6	0.4
	소계	1,161	941.5	365.9	0.8	0.3
2015	죽전	511	535.6	124.5	1.0	0.2
	천안	673	388.4	253.4	0.6	0.4
	소계	1,184	924.0	377.9	0.8	0.3
2014	죽전	521	495.8	149.9	1.0	0.3
	천안	607	369.2	185.9	0.6	0.3
	소계	1,128	865.0	335.8	0.8	0.3

연도	캠퍼스	전임교원	국내	국제	1인당 실적	
					국내	국제
2013	죽전	456	401.3	127.0	0.9	0.3
	천안	556	334.4	183.0	0.6	0.3
	소계	1,012	735.7	310.0	0.7	0.3
2012	죽전	441	357.5	88.6	0.8	0.2
	천안	529	301.3	130.4	0.6	0.2
	소계	970	658.8	219.0	0.7	0.2
2011	죽전	402	354.4	66.7	0.9	0.2
	천안	488	332.6	89.2	0.7	0.2
	소계	890	687.0	155.9	0.8	0.2
2010	죽전	358	309.6	33.9	0.9	0.1
	천안	479	346.3	98.0	0.7	0.2
	소계	837	655.9	131.9	0.8	0.2
2009	죽전	327	272.5	60.0	0.8	0.2
	천안	415	349.5	42.5	0.8	0.1
	소계	742	622.0	102.5	0.8	0.1
2008	죽전	328	310.4	50.9	0.9	0.2
	천안	399	377.4	46.3	0.9	0.1
	소계	727	687.8	97.2	0.9	0.1

※ 자료 기준일: 연구 업적-전년도1.1~12.31 / 전임 교원-당해 연도4.1
2008년 대비 2018년 전임 교원 논문 1인당 실적 국내 0.7편, 국제 0.3편으로 상향

03 캠퍼스 특성화 주도 교책 중점 연구 기관 육성

1) 교책 중점 연구 기관 설립 개요

IT · BT · CT · 외국어 분야의 특성화를 주도하고 학제간 연구 활성화를 이끌 수 있는 기구 설립의 필요성과 대학의 연구 역량 강화가 필요했다. 이를 위해 교책 중점 연구 기

〈표 5-3〉 교책 중점 연구기관 설치 현황

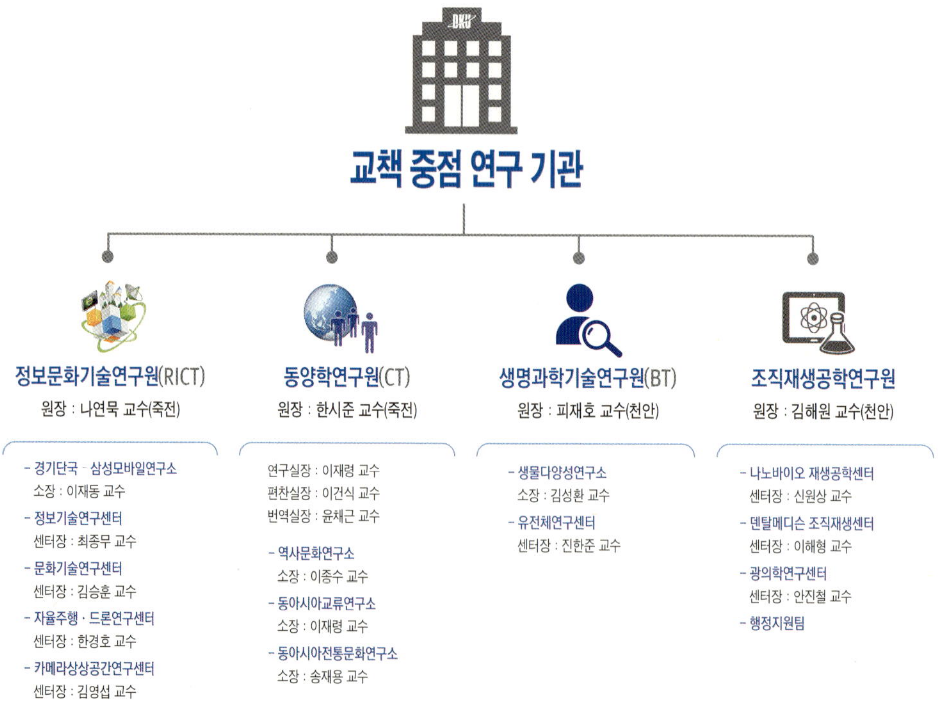

관을 설치〈표 5-3〉하고 집중 지원을 통해 우수 연구 결과를 창출하고 아울러 국책 과제를 수주 및 수행할 수 있는 인프라를 구축하였다.

2) 산학협력 역량 강화 위한 지원 시스템 구축

죽전캠퍼스 이전 후 자연·공학계열 교수 연구실 및 실험실 등 연구 환경을 확충할 수 있었다. 산학협력단 기술이전·특허 관리 전문 인력을 확보하여 교원들의 산학협력 활동에 대한 적극적인 독려와 지원을 위해 산학협력 원스톱 서비스 지원 체제를 구축하였다. 연구비 관리 시스템SI 고도화 및 간소화를 통해 연구에 몰입할 수 있는 환경을 조성하였다.

캠퍼스별 특성화를 위해서 다양한 경력을 지닌 산학협력 중점 교수를 비롯하여 전문 인력을 확충하였으며, 전문 연구 집단교책중점연구기관 등을 육성해 논문 발표를 증대하고 지역 특화형 산학협력 지원 체제를 구축하였다.

3) 산학협력 5개년 계획 수립

도전과 창조의 최우수 산합협력 선도 대학 실현을 위해 대학과 사회를 잇는 Connect+ 인재 양성 플랫폼을 구축하고,

지역 기업가 육성 선도 대학으로 발돋움하기 위해 산학협력 5개년 계획을 수립하였다〈표 5-4〉.

산학협력 발전을 위해 3대 목표산학협력 역량 고도화, 산학협력 인재양성 고도화, 지역 사회 협업 활성화를 설립하였다. 발전전략 3대 목표 아래 6대 추진전략과 전략적 세부과제를 구체화하였다. 산학협력 역량 고도화를 위한 추진전략은 지식창출형 연구혁신, 가치창출형 기술사업화이고, 산학협력 인재양성 고도화를 위한 추진전략은 사회맞춤형 인재양성, 지속가능성 기업가 양성이고, 지역 사회 협업 활성화를 위한 추진전략은 현장밀착형 기업 협업, 지역침투형 지역 사회 협업이다.

〈표 5-4〉 산학협력 5개년 계획 수립 [2017년 1월]

구분						
목표	Connect+산학 협력 역량 고도화		Connect+산학 협력 인재양성 고도화		Connect+지역 사회 협업 활성화	
추진전략	지식 창출형 연구 혁신	가치 창출형 기술 사업화	사회 맞춤형 인재 양성	지속 가능성 기업가 양성	현장 밀착형 기업 협업	지역 침투형 지역 사회 협업
	연구 역량 20위권 진입	기술 사업화 협력 네트워크 강화	대학-사회 양방향 인재 양성 체제 강화	기업가 육성 교육 고도화 및 지속화	서로 만족 가족 기업 협의체 고도화	지역 사회 분쟁 및 문제 해결(Social Living Lab)
추진 사업	융복합 문화예술 분야 집중 양성	기술 사업 지주회사 활성화	단국형 사회 맞춤형 인력 양성 프로그램 강화	고급 기업가 육성 및 창업 지원 강화	마이크로 타겟팅 기업 지원	지역 향토 문화 조성 및 가치 창출(A-Studio)
	대학 연구실 개방 및 기업화	기술 사업화 촉진	지역 사회 맞춤형 인력 양성 활성화	지역 사회 기업가 양성 강화	토탈 개방형 기업 지원	지역 사회 미래 꿈나무 육성(Young Innovation Camp)
기반 고도화	산학협력단 전문 인력 강화	산학 협력 친화형 제도 고도화	산학 협력 재원 확보 강화	스마트관리 시스템 고도화	산학 협력 공간 및 시설 확충	관련 조직간 연계 협업 강화

1) 주요 연구소 및 입주 기업 성과

가 경기 단국-삼성 모바일연구소 소장: 이재동 교수 / 2010

모바일 콘텐츠/플랫폼 개발 환경 및 관련 기술/산업의 자생적 생태계 조성을 위하여 삼성전자, 단국대 및 경기 콘텐츠 진흥원이 상호 협력을 목적으로 구축하였다.

나. GCC국가연구소 소장: 장세원 교수 / 2012

한국연구재단 지원 '신흥지역 연구지원사업'에 선정되어 사우디아라비아와 아랍에미리트 신성장 전략 연구에 기여하였다.

다. 한국베크만광의료기기연구센터 센터장: 정필상 교수 / 2013

미래창조과학부 지원 '2012 해외 우수 연구 기관 유치 사업'에 선정되어 세계 최고 의광학 분야 원천 기술을 보유한 미국 베크만레이저연구소와 공동 연구하여 단국대병원을 유방암, 두경부갑상선암 광진단치료 선도 병원으로 육성하였다.

라. 웨어러블 Thinking 센터 센터장: 최용근 교수 / 2015

미래창조과학부 지원 '대학 ICT 연구센터 육성 · 지원사업'에 선정되어 무선인터넷 웨어러블 소프트웨어 원천 기술 확보로 국가 기술 경쟁력을 증대하였으며, 석 · 박사급 IoT 웨어러블 소프트웨어 전문 인력을 양성하고 있다.

마. 초고층 빌딩 글로벌 R&BD 센터 센터장: 정란 교수 / 2016

국토교통부 지원 '2015 초고층 빌딩 글로벌 R&BD센터 육성 사업'에 선정되어 초고층 빌딩 설계 · 시공의 첨단 융복합 기술과 노하우를 확보하였다. 지진 재난에 대비하여 대학원에 ICT융복합 내진 · 초고층공학과를 설치하여 엔지니어를 양성하고 있다.

바. 생명공학창업보육센터 입주 벤처기업 ㈜젠바디

2012년에 창업보육센터에 입주한 ㈜젠바디는 세계 최초 지카바이러스 진단 키트를 개발해 브라질에 3천만 불 수출을 성사한 바 있다. ㈜젠바디는 창업보육센터 입주 5년 만에 기업 가치가 1,500억 원으로 성장하였으며, 바이오산업 모범 사례로 창업부터 자립까지 자금 조달, 마케팅, 제품 품질 평가 등의 멘토링 역할을 하고 있다.

1) 공동기기센터

천안캠퍼스에 2007년 11월에 설립한 공동기기센터는 5,867㎡의 연구 및 실험 공간에 130억 원을 투입하여 최신 장비를 구축하였다. 연구 장비 공동 활용 지원 사업일명 바우처 사업을 운영하고 있다. 연구 장비 집적화를 통해 연구자의 역량을 강화하고 약 160여 개 업체와 함께 공동 장비를 활용하여 신기술 및 신상품 개발을 지원하고 기업의 경쟁력 제고에 기여하고 있다.

2) 생명공학창업보육센터

생명공학창업보육센터는 2001년 5월 천안캠퍼스에 설립하였다. 생명공학 특화로 사업성이 우수한 예비/신규 창업자에게 체계적인 창업 보육을 지원하고 있다. 현재 ㈜젠바디 외 17개 업체가 입주하였으며, 기술 집약형 중소기업 창업을 촉진하고, 산업 구조 고도화 실현에 앞장서고 있다. 생명공학창업보육센터는 창업자 발굴부터 각 업체의 성장 단계에 맞춰

지원하는 맞춤식 산학협력을 실천하고 있다. 초창기 창업자를 위한 인적 및 물적 인프라를 구축하여 창업, 경영, 기술, 자금, 마케팅, 디자인, 정보화 등을 지원하고 있다. 창업보육센터에 입주하여 창업 시 소득세, 법인세 50% 감면 혜택과 연구개발 시 세액 공제를 받을 수 있을 뿐만 아니라 대학 공동기기센터를 활용하여 산학연 공동 연구 개발이 가능하고 정부지원 과제에도 참여할 수 있다.

3) 장비 구축 현황 및 운영 수익 증대

단국대학은 산학협력을 지속적으로 발전시키고 연구 성과를 극대화하기 위해 해마다 고가의 첨단 장비를 구축하여 운영하고 있다. 구축한 장비는 연구와 기술 개발에 유효 적절하게 사용되고 있으며, 연구 과제와 프로젝트 수행에 제공하여 운영 수익을 창출하고 있다〈표 5-5〉.

〈표 5-5〉 장비 구축 현황 및 운영 수익 증대

(단위:천원)

연도	캠퍼스	장비 현황	설비자산사용료수익
2018년	죽전	엑스레이 회절기 외 47건	26,879
	천안	자동화DNA염기서열분석기 외 114건	430,183
	계	163건	457,062
2017년	죽전	30Hp도판성형기 외 47건	13,150
	천안	가스크로마토그래피 외127건	641,477
	계	176건	654,627
2016년	죽전	UV-curing system 외 49건	47,238
	천안	고성능액체크로마토그래피 외129건	449,075
	계	180건	496,313

주요 산학 연구 성과 06

1) 연도별 연구비 수주 현황

연도별 연구비 수주 현황은 교내 연구비와 교외 연구비로 구분하고, 교원 1인당 실적으로 살펴볼 수 있다. 단국대학은 지난 10년간 대외 연구비로 총 4,580억 원을 수주하였다〈표 5-6〉.

〈표 5-6〉 연도별 연구비 수주 현황

(단위:천원)

연도	캠퍼스	전임 교원	국내	국제	1인당 실적	
					국내	국제
2018	죽전	493	1,968,221	21,303,611	3,992.30	43,212.20
	천안	596	1,942,983	24,370,780	3,260	40,890.60
	소계	1089	3,911,204	45,674,391	-	-
2017	죽전	500	2,444,897	24,303,998	4,889.80	48,608
	천안	606	2,430,924	27,698,926	4,011.40	45,707.80
	소계	1106	4,875,821	52,002,924	-	-
2016	죽전	502	2,725,508	29,925,479	5,429.30	59,612.50
	천안	659	2,506,570	25,085,295	3,803.60	38,065.70
	소계	1161	5,232,078	55,010,774	-	-
2015	죽전	511	3,254,570	24,438,028	6,369	47,823.90
	천안	673	3,753,834	22,914,685	5,577.80	34,048.60
	소계	1184	7,008,404	47,352,713	-	-
2014	죽전	521	3,260,158	25,581,748	6,257.50	49,101.20
	천안	607	3,078,146	17,998,830	5,071.10	29,652.10
	소계	1128	6,338,304	43,580,578	-	-
2013	죽전	456	3,118,916	26,553,774	6,839.70	58,232
	천안	556	3,284,817	22,448,452	5,907.90	40,374.90
	소계	1012	6,403,733	49,002,226	-	-
2012	죽전	441	2,529,227	22,526,527	5,735.20	51,080.60
	천안	529	2,662,402	18,553,446	5,032.90	35,072.70
	소계	970	5,191,629	41,079,973	-	-
2011	죽전	429	2,756,500	19,527,530	6,425.40	45,518.70
	천안	497	3,164,000	15,012,543	6,366.20	30,206.30
	소계	926	5,920,500	34,540,073	-	-
2010	죽전	367	1,877,900	13,905,188	5,116.90	37,888.80
	천안	488	2,620,500	23,750,628	5,369.90	48,669.30
	소계	855	4,498,400	37,655,816	-	-
2009	죽전	340	1,611,000	24,881,896	4,738.20	73,182
	천안	416	1,239,500	8,454,473	2,979.60	20,323.30
	소계	756	2,850,500	33,336,369	-	-

연도	캠퍼스	전임 교원	국내	국제	1인당 실적	
					국내	국제
2008	죽전	333	550,765	9,196,969	1,653.90	27,618.50
	천안	399	584,000	9,226,202	1,463.70	23,123.30
	소계	732	1,134,765	18,423,171	-	-

▲ 지난 10년간 대외연구비 4,580억원 수주

2) 기술 이전 수입료 및 특허 등록 실적

2018년 기술 이전 건수는 68건, 국내 특허 등록은 162건을 기록하여 2018년에 비해 기술 이전 실적은 17배, 국내 특허 등록 실적은 5배 상승하였음을 알 수 있다〈표 5-7〉.

〈표 5-7〉 기술 이전 수입료 및 특허 등록 실적

(단위:천원)

연도	기술 이전 실적		특허 실적			
	건수	수입료	국내 특허		해외 특허	
			출원	등록	출원	등록
2018년	68	843,959	252	162	26	0
2017년	67	1,058,629	273	148	25	3
2016년	80	916,563	214	106	12	2
2015년	48	620,809	219	83	9	4
2014년	42	511,631	186	98	30	1
2013년	27	266,831	116	78	13	2
2012년	15	225,000	102	53	23	1
2011년	15	139,528	109	39	7	0
2010년	9	38,000	60	18	7	0
2009년	5	16,000	80	24	8	0
2008년	4	14,000	37	32	5	0

▲ 2008년 대비 2018년 기술 이전 실적 17배 상승, 국내 특허 등록 실적 5배 상승

3) 기술 이전 체결 우수 사례

가. ㈜에스엠텍 간 기술 이전 송영석 교수

① 기술명 : 박막 필름 히터를 이용한 급속 금형 온도 조절 기술

② 기술료 : 1억 사용 기간 : 2017.4.26 ~ 2017.10.25

나. ㈜스타라이트 간 기술 이전 최종무 교수 외

① 기술명 : 가상 머신의 데이터 처리 방법 외 4건

② 기술료 : 0.6억 이전 양도일 : 2017.12.13

다. cynora GMbH 독일 기업 간 해외 기술 이전 이칠원 교수

① 기술명 : 오르소 치환 열활성 지연 형광 재료의 제조 및 유기 발광 소자

② 기술료 : US$ 150,000 이전일 : 2018.3.19

라. 와이어젠 간 기술 이전 현정근 교수

① 기술명 : 내부에 미세 구조의 채널을 가지는 생분해성 신경도관 및 이의 제조 방법

② 기술료 : 5억원 선급 / 영업이익의 3% 경상 이전일 : 2018.7.25

마. ㈜인핏앤컴퍼니 간 기술 이전 김세환 교수

① 기술명 : 다파장 레이저다이오드 빔 합성 장치 외 1건

② 기술료 : 1억원 선급 / 영업 이익의 3% 경상 이전 양도일 : 2017.06.30

바. ㈜포유텍 간 기술 이전 신원상 교수

① 기술명 : 탄소나노튜브-버키페이퍼 제조 방법 외 1건

② 기술료 : 2억원 선급 / 총매출액의 2% 경상 이전양도일 : 2017.09.01.

사. ㈜제노스 간 기술이전 김해원 교수

① 기술명 : 콜라겐 및 표면 아민화된 생활성 나노유리를 포함하는 하이드로겔 외 1건 ② 기술료 : 1억원 선급 / 총매출액의 2% 경상 이전양도일 : 2017.11.30

재정 지원 사업 유치 현황 07

단국대학이 최근 10년간 유치한 주요 재정 지원 사업에는 '산학협력 선도대학 육성사업 LINC' 이계형 단장, 2013~2017, 250억 원, '산학협

선도대학LINC+육성사업' 어진우 단장, 2017~2022, 250억 원, '초고층빌딩 글로벌 R&BD센터 사업' 정란 센터장, 2015~2020, 233억 원, '농림축산식품연구센터지원사업' 정윤화 교수, 2014~2021, 84.6억 원 등이 있다<표 5-8>.

<표 5-8> 재정 지원 사업 유치 현황

캠퍼스	사업명	연구 책임자	사업 기간	사업비
죽전	경기도지역협력연구센터(GRRC)	진병두 교수	2009~2021	148억
	세계최대 한자대사전 디지털사업화	윤승준 원장	2010~2013	6.8억
	BK21 플러스사업	황석호 교수	2013~2020	132억
	BK21 플러스사업	송동수 교수	2013~2020	50억
	고교교육정상화기여대학지원사업	장호성 총장	2014~2017	40억
	창의산업융합특성화 인재양성사업	이우걸 교수	2014~2019	23억
	수도권대학특성화사업(CK-Ⅱ)	김성환 단장	2014~2019	100억
	창업선도대학육성사업	손승우 단장	2014~2019	92억
	대학ICT연구센터육성지원사업	최용근 교수	2015~2018	32.5억
	산업기술연구기반구축사업	임성환 교수	2015~2019	18억
	에너지빅데이터인력양성사업	문현준 교수	2015~2020	21억
	도시건축연구사업	정 란 교수	2015~2020	58.9억
	초고층빌딩 글로벌 R&DB센터 사업	정란 센터장	2015~2020	233억
	삼성미래기술육성사업	정선주 교수	2016~2021	23억
	한국형온라인공개강좌사업(K-MOOC)	유정석 단장	2017~2019	10억
	SW중심대학지원사업	나연묵 단장	2017~2020	94.5억
	고교교육 기여대학 지원사업	이병인 교수	2017~2020	37억
	산학협력선도대학(LINC+)육성사업	어진우 단장	2017~2022	250억
	한국학토대연구지원사업	이재령 교수	2017~2022	13억
	인문한국플러스(HK+)지원사업	허재영 소장	2017~2024	114억
	2018 창업교육 거점센터 사업	어진우 단장	2018~202	7천5백만
	청년TLO육성사업	김호동 교수	2018~ 2021	19억
	LINC+ 4차 산업혁명 혁신선도대학 사업	임성한 단장	2018~2022	40억
	대학혁신지원사업(Ⅰ유형:자율협약형)	김병량 교수	2019~2021	224억
	한국학사전편찬사업	김우정 교수	2019~2022	10억
	에너지기술개발사업	이경구 교수	2019~ 2022	11억

캠퍼스	사업명	연구 책임자	사업 기간	사업비
천안	방송통신정책연구센터 운영지원사업	정재진 교수	2013~2017	13.6억
	산학협력선도대학 육성사업(LINC)	이계형 단장	2013~2017	236억
	한국베크만광의료기기연구센터	정필상 교수	2013~2018	74억
	BK21+(글로벌인재양성사업)	김해원 교수	2013~2020	85.2억
	BK21+(특화전문인재양성사업)	이호성 교수	2013~2020	13.2억
	BK21+(미래기반창의인재양성사업)	김인호 교수	2013~2020	24.9억
	천안시 어린이급식지원센터	김기랑 교수	2014~2019	50억
	의료기기기술개발사업	현정근 교수	2014~2019	15억
	에너지기술개발사업	최 용 교수	2014~2019	11억
	바이오인력양성사업	오충훈 교수	2014~2019	19억
	농림축산식품연구센터지원사업	정윤화 교수	2014~2021	72억
	웰에이징 진단기술 및 기기개발사업	오충훈 교수	2015~2019	15억
	세포재생기술개발사업	장영주 교수	2015~2021	13억
	글로벌연구실사업(GRL)	김해원 교수	2015~2021	23.7억
	볼리비아 씨감자 생산체계 구축사업	이동진 교수	2016~2020	41억
	해외우수연구기관유치사업	정필상 교수	2018~2022	66억
	해외우수연구기관유치사업	김해원 교수	2018~2023	46억
	중견연구자지원사업	김해원 교수	2018~2023	18억
	기후변화대응기술개발사업	이창현 교수	2018~2023	11.5억
	도시생태계 건강성 증진 기술개발사업	김남춘 교수	2019~2022	39억
	바이오의료기술개발사업	김형룡 교수	2019~ 2022	22억
	식품의약품안전처 용역연구개발과제	김규봉 교수	2019~ 2025	11억
	기초과학연구역량강화사업	한규동 교수	2019~ 2025	35억
	기초연구기반구축사업	이해형 교수	2019~ 2025	21억

※주요 산학협력 수주 실적에 한해 작성

08 한 · 중 생명과학포럼 주관

산학협력 사업 중에서도 장호성 총장이 지속적으로 관심을 두고 지켜본 분야는 바이오 산업 분야였다. 국내 대학 중 생명과학대-치대 · 병원-의대 · 병원-간호대-약학대가 한 곳에 모여서 바이오 산업 연구 개발에 절대적으로 유리한 클러스터를 형성하고 있는 곳은 단국대학 천안캠퍼스가 거의 유일하기 때문이다. 장호성 총장은 바이오 산업의 클러스터를 형성하고 있는 천안캠퍼스의 저력을 바탕으로 앞으로 미래 전망성이 높은 약학 관련 시장을 선도적으로 개척하려고 시도하였다.

2011년 7월 장호성 총장은 1880년에 개교한 전통있는 약과대학으로 일본에서 유명한 도쿄약과대학과 교류 협력 협약을 체결하여 학생 및 교수 교환, 공동 연구 프로젝트 진행 등 국내 약학 발전을 위한 시동을 걸었다. 그리고 2014년 천안캠퍼스 제3과학관 국제회의장에서 열린 제4차 제약생명공학포럼을 주관하였다. 이 포럼은 단국대학이 주관하고 교육부와 한국연구재단이 후원하였으며 40여 명의 제약 회사 대표들이 참석한 가운데 산학협력 성과 발표와 바이오 각 분야의 발표 및 토론으로 진행되었다.

이후 천안캠퍼스의 바이오 클러스터를 통해서 국내외 의약업계에 신뢰를 얻은 장호성 총장은 한·중 제약업체들을 이어주는 중요한 핵심 인사로 자리잡았다. 장호성 총장은 국내 제약 회사 대표들과 일일이 접촉하여 이들 회사들의 중국 진출을 도와 수출을 확대하고, 한·중 간 제약업체들을 연결시켜 양측 모두에게 협동으로 의약을 개발할 수 있는 기회를 제공할 것을 약속하였다.

그 결과 2015년 8월 농·생명·바이오 기술 사업화 포럼에 참가한 삼익제약㈜ 이세영 회장을 비롯한 제약 생명 분야 CEO 방문단이 장호성 총장을 예방하였고, 2016년 4월에는 리화이 중국 옌다그룹 회장, 박영서 한국젬스 회장 등을 비롯한 내외 관계자들이 죽전캠퍼스에 모여 의료 분야 상호 지원 및 정보·인력 교류 등을 비롯한 교류 협력 협약을 체결하였다.

그리고 중국 옌다그룹측의 적극적인 요청으로 2016년 10월 14일 북경에서 제1회 2016 한중의약 산학협력포럼이 개최되었다. 옌다그룹의 초청으로 이 포럼에 참석한 장호성 총장은 단국대학과 북경대의 산학협력 성공사례, 한중 의약 시장 현황 및 국제 협력 사례, 한중 의약품 인허가 현황 및 국제 인허가 대응 전략 등의 발표를 참관하였다.

2018년 9월 장호성 총장은 중국 제남에서 개최된 제2차 국제 한·중 생명과학 포럼을 주관하였다. 이 행사에는 산동성 및 한·중 의약업체 관계자들이 참석한 가운데 진행되었으며, 단국대학과 산동대학교, 제남시 고신구 제약생명협의체 간 업무 협약이 체결되었다.

2019년 2월 장호성 총장은 죽전캠퍼스 대회의실에서 리지준 제남시 부시장을 비롯한 방문단의 예방을 접견하고, ㈜대웅제약 관계자들이 함께 참석한 가운데, 단국대학교 약학대학, ㈜대웅제약 연구본부, 중국 제남시 고신구 생명과학성 등 세 기관의 교류 협력 증진과 생물의약산업 투자 유치를 위한 유기적 협력 관계 유지를 내용으로 하는 양해 각서를 체결하였다.

11월에는 한·중 양국의 제약, 바이오 분야 협력을 위한 제3차 한·중 생명과학포럼이 죽전캠퍼스에서 개최되었다. 장호성 총장의 주관으로 진행된 이 포럼은 한·중 간 제약·생명과학 분야의 산학 연관 협력을 통해 양국 해당 분야 연구 성과뿐 아니라 산업 발전을 통해 국가 경제에 기여할 것을 표방하였다.

이 포럼에는 중국 산동성 제남시 인민정부와 산하 기업장쥔 제남시 인민정부 부비서장, 마오셩쥔 산동성정부 주한무역대표처 수석대표, 류궈쥔 산동성 줄기세포공학유한회사 총재, 펑리정 제남아이쓰 의약과기유한회사 회장 등 22명과 대웅제약, 중외제약 등 국내 22개 제약 · 바이오기업 대표 60명, 단국대 의대·약대·링크사업단이 참여하였다. 대학 및 기업 상호간 생명과학 분야 상호 교류 및 협력, 공동 분야 협업을 통한 글로벌 시장 창출, 국내 바이오 기업의 중국 진출 지원, 생명과학 분야 발전을 통한 양국 국가 경제 기여 등이 논의되었다. 또한 이 포럼은 이전에 개별적으로 중국시장 진출을 위해 절차와 과정에서 손실이 많았던 국내 기업들에게 한 · 중 기업 네트워킹을 통해 중국 제약 시장의 인허가 관련 사항 등 중요 정보를 손쉽게 획득할 수 있는 정보 교류의 장으로도 제공되었다.

포럼에서는「중국제약산업 현황 및 정책」중국 제남시 정부 투자촉진국 장쥔 국장,「한국제약업체의 현황과 미래」이윤우 대한약품공업 대표이사,「㈜바이오리더스와 중국 국영기업 시노팜그룹의 매칭 성공사례」양 기업 대표,「㈜현대메디텍과 중국 ㈜오리가그룹의 매칭 성공 사례」양 기업 대표 등이 발표되었다. 포럼 2일차에는 충북 오송 생명과학단지의 대웅제약 공장과 단국대 의대병원, 치대병원, 약대, 생명과학계열 클러스터의 시설 견학이 있었다.

이 행사에는 한국바이오·제약협회, 한국의약수출입협회, 의료기기테크노밸리 등도 참관해 한·중 간의 제약, 화장품, 건기식, 의료 기기 수출입에 대한 다양한 협의가 진행됐다. 포럼 회장을 맡은 장호성 총장은 "포럼 개최를 통해 의약산업 분야의 글로벌 산학협력을 확대하고 의약학 분야의 실질적인 협력과 아울러 국내 제약 기업의 구체적이고 신속한 중국 시장 진출을 지원할 수 있기를 기대한다"는 포럼 개최 취지를 밝혔다.

장호성 총장이 주도하는 한·중 생명과학포럼은 대학 특

성화 전략의 하나로 꾸준히 투자해온 BT 분야 활성화의 연장선에서 출발했다. 단국대학은 그간 링크사업단 등을 통해 국내 바이오 기업과의 협력을 다져왔고 국내 기업과의 협력 경험을 바탕으로 한·중 간 의약 분야를 아우르는 생명과학분야의 글로벌 협력 강화를 위해 생명과학포럼을 개최해 왔다. 앞으로 이를 통해서 한·중 양국의 바이오 분야 발전 등 다양한 분야의 발전을 위한 협력 관계가 다져지고, 양국 기업 간의 협의를 통한 투자 및 수출입 물품 확정 등이 이뤄질 전망이다.

도전과 창조의 여정

DKU
장호성

VI.

학교 발전 기금 유치 대대적 향상

01 발전 기금 모집의 역사

대학 운영에 있어서 발전 기금은 부족한 재정을 보충해 주는 중요한 재원일 뿐만 아니라, 동문과 재학생을 연결시켜주는 징검다리로서 동문 사회의 모교 사랑에 대한 척도를 가늠케 하는 시금석이 되기도 하다. 또 외국의 사례에서 볼 수 있는 바와 같이 발전 기금의 액수 자체가 그 대학의 저력을 평가하는 척도로서 이용되기도 한다.

우리나라는 2000년대 들어 학령인구 감소와 정부의 대학 구조 개혁 정책으로 등록금 수입이 감소하는 상황에 대비하여 각 대학마다 발전 기금 유치가 대학의 경쟁력을 확보하는 핵심 과제로 떠올랐다. 단국대학도 발전 기금 조성, 수입 재원의 다변화, 모금 상품의 다양화를 위한 대책 마련에 힘써 왔다. 2002년 6월 신설된 대외협력실에 발전 기금 업무를 전담하는 발전협력팀을 설치한 것이 그 시작이었다.

장호성 총장 취임 이후 발전 기금 모금 활성화가 본격화 되었다. 2009년 3월 대외협력부총장 직제를 신설하고 2012년 2월에 대외협력실을 대외협력처로, 발전협력팀을 대외협력팀으로 개칭하고 기금팀을 신설하여 발전 기금 모금의 활성화를 꾀하였다. 대외협력처 업무를 통해 기부 시스템의 구축, 기부

프로그램 다양화, 기부자 발굴 및 예우 강화, 잠재 기부자 DB 구축 등의 정책을 추진하여 발전 기금 모금이 점차 증가하였다. 또한 후원의 집 장학금 등 소액 발전 기금 모금 사업 활성화를 통한 재학생 장학금 지급 등에서 큰 성과를 보였다.

단국대학의 발전 기금은 서울캠퍼스 시기인 2002~2005년 사이에 모금된 액수가 120억 8,924만 원으로 연평균 30억 2,231만 원 정도였다. 2006년에 캠퍼스 이전을 앞두고 대대적인 발전 기금 모금 프로그램을 가동하여 전년 대비 12배 가량의 발전 기금을 모금하였고, 이후 죽전캠퍼스 시기의 실적을 보여주는 2006~2012년 사이의 모금액은 295억 4,169만 원으로 연평균 42억 241만 원이었다. 이는 서울캠퍼스 시기에 비교할 때 연간 10억 원 이상이 증가한 액수이다. 이후 2013년에 31억 6,963만 원, 2014년에 40억 753만 원, 2015년에 51억 3,674만 원, 2016년에 109억 3,888만 원으로 전년보다 큰 폭으로 확대되었다.

소액 발전 기금 모금 프로그램 활성화를 위해 단국사랑 후원의 집, ARS 등도 추진하였다. 단국사랑 후원의 집 캠페인은 대학이 지역 공동체와 하나가 되는 모범 기부 사례로 자리를 잡았다. 이 캠페인으로 2014년 8월까지 약 2억 6천만 원이 기부되어 그 중 1억 3천만 원을 재학생 130명에게 장학금으로 전달하였다. 이에 대한 감사의 뜻으로 2014년 8월 장호성 총장을 비롯한 보직 교수들이 죽전·천안 양 캠퍼스에서 단국사랑 후원의 집 초청 행사를 열어 향후 발전 기금 사용 방법과 대학-지역 사회 공동 발전 방안 등을 주제로 간담회를 가졌다. 2017년 2월 현재 단국사랑 후원의 집은 죽전캠퍼스 24개소, 천안캠퍼스 19개소, 총 43개소이다.

동문과 재학생과의 만남을 통해 애교심을 기르고 기부를 독려하는 홈커밍데이, 학과별 동문회 등이 2014년부터 활성화되기 시작해서 학과(학부)별로 다양하게 진행되었다. 죽전·천안 양 캠퍼스에서 2014년 25개 학과, 2015년 18개 학과, 2016년 21개 학과가 홈커밍데이 행사를 개최하였고, 이 행사를 통한 동문과의 인연은 자연스레 모교와 후배에 대한 애정으로 발전해 대학 발전 기금 유치로 이어졌다.

2014년 10월 의과대학 1기 동문들이 '의학과 1기 졸업 20주년 기념 홈커밍데이' 행사를 통해 발전 기금 7,700만 원을 기부하면서, 홈커밍데이 행사가 다른 학과들로 확산되었다. 그리고 설립자 동상 건립 사업, 개교70주년 역사관 건립 사업 등 대학의 정책 사업에 참여하는 교직원들과 동문들의 발전 기금 기탁도 이어졌다. 2015년 9월 15일 그랜드 하얏트 호텔에서 개최된 '단국대 후원의 밤'도 매년 지속되면서, 동문들이 한 자리에 모여 단국대학의 비전을 공유하고 모교를 위한 발전 기금을 전달하는 중요한 행사로 자리잡았다.

발전 기금 모집 현황 02

1) 기구 정비 및 시스템 현대화

가. 발전 기금 모금 확대 및 제도화 노력

2009년 대외 협력 활성화를 위해 대외협력부총장 직제를 신설하였다. 2014년에는 발전 기금 모금 사업 활성화를 위해 '대학발전자문위원회'를 발족하였다. 자문위원회와 대학 구성원의 의견을 수렴하여 기부 시스템을 구축하고 발전 기금 모금사업 다양화를 추진하였다. 기부자를 적극 발굴하였으며 기부자에 대한 예우를 강화하였다. 잠재 기부자 DB를 구축하여 발전 기금을 지속적으로 모금하기 위해 노력하고 있다. 지역 사회 상가와 협력하여 '단국사랑 후원의 집' 제도를 도입하고, 동문 대상으로 홈커밍데이 등을 실시하여 기부 채널을 다양화하였다. 특히 2017년 9월에는 대학 동문 네트워크를 활성화하고 발전 기금 조성 업무와 대외 협력 업무 향상을 위해 2017년 9월에 '대학 동문 네트워크 관리 프로그램' 위탁 협약을 체결했다.

2) 각종 행사 활성화

가. 단국 후원의 밤 행사 창안 및 주관

대학 발전 기금 고액 기부자, 후원자 및 유력 동문, 각 동문회 초청 인사, 기업별 재직 동문회, 대학발전자문위원회 초청 후원자, 잠재 기부자 등을 초청하여 단국 후원의 밤을 개최하였다. 장소를 그랜드 하얏트 호텔로 정하고, 2015년 9월 15일에는 '단국 후원의 밤', 2016년 9월 28일에는 '단국, Dream 2016', 2017년 11월 2일에는 '감사와 희망의 밤'을 개최하였다.

'단국 후원의 밤'을 통해 대학 발전 네트워크를 활성화 할

감사와 희망의 밤(2017.11.02)

뿐만 아니라 기부금 조성을 유도하는 한편 대학 비전을 공유하였다.

나. 학과별 홈커밍데이 행사 지원

동문 상호간, 대학 - 동문 간 네트워크를 형성하고 지속적으로 유지할 수 있는 계기를 마련하기 위해 학과별 홈커밍데이 행사를 지원하였다. 2014년부터 해마다 단과대학 또는 학과별 주관 동문 초청 행사를 기획하고, 이 가운데 매년 약 30개 학과의 행사비 중 일부를 지원하고 있다. 홈커밍데이는 동문들의 모교에 대한 관심과 자긍심을 고취하고, 모교와 동문 사회 소통의 장이 되고 있다. 홈커밍데이가 진행되는 동안 학과별 발전 기금 모금이 활성화되었으며, 잠재 기부자 및 유력 동문을 발굴할 수 있었다. 특히 의과대학 등 일부 대학이나 학과는 모교와 후학의 발전을 위해 대학 발전 기금 기부를 정례화하는 성과를 거두었다.

3) 발전 기금 대폭 증가

발전 기금 유치를 위해 전담 기구를 신설하고 시스템을 현대화하여 괄목할 만한 성과를 거두었다. 2016년에는 발전 기금 모금액이 최초로 100억 원대를 돌파하였다〈표 6-1〉.

〈표 6-1〉 연도별 발전 기금 모금액

(단위 : 천원)

구분	일반	지정	소계
2018	921,652	1,581,072	2,502,724
2017	1,822,736	2,865,819	4,688,556
2016	6,957,115	3,981,768	10,938,883
2015	2,593,158	2,543,577	5,136,735
2014	1,754,641	2,252,893	4,007,534
2013	695,998	2,473,629	3,169,627
2012	833,224	2,637,616	3,470,840
2011	649,490	2,643,418	3,292,908
2010	1,237,858	2,118,101	3,355,959
2009	1,330,190	1,678,307	3,008,497
2008	982,413	3,024,754	4,007,167
2007	519,450	1,524,166	2,043,615

▲ 2016년 대학 발전 기금 모금액 최초 100억대 돌파

대학 발전 기금 기부의 새로운 풍토를 마련하기 위해 소액 기부자의 적극적인 참여와 관심을 유도하고 있으며, 동문과 재학생의 만남의 장을 제공해 애교심을 기르고 기부를 독려하는 각종 행사를 유치하고 있다. 2019년에는 동문 대상으로 소액 발전 기금 매월 1만 원 이상 정기 납부 '대단한 기부' 캠페인을 전개하여 다수의 참여를 이끌었다. 2019년 2월에 본격적으로 시작하여 현재 7월 9일 기준 218명이 참가하였으며, 약정액 4억 1,739만 원을 유치하였다. 기부금은 장학금, 교육 환경 선진화 사업, 교육프로그램 개발, 대학 특성화 사업 등에 사용할 예정이다.

도전과 창조의 여정

2010 청소년올림픽 서울
10 Journey of the Youth Olympic Fl

VII.

총장의 대외 활동 통한 대학 위상 제고

01 체육계 활동

장호성 총장은 재임 시절 한국 체육계의 중요 인물로 활약하였다. 이는 일찍이 체육 입국을 목표로 했던 선친 장충식 이사장의 위업을 계승한 일이기도 했다. 장충식 이사장은 총장 초임 시절부터 아무도 관심을 두지 않던 스키나 스케이트 같은 동계스포츠 육성에 관심과 지원을 아끼지 않음으로써 동계 스포츠의 불모지나 다름없던 우리나라를 세계가 인정하는 동계 스포츠 강국으로 발전시킨 장본인이다.

장충식 이사장은 1970년 대학스키연맹 회장에 취임한 이래 대학축구연맹 회장 1977, 대학농구연맹 회장 1979, KOC 부위원장 겸 대학스포츠위원회 위원장 1981-1997, '88서울올림픽 조직위원회 이사 1981-1989, 대학테니스연맹 회장 1981, 루마니아 하계 유니버시아드 대한민국선수단장 1981, 캐나다 하계 유니버시아드 대한민국선수단장 1983, 일본 고베 하계 유니버시아드 대한민국선수단장 1985, 유고 하계 유니버시아드 대한민국선수단장 1987, 남북체육회담 한국수석대표로 단일팀 단가, 단기 등 제정 1989, 북경 아시안게임 한국선수단장 1990, 포르투갈 세계 청소년축구대회 남북단일팀 선수단장 1991, IOC 훈장 수상 1996 등 한국 현대 체육사의 거목으로 활동하였다.

2010 세계 청소년 올림픽 단장

특히 오랫동안 각종 대학스포츠연맹 회장과 유니버시아드 한국선수단의 단장을 역임함으로써 교육자로서 한국 대학체육의 발전을 위해서 많은 기여를 해온 바 있다. 유니버시아드Universiade는 대학University과 올림픽Olympiad의 합성어로 국제대학스포츠연맹FISU, International University Sports Federation이 주관하는 세계 학생 스포츠 대회이다. 대학 스포츠의 발전과 각 나라 학생들의 밀접한 접촉 및 국제적인 대학 스포츠의 발전을 위한 협력 등을 목적으로 2년마다 열린다.

장충식 이사장이 정치와는 거리를 두면서도 체육계 활동

에는 적극적으로 매진했던 것은 '체력은 곧 국력'이라는 보편적 가치의 실현을 통해 국력을 기르고 민족 통일에 기여하며, '공부만 잘하는 학생보다는 건강하고 의식있는 학생을 길러내야 한다'고 설파했던 설립자 범정 선생의 교육철학을 구현한 의미있는 행보였다. 장호성 총장도 선친의 업적을 계승하여 한국 체육계 발전을 위해서 여러 가지 중요한 직책을 수행하였다.

장호성 총장은 대학스키연맹 부회장 2001을 시작으로 해서 대한대학스포츠위원회 KUSB 상임위원 2003, 이탈리아 동계유니버시아드 한국선수단 부단장 2003, 오스트리아 동계유니

2010 세계 청소년 올림픽 단장

하계 유니버시아드 결단식(2011.08.02)

버시아드 한국선수단장2005, 싱가폴 세계청소년올림픽 한국선수단장2010, 중국 심천 하계유니버시아드 한국선수단장2011, AUSF 아시아대학스포츠연맹 부회장2011~2016, 대한대학스포츠위원회KUSB 부위원장2010.9~2016.3, 한국대학스포츠총장협의회KUSF 회장2012.2~2018.2 등을 역임하였다.

장호성 총장 재임 시절 체육계 활동과 관련된 주요 내용은 다음과 같다. 총장 취임 첫 해인 2008년 9월 베이징 올림픽 수영 자유형 400m 종목에서 금메달을 획득한 박태환체육교육과 선수와 태권도 68kg급에서 역시 금메달을 딴 손태진태권도학과 선수에게 기념명패를 전달하고 노고를 위로하였다. 2009년 4월 우리나라를 대표하는 수영의 박태환체육교육과 선수가 미국 전지 훈련에 앞서 예방하자 훈련 격려금을 전달하고 격려

박태환 선수 환영회(2008. 09. 02)

했다. 6월에는 단국대학 축구부 선수들을 위해 준비한 선수용 축구화 30켤레를 전달했다. 축구부는 이 해 8월 2000년 이후 처음 결승전에 진출하여 준우승을 차지했다.

2010년 3월 벤쿠버 동계 올림픽 쇼트트랙 경기에서 세계를 제패한 단국대학의 이정수 선수와 김성일 선수를 접견했다. 장호성 총장은 전통적으로 비인기 스포츠 종목을 후원, 육성하고 있는 단국대학의 노력과 의지를 피력하며 두 선수의 선전을 축하하였다. 8월 14일부터 싱가폴에서 열린 제1회 청소년올림픽에 대한민국선수단 단장으로 102명의 선수단을 이끌고 참가하였다. 대회 결과 중국과 러시아에 이어 세계 3

위라는 사상 최고의 성적을 거두었다.

2011년 8월 12일부터 8월 23일까지 중국 심천에서 열린 2011 하계 유니버시아드에 대한민국 선수단장으로서 380여 명의 선수단을 이끌고 참가하였다. 장호성 총장은 선수단 결단식에서 "유니버시아드는 세계 여러 나라 선수들과 스포츠를 통해 선의의 경쟁을 펼치고 우정과 문화를 나누는 학습의 연장선이며, 대한민국을 대표한다는 자부심을 갖고 경기에서도 스포츠맨십을 발휘해 모범적인 선수단이 되자"고 당부하였다. 약 2주간 치러진 제26회 유니버시아드에서 한국은 종합 3위라는 역대 최고의 성적을 거두었다. 12월 9일부터 12월 14일까지 태국 후아힌에서 열린 AUSF Asia University Sports Federation 총회와 AUSF에서 주최한 Asia University Golf Championship 개막식에 AUSF 부회장 자격으로 참석하였다.

2012년 4월 3일 장호성 총장이 회장으로 재임하고 있는 한국대학스포츠총장협의회 간담회를 단국대학에서 개최하였다. 이날 간담회에는 김종욱 총장 한체대, 방열 총장 건동대, 최호준 총장 경기대, 황선조 총장 선문대 등 17개교의 총장 및 부총장 등 학교 대표들이 참석하여 우리나라 대학 스포츠의 발전과 현안들을 논의하였다. 5월 21일 프레스센터에서 한국대학스포츠총장협의회 회장 자격으로 기자 회견을 가졌다. 최근 문제가 되고 있는 스포츠계의 부조리를 방지하기 위한 대학 차원의 자정 노력과 방안을 제시하는 성명서를 발표하였다.

6월 6일부터 6월 12일까지 이란 테헤란에서 열린 AUSF Executive Committee Meeting에 한국대표로 참석하였다. 8월 2012 런던올림픽 메달리스트인 교육대학원의 박태환수영 은메달, 스포츠과학대학원의 김현우레슬링 금메달 선수의 예방을 맞아 접견하고 선전을 축하하였다. 11월 27일부터 12월 1일까지 태국 Cha-Am에서 개최된 제7회 AUSF General Assembly에 대한민국대표 및 AUSF 부회장 자격으로 참석하였다. 또한 이번 총회와 동시에 개최된 The 2nd Asian University Beach Volleyball Championship의 대회장을 맡아 대회를 주관하였다.

2013년 6월 26일 올림픽파크텔에서 개최된 2013 러시아 카잔 하계 유니버시아드 한국선수단 결단식에 KUSB 부위원장 자격으로 참석하여 선수단장에게 단기를 전달하고 한국선수단의 선전을 기원하였다. 10월 청양군민체육관에서 개최된 제4회 아시아태권도선수권대회 개회식에 대회장 자격으로 참석하여 개회사를 하였다. 이 대회는 장호성 총장이 부회장을 맡고 있는 AUSF에서 주최하고 한국대학태권도연맹이 주관한 대회로서 아시아 27개국 550여 명의 선수단이 참가하였다. 12월 20일 올림픽파크텔에서 개최된 2013 한국대학스포츠총장협의회 정기 총회에서 회장에 재선되었다.

2014년 8월 20일부터 8월 24일까지 중국 청도에서 개최된 AUSF 정기 총회에 한국 대표 겸 AUSF 부회장 자격으로 참석하였다. 또한 이번 총회 기간 중 같이 개최된 아시아대학 비치발리볼대회에도 참석하여 한국선수단을 격려하였다.

2015년 12월 29일부터 1월 5일까지 8일간 천안캠퍼스에서 개최된 2015 제1회 아시아 대학 스포츠 지도자 연수 프로그램AUSF Intensive Training Program 개막식과 수료식에 참석하였다. 인사말을 통해 "우수한 경기력뿐만 아니라 관련 지식과 상호 존중의 미덕을 겸비한 선수와 지도자를 양성하는 것이 대학 스포츠의 사명"이라는 점을 강조하였다.

2016년 12월 국립중앙도서관 국제회의장에서 문화체육관광부와 교육부가 주최하고, 장호성 총장이 회장직을 맡고 있는 한국대학스포츠총장협의회KUSF가 주관한 체육 특기자 제도 개선 심포지엄에 참석하였다.

2017년 1월 올림픽파크텔에서 열린 한국대학스포츠총장협의회KUSF 2017년도 정기 총회에 참석하였다. 92개 회원 대학 총장과 체육계 원로, 문화체육관광부 관계자 등이 참석한 가운데 열린 이날 정기 총회에서 2012년 2월부터 제2, 제3대 KUSF 회장을 역임하며 대학 스포츠의 활성화와 선진화를 이끈 점을 인정받아 장호성 총장이 제4대 회장으로 재선임되었다. 장호성 총장은 "그 어느 때보다 대학 스포츠의 정상화에 대한 사회적인 관심과 요구가 크고 우리 협의회의 역할에 대한 기대가 높아 대학스포츠협의회가 앞장서서 자정 노력을 이끌어내야 할 때"라며 연임의 각오를 밝혔다.

7월 10일부터 11일까지 한솔 오크밸리에서 개최된 한국대학스포츠총장협의회 워크숍에 참석하여 협의회 임직원 및 집행위원들과 함께 행사를 주관하였다. 8월 2017 추계대학연맹전에서 우승한 단국대학 축구부 지도자 및 선수들을 격려하였다. 11월 천안캠퍼스 교직원식당 안서홀에서 제98회 전국체육대회에서 입상한 여자 소프트볼, 여자 배구 그리고 여자 축구 선수단을 초청하여 오찬을 진행하며 격려하였다.

2018년 3월 9일 죽전캠퍼스 난파음악관에서 토마스 바흐 Thomas Bach 국제올림픽위원회 IOC 위원장에게 명예정치학박사학위를 수여했다. 명예박사 수여식은 토마스 바흐 IOC위원장, 장충식 이사장, 장호성 총장, 반기문 전 UN사무총장, 유성

토마스 바흐 IOC 위원장 명예박사 학위수여식(2018. 03. 09)

엽 국회교육문화체육관광위원장, 이기흥 대한체육회장, 조재기 국민체육진흥공단이사장 등 교내·외 인사 6백여 명이 참석한 가운데 성대하게 진행되었다.

장호성 총장은 그동안 대학 스포츠계의 중요 보직을 수행하면서 단순히 체육계를 대표하는 간판으로서만 머물지 않았다. 교육자의 입장에서 그동안 우리 사회가 엘리트 체육만을 지향하는 과정에서 여러 가지 문제점을 드러내고 있던 학생 체육계의 잘못된 풍토를 쇄신하고자 노력하였다. 그중에서도 눈에 띄는 업적은 학생 선수들에게 지덕체가 겸비된 전인교육을 시키지 않고 어릴 때부터 오직 기술 연마에만 몰두케 함으로써 벌어지고 있던 여러 가지 폐단들을 시정하려고 노력한 점이다.

장호성 총장이 한국대학스포츠총장협의회장으로서 추진했던 체육계 활동의 주요 성과들 중에서도 주목할 것은 학생 선수들의 학습권 보장 및 취업률 향상을 위한 노력이었다. 이 목표를 실현하기 위해서 ① 경기 실적에 좌우돼 학업에 소홀했던 학생 선수들의 학사 관리 정상화 ② 2017년 국가대표 선발 대학생 학점 취득을 위한 이동 수업 업무 협약 ③ 스포츠 취업 백서 발간2012 등 대학생 선수들의 학습과 취업률 제고에 큰 노력을 기울였다.

교내 운동부 학생들에게도 특별한 관심과 주의를 기울였다. 그리하여 ① 체육 특기자 학생으로 구성된 국제스포츠학과를 신설하고, ② 정규 교육과정 이외 방학 중 영어와 교양 강좌를 추가 개설해 학업을 보조하였으며, ③ 8개 종목의 교내 운동부 코칭 스태프를 정규직으로 전환하여 고용 불안감 없이 학생 선수들을 지도하도록 배려하였다. 운동과 학업을 병행시킨 결과 평균 학점 4.0을 획득한 학생이 상당수로 늘어났고, 이는 우수한 경기력으로 이어졌다. 단국대학은 역대 동·하계올림픽 금13, 은4, 동1, 아시아게임 금11, 은10, 동14, 세계선수권대회 금27, 은15, 동5 등 다수 대회에서 괄목할 만한 성적을 거두었다.

02 한국대학교육협의회

장호성 총장은 2017년 4월부터 2019년 4월까지 전국 4년제 대학이 회원이 되어 대학 운영의 자주성을 높이고 공공성을 앙양하며 대학의 상호 협조를 통하여 대학 교육의 건전한 발전을 도모함을 목적으로 1982년 설립된 한국대학교육협의회 회장으로서 활동하였다.

우리나라 유일의 대학 간 협의체인 한국대학교육협의회의 주요 기능은 ① 대학의 교육 제도와 그 운용에 관한 연구

장호성 총장 대교협 회장 취임식(2017.04.07)

개발 ② 대학의 학생 선발 제도에 관한 연구 및 입시 정보 개발 ③ 대학의 재정 지원 및 조성 방안에 관한 연구·건의 ④ 대학의 교육과정 및 교수 방법의 연구 개발과 보급 ⑤ 대학의 평가 ⑥ 대학 교육 정보 자료의 개발 및 보급 ⑦ 대학 교직원의 연수 ⑧ 정부의 대학 교육 정책에 관한 자문 및 건의 ⑨ 교육부 장관이 위탁하는 사업의 수행, 그리고 기타 대학 상호간의 협동에 관한 업무의 수행 등이다.

한국대학교육협의회 회장으로서 활동한 장호성 총장의 주요 동정은 다음과 같다. 2017년 1월 24일, 더케이호텔 서울에서 개최된 2017 한국대학교육협의회 정기 총회에서 제23대 회장으로 선임되었다. 임기는 2017년 4월부터 2019년 4월까지 2년간이었다. 4월 7일 서울 가산동 소재 한국대학교육협의회 대회의실에서 개최된 취임식에는 유성엽 국회교육문화체육관광위원회 위원장, 조완규 전 교육부 장관, 이진석 교육부 학술장학지원관 등 유관 단체 기관장과 대교협 소속 대학총장 등이 참석한 가운데 성대하게 거행되었다. 장호성 총장은 취임사를 통하여 "대학의 자율성 확보 등 주요 현안 과제에 대해 대학 간 총장 협의체인 대교협을 중심으로 새 정부와의 협의를 활성화해야 한다"고 강조했다.

6월 29일부터 30일까지 파라다이스호텔부산에서 개최된 하계대학총장세미나에 참석하여 한국대학교육협의회 회장으로서 행사를 주관하였다. 7월 27일 코엑스에서 열린 대학입학정보박람회에 참석하여 축사하였다. 이 행사는 한국대학교육협의회가 주관하고, 144개교에서 470개의 부스를 운영하여 입시생들에게 종합적인 수시 입학 정보를 제공하였다.

9월 22일 프레지던트호텔에서 개최된 고등교육미래위원회 출범식에 참석하였다. 고등교육미래위원회는 한국대학교육협의회를 중심으로 미래사회에 적합한 고등교육 방향을 정립하기 위한 논의들을 발전시키기 위해서 출범하였다. 10월 19일 순천향대학교 인문과학관 대강당에서 개최된 글로벌 포럼GLIFS 2017에 참석하여 개회사를 통해 축사하였다. 이날 포럼은 '4차 산업혁명 시대에 대비한 대학교육의 혁신'을 주제로 미국, 캐나다, 독일 등 6개 나라에서 온 12개 대학의 석학들이

한 자리에 모여 교육 혁신에 관한 우수 사례를 공유하고, 미래 인재 육성 방향을 집중 논의하였다.

12월 19일 여의도 국회의원회관 제1세미나실에서 개최된 국회 간담회에 참석하였다. 이날 간담회는 한국대학교육협의회와 국회교육희망포럼의 공동 주최로 국회교육희망포럼 및 교문위 위원, 교육부장관, 대학정책실 실국장 및 각 대학 총장 및 기획처장 등이 참석한 가운데 '대학 경쟁력과 공공성 강화를 위한 재정지원 확대 방안'을 주제로 진행되었다.

2018년 1월 9일 세종문화회관 세종홀에서 김상곤 부총리 겸 교육부 장관을 비롯해 교육계, 정치·사회 각계 인사 등 400여 명이 참석한 가운데 2018년 대한민국 교육계 신년 교례회가 개최되었다. 장호성 총장은 한국대학교육협의회 회장으로서 참석하여 건배사를 통해 한국 교육계의 발전을 기원하였다. 1월 24일 서울 더케이호텔에서 개최된 국가교육회의 워크숍에 한국대학교육협의회 회장국가교육회의 당연직위원으로서 참석하였다. 이날 워크숍에서는 대입 제도 개선과 교육비전특위 구성 등이 논의되었다.

1월 30일 서울 더케이호텔에서 개최된 한국대학교육협의회 이사회 및 정기 총회에 참석하여, 대교협 회장으로서 행사를 주관하였다. 이날 총회에서는 10년간 지속된 대학 반값 등록금 부담 완화 조치에 대한 보완 정책이 논의되었다. 3월 21일 서울 중구 『한국경제신문』 본사 17층 접견실에서 한국대학교육협의회와 한국경제신문사 임원진이 자리한 가운데 김기웅 대표이사 사장에 대한 한국대학교육협의회 감사패 전달식을 가졌다. 한국경제신문사는 2006년부터 현재까지 교육부, 한국직업능력개발원과 공동으로 인재개발과 활용을 위한 국내외 전문가 포럼인 글로벌 인재 포럼을 주최하고 있다.

3월 29일 프레지던트호텔에서 열린 2018 사립대 PRESIDENT SUMMIT주최 『한국대학신문』에 참석하였다. 이날 열린 제1차 MEETING에서는 김상곤 교육부 장관과 대학 총장단의 간담회, 이진석 고등교육정책실장이 진행한 '미래 교육과 지속 가능한 대학 경영'을 주제로 한 토론 등이 진행되었다. 3월 30일 이화여자대학교 이삼봉홀에서 개최된 제57회 대학교육 정책 포럼에 참석하였다. 이번 정책 포럼은 '대학생의 심리적 위기 극복 및 인성 계발 지원 방안'을 주제로 진행되었으며, 장호성 총장은 개회사를 통해 "대학생들의 심리적 특성과 학교 적응 실태를 살펴보고, 대학 차원에서뿐만 아니라 국가적인 지원 차원에서 대학생들의 심리적·정서적 안녕을 위한 심리개발 지원 모형과 운영 방안에 대한 심도있는 토론을 기대한다"고 말했다.

5월 3일 국회의원회관 제2세미나실에서 국회교육희망포럼, 한국대학교육협의회, 그리고 전국대학교학생생활상담센터협의회가 공동 주최하는 '대학생의 불안, 이대로 괜찮은가? - 대학원생의 정신 건강 위기 지원 방안 국회 정책 포럼'에

대학생 정신 건강 위기 지원 국회 세미나 주관(2018.05.08)

한국대학교육협의회 회장으로서 참석하여 공동 주관하였다. 5월 11일 명동 유네스코회관 11층 유네스코홀에서 개최된 SDG지속가능개발목표: Sustainable Development Goal4 - 교육2030 워킹그룹 대표기관 업무 협약 체결식에 한국대학교육협의회 회장으로서 참석하였다. 교육부를 비롯한 국내 주요 교육 단체들이 함께 한 가운데 SDG4 - 교육2030 국내 이행 촉진을 위한 워킹그룹 대표 기관 간 협력 강화 및 교육, 2030 국내 홍보를 위한 업무 협약을 체결하였다.

6월 28일부터 29일까지 강원도 강릉시에 소재한 세인트존스호텔에서 열린 2018년도 하계 대학총장세미나에 참석하여 한국대학교육협의회 회장으로서 행사를 주관하였다. 8월

29일 국회의원회관 소회의실에서 국회 교육위원장과『한국대학신문』이 공동 주최한 대학협의체 총장단과 국회교육위 정책간담회에 한국대학교육협의회 회장으로서 참석하였다. 11월 6일 ASEAN 교육 협력 사업의 일환으로 방한 중인 응우옌 반 푹 베트남 교육훈련부 차관을 비롯한 방문단을 초청하여 한국대학교육협의회장으로서 만찬을 주재하고, 한국 - 베트남 교육 관련 간담회를 진행하였다. 11월 7일부터 11월 9일까지 한국연구재단이 주관하여 부산 BEXCO 제1전시관에서 개최된 2018 산학협력 EXPO에 한국대학교육협의회장으로서 참석하고, 행사에 참석한 단국대학 전시관을 관람하며 참석자들을 격려하였다.

11월 21일부터 22일까지 롯데호텔서울 사파이어볼룸에서 교육부와 한국대학교육협의회가 공동주최하고, 한국교양기초교육원에서 주관한 교양교육 국제포럼 행사에 참석하였다. 이날 행사에는 유은혜 교육부장관, 해외 및 국내 대학총장단을 비롯한 다수의 교양교육 전문가 등이 참석한 가운데 진행되었으며, 장호성 총장은 대교협 회장으로서 행사를 주관하고 축사하였다. 12월 13일 코엑스 A홀에서 열린 정시 대학입학정보박람회에 참석하여 한국대학교육협의회 회장으로서 축사하고, 행사를 주관하였다. 이 행사는 12월 13일부터 15일까지 3일 간 138개 대학에서 참여하였다. 학교별로 운영하는 상담 부스를 통해 수험생, 학부모, 진로 진학 지도교사 등에게 종합적이고 실질적인 대입 관련 정보를 원스톱으로 제공하였다.

2019년 1월 2일 서울 여의도 중소기업중앙회 그랜드홀에서 열린 대통령 신년회에 한국대학교육협의회 회장으로서 참석하였다. 1월 9일 세종문화회관 세종홀에서 한국교원단체총연합회 주관으로 개최된 교육계 신년 교례회에 한국대학교육협의회 회장으로서 참석하였다. 신년 건배사를 통해 교육계의 발전을 다짐하였다. 이날 행사는 유은혜 교육부장관, 이찬열 교육위원장을 비롯한 교육, 정치 및 사회 분야 각계 대표 400여 명이 참석했다.

1월 22일 양재동 더케이호텔서울에서 열린 한국대학교육협의회 '신임 총장 연찬회'를 주관하였다. 이날 연찬회에는 전국 200개 4년제 대학 가운데 총장 부임 1년 미만의 19개교 총장이 참석하였다. 대교협 업무 소개, 사립대학의 현황과 대학 총장, 국립대학의 현황과 대학 총장 등의 발표로 진행되었고, 대학경영 및 고등교육 현안에 대해 논의하였다.

1월 23일 양재동 더케이호텔서울에서 열린 한국대학교육협의회 정기 총회를 주관하였다. 이날 총회에는 전국 4년제 대학 139개교 총장이 참석하여 2018년도 사업 실적과 결산, 2019년도 사업계획 및 예산안을 심의 의결하였고, 제19대 임원 중 회장 및 부회장을 선출하였다. 이날 총회에는 유은혜 부총리 겸 교육부장관이 참석하여 대학 현안에 대한 논의와 교육부의 정책 방향에 관한 질의 - 응답 시간을 가졌다.

2월 25일 양재동 더케이호텔서울에서 개최된 제9차 국가교육회의제10차 운영협의회에 한국대학교육협의회 회장으로서 참석하였다. 국가교육회의는 이날 2019년도 국가교육회의 운영 계획을 심의 의결하였으며, 국가교육위원회 설치 추진 상황이 보고되었다. 2월 28일 국회의원회관 제1세미나실에서 열린 '대한민국 새로운 교육 100년과 국가교육위원회 정책토론회'에 한국대학교육협의회 회장으로서 참석하였다. 이날 행사에서는 「3.1 운동 100주년 기념과 새로운 100년을 준비하는 미래교육체제 수립을 위한 교육계 공동선언」을 발표하고, 국가교육위원회 설치 및 관련 토론이 진행되었다.

3월 6일 서울 중구 달개비에서 개최된 한국대학교육협의회 신·구 회장 간담회에 참석하였다. 이날 간담회에서는 교육부 - 대교협 고등교육정책 공동TF운영 등에 대한 보고와 강사법 관련 대책 방안 등이 논의되었다. 3월 28일 프레지던트호텔 브람스홀에서 열린 UCN대학문화네트워크 프레지던트 서밋 2019 개막식 및 1차 콘퍼런스에 한국대학교육협의회 회장으로서 참석하였다. 『한국대학신문』이 주관하는 이 행사는 '혁신교육 System 구축'을 주제로 3월 28일부터 6월 13일까지 총 6차례 콘퍼런스가 진행되었다. 이날 행사에는 이인원 프레지던트 서밋 이사장, 이대순 고문, 김진경 국가교육회의 의장을 비롯하여 각 대학 총장 및 부총장 30여 명이 참석하였다.

4월 1일 서울 장충동 서울클럽에서 개최된 대학참행복나눔 동아리 활동 업무 협약식에 참석하였다. 이날 행사는 (사)참행복나눔운동 주관으로 한국대학교육협의회, 한국과학기술한림원, 한국공학한림원, 한국의학한림원 등이 참여하여 나눔과 봉사의 활성화를 위한 대학 참행복나눔 동아리 활동 지원을 위한 업무 협약을 체결하였다.

4월 3일 2년 간 한국대학교육협의회 23대 회장 직무를 성공리에 마치고 서울 금천구에 소재한 한국대학교육협의회 사무처에서 이임식을 가졌다. 차기 24대 회장은 강원대학교 김헌영 총장이 취임하였다. 이날 행사에는 이찬열 국회교육위원회 위원장, 조완규 전 교육부장관, 박백범 교육부 차관, 하윤수 한국교원단체총연합회 회장 등 유관 단체 기관장 및 대교협 소속 대학 총장 등이 참석하였다.

장호성 총장이 한국대학교육협의회 회장으로 활동하면서 거둔 주요 성과는 정부의 고등교육의제와 방향이 경쟁력을 갖도록 대학 정책의 과감한 전환을 위한 미래 전략을 제시한 것이다. 그 구체적 내용으로는 ① 4차 산업혁명시대에 대비한 미래 교양교육 연구 ② 고등교육 재정 구조 개선 및 구조 개혁 평가 방식 전환 모색 ③ 대학생 심리 안정을 위한 재정 지원 강화 모색 ④ 국립대 중심의 기초 학문 연구, 사립대학 중심의 응용 과학 연구로 각각 특성화할 것을 제안하였다.

03 군사 분야

장호성 총장의 활동 내용 중 눈에 띄는 이색적 활동은 학군단ROTC 학생들에 대한 심리적 지지도가 상당히 높은 편에 속했고, 그밖에 군사 분야 전반에 대해서도 매우 높은 관심을 표명했다는 점이다. 장호성 총장 본인이 ROTC 출신이었다는 점만으로는 해석하기 어려운 부분인데, 아마도 만주에서 일제와 싸웠던 독립운동가의 손자답게 창학 정신인 구국·자주·자립의 능력을 배양하기 위해서는 자주 국방이 우선되어야 한다는 상무尙武 정신이 그 혈통 속에 굳건히 내재해 있기 때문이라고 판단된다.

장호성 총장은 2009년 4월 3군사령부와의 교류 협력 협약 체결을 시작으로 주한미8군사령부, 해병대사령부, 정보사령부 등과 연속적으로 교류 협력 협정을 체결하였다. 그리고 국방과학연구소, 국군간호사관학교 등과도 교류 협력 협정을 체결하여 학·군 간의 교류를 통한 상호 발전을 도모하였다. 장호성 총장의 군사 분야와 관련된 활동 내용은 다음과 같다.

장호성 총장은 2009년 4월 20일 3군사령부와 학·군 협약식을 체결하였다. 협약식에는 장호성 총장을 비롯한 김상홍 부총장, 각 실처장 및 각 특수대학원장 20명이 참석했으며 3

군사령부는 이상의 사령관, 유승준 참모장을 비롯한 참모 20명이 참석한 가운데 진행됐다. 일반적인 교류 협력 협약식에서 볼 수 없을 정도로 양측에서 상당한 인원을 동원한 격식있는 행사였다. 6월 30일 오후 7시 30분 용인시 문예회관에서 단국대학과 교류 협력을 맺은 3군사령부 창설 26주년 기념 음악회가 있었다. 이날 행사에 참석한 장호성 총장은 음악회 이후 있은 리셉션에서 이상의 3군사령관, 서정석 용인시장 등과 환담을 나누었다.

장호성 총장은 6월 23일 오후 학군단 운동장에서 단국대학 재학생 ROTC들로부터 2009 하계 훈련 입영 신고식을 받고 후보생들을 격려했다. 그리고 7월 9일 단국대학 학군 후보생들이 하계 입영 훈련을 받고 있는 성남 학생중앙군사학교를 방문하여 이승우 학교장과 환담을 나눈 뒤 학군 후보생의 교육 현장을 방문하여 빵과 음료를 직접 전달하며 격려했다. 장호성 총장은 또 이날 단국대학 출신으로 군복무 중에 산화해 학생중앙군사학교 교정에 동상이 세워진 고 정재훈 중위와 고 서형원 소령의 동상을 찾아 헌화했다. 한편 이날 방문에는 김명원 ROTC 총동창회장 등 동문 ROTC들이 함께 하였다.

장호성 총장은 2010년 2월 12일 3군사령부를 위문 방문하여 3군사령관을 접견하였다. 3군 사령부는 단국대학과 이미 교류 협력을 체결하였으며, 이번 방문은 신임 3군 사령관의 초청으로 이루어졌다. 2011년 4월 1일 주한미8군사령부 618치과부대와 우리 대학치과병원이 상호협력에 관한 MOU를 체결하였다. 11월 23일 천안캠퍼스에서 가진 고 서정우 하사의 추모비 제막식에 참석하였다. 고 서정우 하사는 단국대학 재학생 법학과 08학번으로 해병대 복무 중 2010년 11월 발생한 연평도 포격사건으로 전사하였다. 이날 제막식에 앞서 고 서정우 하사의 부모님께서 아들의 모교 발전에 기여하고 싶다는 뜻과 함께 발전 기금을 기탁하였다.

2012년 1월 11일 장호성 총장은 충북 괴산으로 새롭게 이전한 학생군사학교를 방문하여 학교장 김한선 소장을 예방하고, 현재 동계 입영 훈련 중인 단국대학 학군단 후보생들을 격려하였다. 4월 30일 천안캠퍼스 학군단 건물 1개 층을 증축 완공하였다. 6월 27일 천안캠퍼스 대회의실에서 이호연 해병대 사령관과 해병대군사학과 신설을 위한 MOU를 체결하였다. 협약에 따라 단국대학교는 천안캠퍼스에 엘리트 해병 장교 양성을 위한 해병대군사학과를 신설하고 수시와 정시를 통하여 신입생을 선발하기로 결정하였다. 선발된 입학생은 재학기간 동안 해병대로부터 등록금 전액을 장학금으로 지원받는다.

8월 14일 괴산에 위치한 학생군사학교를 방문하여 하계 입영 훈련 중인 단국대학 학군 후보생들을 위문하고 격려하였다. 8월 21일 죽전캠퍼스 범정관에서 단국대학 ROTC 48기

동문회 서광원 회장과 양성진 동문으로부터 학군 후보생 장학금으로 써달라는 부탁과 함께 발전 기금을 전달 받았다. 9월 14일 국군정보사령부와 교류 협력 협정을 체결하였다.

2013년 3월 12일 국방과학연구소와 교류 협력 협정을 체결하였다. 4월 18일 범정관 중회의실에서 열린 대한민국 ROTC 총장협의회 제1회 정기 총회 및 간담회에 참석하였다. 대한민국 ROTC 총장협의회는 ROTC 출신의 국내 30여개 대학 총장들의 협의 단체로 2013년 초 발족하였으며 단국대학교에서 첫 정기 총회를 개최하게 되었다.

4월 10일 천안캠퍼스 학생극장에서 이호연 해병대 사령관 및 해병대 관련자들이 참석한 가운데 해병대군사학과 창설식을 가졌다. 30명의 신입생을 선발한 해병대군사학과는 국내 유일의 해병대 장교 양성 학과로서 신입생은 전원 군 장학생으로 선발돼 4년간 등록금 전액을 지원받는다. 특히 성적 우수자에게는 대학의 장학 규정에 따라 추가 장학금이 지급된다. 또한 학생 전원이 기숙사 생활을 하게 되며 기숙사비는 전액 면제된다. 이와 함께 해외 연수, 해외 탐방, 해외 자원봉사 등의 다양한 혜택도 주어진다.

해병대군사학과의 학생 신조는 ① 자랑스러운 단국인으로서 창학 이념인 홍익인간 정신을 바탕으로 하는 구국·자주·자립의 정신을 계승하겠다. ② 해병대군사학과 학생으로서의 본분을 지켜, 진리를 사랑하는 정신으로 지덕체 연마에 매진하겠다. ③ 장차 해병대 장교로서 충성·명예·도전을 생활 덕목으로 삼아, 이웃·사회·국가·인류를 위해 헌신하겠다로 정해졌다. 해병대군사학과 학생들은 해병대 정신의 핵심인 조국에 대한 충성심, 강인한 체력과 정신력, 명예와 도덕성을 바탕으로 군사 분야의 전문성과 리더십을 소유한 21세기의 첨단 엘리트 해병대 장교로 육성되어질 계획이다. 7월 11일 학생중앙군사학교충북 괴산를 방문하여 하계 입영 훈련 중인 단국대학 학군단 후보생들을 위문하였다. 이번 방문에는 학생처장, 양 캠퍼스 학군단장, ROTC 동문회장단이 함께 방문하여 격려하였다.

2014년 2월 19일 죽전캠퍼스 학생극장에서 개최된 학군장교 임관식 및 입단, 승급식에 참석하였다. 이 행사를 통해 99명이 입단, 101명이 승급하였다. 이 해에 졸업한 93명의 학군 후보생은 소위로 임관하여 군복무에 임하였다. 7월 18일 ROTC 동문회장단, 학생처장, 대외협력처장 등 10여 명의 관계자들과 함께 괴산에 위치한 학생군사학교를 방문하여 학교장을 예방하고 하계 입영 훈련 중인 단국대학 학군 후보생을 위문하였다. 10월 28일 국군간호사관학교와 교류 협력 협정을 체결하였다.

2015년 2월 5일 학생처장, 대외협력처장, 학군단장 등을 비롯한 10여 명의 관계자들과 함께 학생중앙군사학교충북 괴산를 방문하여 동계 입영 훈련 중인 단국대학 학군 후보생을 위문 격려하였다. 2016년 1월 6일 학생처장, 대외협력처장, 학군단장 및 125학군단 동문 등을 비롯한 20여 명의 관계자들과 함께 학생중앙군사학교충북 괴산를 방문하여 동계 입영 훈련 중인 단국대학 학군 후보생을 위문 격려하였다. 2월 16일 죽전·천안 캠퍼스 학군단의 입단, 승급 및 임관 전 행사에 참석하였다. 행사에는 교무위원, 학군단 관계자 및 125학군단 동문회 임원진 등이 자리를 함께 하였다.

6월 17일 천안캠퍼스 총장실에서 이상훈 해병대 사령관을 비롯한 관계자들을 맞이하여 상호 교류 확대를 위한 의견을 나누고, 해병대군사학과 MOU 개정안 서명식을 가졌다. 이후 이상훈 해병대 사령관은 이날 산학협력관 112호에서 해병대군사학과 재학생을 위한 특강을 진행하였다. 8월 9일 연합사 부사령관 김현집 육군 대장의 초청으로 용산 소재 한미연합사령부를 방문하여 투어와 오찬을 함께 하고, 양 기관 간 협력 증진에 대하여 논의하였다.

학군단에 대한 장호성 총장의 적극적인 관심과 격려에 상응하는 낭보도 전해졌다. 2017년 2월 국방부 교육훈련정책과에서 실시한 '2017년 학군단 설치대학 평가'에서 우리대학 학군단1251 학생군사교육단이 최우수 대학으로 선정된 것이다. 이 평가는 전국의 학군단 설치 대학 118개를 대상으로 진행되었다. 평가결과는 학군단에 대한 대학의 지원수준과 관심도, 우수 인력 선발 및 교육훈련 성적 등을 현장 실사해 종합하였다. 특히 우리대학은 군사외교 영어 특강 등 학군단 후보생을 대상으로 하는 지원 활동을 활발히 운영하고 있으며, 대학의 학군단 격려 활동도 꾸준히 증가하고 있다는 점에서 높은 점수를 받았다.

2017년 6월 21일 죽전캠퍼스에서 ROTC 출신 전·현직 대학 총장단의 단국대 방문을 접견하였다. 2018년 2월 23일 죽전캠퍼스 혜당관에서 학군단 56기 임관 전 행사 및 57기 승급식, 58기 입단식을 가졌다. 이날 행사에는 장호성 총장을 비롯한 교내 주요 인사와 조종설 중장 3군사령부 부사령관·김필현 죽전·김철중 천안 학군단장 및 최홍수 죽전·배홍섭 천안 단국대 ROTC 총동문회장 등이 참석한 가운데 진행되었다. 12월 17일 서울시 노원구에 위치한 육군사관학교를 방문하여 정진경 학교장 육군중장을 비롯한 교수진과 환담을 나누고, 두 대학 간 군사학 분야 및 AI 기술 관련 교류 협력 증진 방안을 논의하였다.

2019년 2월 28일 죽전캠퍼스 학생극장에서 학군단 57기 임관 전 행사에 참석하였다. 이날 행사에는 125학군단 김인철 회장을 비롯한 동문과 교무위원진, 그리고 김필현 학군단장, 장재환 학군단장 등이 참석하였다. 장호성 총장은 축사를 통해 국가 안보 수호의 첨병이 되어주고, 단국대 학군단의 일원으로서의 자긍심을 잃지 않기를 당부하였다.

이상 살펴본 바와 같이 장호성 총장은 학군단 재학생들에 대한 물심양면의 지원을 아끼지 않았다. 나아가 국내 대학 최초로 해병대군사학과를 설치하여 선진화된 리더십을 갖춘 해병대 장교를 양성할 수 있는 학사 제도를 마련하였다. 학군사관 후보생들에 대한 전폭적 지지는 독립운동가 손자로서 가지고 있는 상무정신의 발로이자, 국가 유지의 근간인 국방을 중시하는 실용주의적 가치관에서 발원한 것이다. 해병대군사학과의 설치는 단국대 재학생으로 연평도해전에서 순국한 해병대 서정우 하사를 기념하는 동시에 천안캠퍼스 특성화 조치의 하나로서 신입생 유치와 취업을 고려한 경영 전략이 조화를 이룬 결정이었다.

그리고 다양한 국군 부대 및 유관 연구소, 사관학교 등과 교류 협력 협정을 체결한 것은 상호 교류를 통한 동반 성장을 모색하고, 독립운동가가 세운 호국 정신의 중심처로서 단국대학의 위상을 격상시키며, 미래 과학 기술의 집약체인 군사기술 분야 연구의 파트너로서 학·군이 함께 발전할 수 있는 길을 개척하려는 미래 지향적 전망 속에서 추진된 성과였다.

梵亭張炯先生語錄
독립은 남이 찾다

VIII.

설립자 정신의 선양
– 단국대학의 정체성 확립

단국대학은 독립운동가인 범정 장형 선생의 우국충정과 혜당 조희재 여사의 육영 의지로 탄생한 해방 이후 최초의 4년제 정규 사립대학이다. 단국대학 설립의 배경은 독립운동에 있고, 설립정신은 독립정신이라고 할 수 있다. 설립자 범정 선생이 독립운동가라는 점, 범정 선생이 해방 후 국내에 돌아와 대한민국 임시정부의 독립정신을 계승하여 단국대학을 설립하였다는 점 등이 그러한 근거이다.

독립운동가들이 해방 후 국내에 들어와 추진한 것은 크게 두 가지였다. 하나는 독립국가를 건설하는 것이고, 다른 하나는 독립국가 건설에 필요한 인재를 양성하는 일이었다. 독립운동가였던 범정 선생이 택한 길은 독립국가 건설에 필요한 인재를 양성하는 사업이었고, 이로 인해 설립된 것이 단국대학이었다.

단국대학의 설립자 범정 장형 선생은 신민회 시절부터 구국운동에 참가하여, 경술국치 이후에는 신흥무관학교 학생 모집을 위한 특무공작, 대한민국 임시정부 및 만주 독립군 부대들을 위한 군자금 제공은 물론 태평양회의에 대비한 임시정부 국내 거점의 주역으로 활동하였다. 해방 후에도 백범 김구 선생과 함께 독립투사를 양성하기 위한 건국실천원양성소를 운영하였고, 전국통일학생총연맹을 조직하여 민족통일운동에 앞장섰다. '단국'이란 교명도 해방 직후 백범이 추진하던 통일운동의 열망을 담아, 남북을 하나로 묶을 수 있는 시대정신을 반영한 것이었다.

범정 선생은 단국대학 설립 후 교무위원들에게 모두 독립운동사를 읽고 진정을 다해 학생들에게 독립정신을 심어줄 것을 당부하였을 정도로 단국대학이 민족사학의 정수가 되기를 열망하였다. 범정 선생은 학생들에게 공부보단 건강, 건강보단 의식의 중요성을 강조하였다. 나라가 위기에 처했을 때 떨쳐 일어날 수 있는 정의감과 역사 의식을 당부한 것이다.

범정 선생의 애국 애족 정신은 그의 아들인 장충식 이사장이 이어받았다. 백범 서거 이후 어려운 환경 속에서 근근히 명맥을 유지하고 있던 백범기념사업협회의 법인화, 백범기념관의 건립, 남북이산가족 상봉, 국제스포츠 경기에서의 남북단일팀 구성과 한반도기 제정 등이 모두 장충식 이사장의 손에서 완성되었다.

범정 선생의 유지였던 독립정신은 한마디로 남들이 모두 불가능하다고 여기는 것을 가능하다고 믿고 도전하는 정신이라고 할 수 있다. 독립운동은 일본 제국주의를 상대로 한 것이었다. 당시 일제는 한반도를 비롯하여 만주와 중국 대륙은 물론 동남아시아와 남태평양 일대를 차지하고 세계 최강대국인 미국령 하와이를 침략하여 전쟁을 일으킨 나라였다. 이러한 일제를 상대로 독립운동을 전개하여 독립을 쟁취한다는 것은 불가능에 가까운 일이었다. 많은 지식인들이 친일의 길로 들어선 것도 바로 이런 정세 때문이었다.

독립운동가들도 이를 모르지 않았다. 그러나 조국의 광복을 되찾고, 자유, 평화, 정의라는 인류 보편의 가치를 되찾는 것은 인간으로서 해야 할 당연한 일이었기에, 계란을 가지고 바위를 부수겠다며 도전한 것이 독립운동가들이었다. 그 노력 끝에 결국 일제는 패망하였고, 한민족은 독립을 쟁취하였다. 불가능한 일에 도전하여 가능한 일로 만들어 낸 것, 그것은 독립운동가들이 한 일이다.

독립정신은 현대적인 의미로 해석하면 '도전과 창조'라고 할 수 있다. 강고한 일제에 맞서 싸운 도전과 전제군주제의 구태를 벗고 민주공화제 국가인 대한민국을 우리 손으로 수립한 창조의 역사가 이를 증명한다. 현재 국내에 수많은 대학들이 있지만, 단국대학만이 갖고 있는 특별한 정신이 있다. 단국대학은 독립운동가에 의해 세워진 대학이고, 단국대학의 설립정신은 바로 독립정신에 있다는 점이다.

장호성 총장은 취임 이래 이 도전과 창조의 정신을 줄기차게 강조해 왔다. 2008년 10월 24일 천안캠퍼스 학생회관에서 열린 천안캠퍼스 개교 30주년 기념식에서 행한 기념사의 첫 일성도 '새로운 도전, 새로운 창조'였다. '도전과 창조'는 설립자의 불굴의 독립정신을 재해석한 것으로, 온갖 고난을 극복하고 발전해온 단국대학의 역사를 통해서 증명된 불멸의 정체성이자, 희망찬 미래를 선도적으로 개척하는 데 필요한 힘을 끌어 모을 수 있는 정신적 원동력이기 때문이다.

천안캠퍼스 개교 30주년 행사(2008.10.24)

2009년 2월 18일, 19일 연속으로 죽전·천안 양 캠퍼스 학생회관에서 열린 2009학년도 전기 학위 수여식에서도 장호성 총장은 사회에 첫발을 내딛는 졸업생들에게 축사하면서 "새로운 변화와 가치 창조를 위한 끝없는 도전 정신과 열린 사고를 갖고 시대의 주역으로 성장하라"고 당부하였다. 그리고 2009년 3월 캠퍼스 이전 이후 단국대학의 웅비를 위한 새로운 경영 전략을 담은 청사진을 제시하였을 때 그 명칭을 「단국비전 2017+ : 도전과 창조」로 정했다.

장호성 총장은 2009년 6월 5일 범정관 앞 분수광장에서 구국·자주·자립을 새긴 창학정신비와 함께 단국대학 설립취지서비 제막식을 거행했다. 『단대학생신문』 1948년 3월 1일

창학정신비 · 설립취지서비 제막식(2009.06.05)

자에 게재된 「단국대학교 설립취지서」를 비석으로 제작한 것이다. 이 취지서에는 단국대학이 "광복하는 선도자와 창조자적 역할을 메고 나갈 문화사관을 양성하기 위한 사업의 원천지가 되겠다는 자부와 자긍에서 설립되었음"을 밝히고 있다.

단국대학은 백범 김구 선생이 소망했던 문화국가론, 문화사관 양성론의 핵심 내용을 그대로 학교 설립의 취지서에 담았다. 백범 선생은 「나의 소원」에서 "내가 꿈꾸는 우리나라는 세계를 무력으로 정복하거나 경제력으로 지배하려는 것이 아니라, 오직 한없이 가지고 싶은 것은 높은 문화의 힘"이라고 설파한 바 있다. 무력이나 경제력을 다투던 제국주의 시대의 관념을 뛰어넘어 각자의 문화 발전을 통해서 인류 상생의

진보를 염원했던 선지자적 전망을 바탕으로 단국대학이 설립되었음을 알 수 있다.

장호성 총장은 2009년 12월 30일 독립기념관에서 범정 장형 선생의 어록비 제막식을 거행하였다. 제막식에는 장충식 명예총장, 박유철 이사장, 김주현 독립기념관장과 광복회 회원 등 100여 명의 내외빈이 참석하여 어록비 제막을 기념하였다. 어록비에는 "독립은 남이 갖다 주는 것이 아니고 오직 우리 자신의 힘으로 쟁취해야 한다"는 범정 선생 특유의 '구국·자주·자립'의 정신이 유훈으로 새겨졌다.

단국대학은 독립운동가가 세운 대학이지만, 실제로 설립

범정 장형 선생 어록비(독립기념관)

자 범정 선생의 독립운동 행적에 관한 구체적인 연구를 학술적으로 심화시키고 그 유지를 선양하는 일은 장호성 총장 재임 시절에 들어와서야 본격적으로 이루어졌다.

2012년 장호성 총장은 그동안 장충식 이사장의 증언으로만 전해지던 범정 선생의 독립운동을 확인할 수 있도록 답사팀을 꾸리는 데 지원을 아끼지 않았다. 역사학과 한시준 교수가 인솔한 답사팀은 만주 일대를 답사하면서 망외의 소득을 얻었다. 그동안 장충식 이사장의 기억에 의존하고 있던 사실들이 현장에서 그대로 확인이 된 것이다.

이를 토대로 2012년 10월 개교65주년을 기념하기 위해서 동양학연구원에서 마련한 국제학술회의는 본격적인 범정 선생 연구의 시발점이 되었다. 「범정 장형의 독립운동과 단국대학 설립」이라는 대주제로 진행된 이 학술회의에서 한시준 교수는 단국대학이 대한민국 임시정부의 법통성을 계승해서 설립된 정통 민족사학이라는 점을 규명하였고, 교양학부 박성순 교수는 지금까지 베일에 싸여 있던 범정 선생의 구체적인 독립운동 활약상을 역사상 처음으로 논증하였다.

그리고 후속 연구를 통해서 범정 선생에 관한 연구를 심화시켰다. 그동안 부족한 정보들로 인해서 범정 선생의 독립운동 사실에 의구심을 갖고 있던 독립운동사 연구자들도 범정 선생이 연속된 학술 논문을 통해서 역사적 인물로 객관화되면서 점차 단국대학을 선망의 시선으로 바라보기 시작하였다. 범정 선생의 독립운동 사실은 현재 독립기념관에서 편찬하고 있는『한국독립운동사사전 인물편』에 정식으로 등재되어 발간을 기다리고 있다.

2015년 장호성 총장은 직접 만주 답사에 나섰다. 동양학연구원 한시준 원장과 한국독립운동의 요람 신흥무관학교 설립자 이회영 선생의 손자인 이종찬 이사장이 동행하였다. 국망의 순간에 노블리스 오블리주의 모범을 보인 이회영 6형제의 손자 이종찬 이사장은 만주 독립운동 유적지를 동행하면서 우리나라에서 가장 정통성을 가진 명예로운 대학은 바로 단국대학이라고 생각한다는 소회를 밝혔다.

그리고 미국 하버드대학의 하버드 목사 동상이 세계 각지에서 모여든 많은 여행객들에게 사랑받고 있는 이야기를 꺼내면서 미국은 짧은 역사에서도 뭔가 없는 역사라도 만들어나가려는 노력을 기울이고 있는데, 하물며 단국대학은 엄연히 가지고 있는 자랑스런 설립의 역사를 선양해야 하지 않겠느냐는 애정 어린 제언도 아끼지 않았다. 장호성 총장은 만주를 돌면서 설립자 범정 선생의 활동지를 직접 두 눈으로 확인하였다. 그리고 단국대학의 역사를 세상 사람들에게 자랑스럽게 소개할 수 있는 역사관의 필요성을 절감했다.

답사 마지막 날 저녁 장호성 총장은 답사단의 노고를 위로하기 위해서 아담하지만 정성이 느껴지는 만찬자리를 마련한 후 의미심장한 말을 남겼다.

> 만약 지금 또 이 나라가 옛날처럼 어려워진다면 우리 아버님은 분명히 독립운동을 하셨을 것이고, 나도 또한 마찬가지입니다.

설립자의 독립정신을 되새기기 위해서 길을 나섰던 답사 일정을 총결산하는 그의 말은 평소처럼 나즈막하고 간결했지만, 그 자리에 함께 했던 참석자들의 가슴 속에 큰 울림을 전해주었다.

만주 지역 답사와 학술 논문 등을 통해서 범정의 활동상이 구체적으로 규명되자, 재학생들도 설립자의 뜻을 계승하기 위해서 일어섰다. 삼복더위를 무릅쓰고 범정이 활동했던 루트를 따라 수백 킬로를 걷는 국토 대장정에 나선 것이다. 그리고 수천 킬로에 이르는 만주 지역, 러시아 연해주, 중국 관내지역에 있는 대한민국 임시정부 유적지 등을 탐방하는 해외 독립운동 유적지 학술 탐방을 정례화하였다.

이 행사는 2015년부터 천안·죽전 양 캠퍼스 학생팀에서 주관해 오고 있으며, 참가 학생들에게는 학교측에서 참가비용 전액과 국제화 장학금을 지급해 주고 있다. 조사 결과 이 행사에 참가한 학생들은 말로 표현할 수 없는 감동을 느끼면서, 오늘의 우리를 있게 해준 독립운동가 및 설립자에 대한 감사의 마음과 함께 단국대학 학생으로서 무한한 자부심을 느끼는 것으로 확인되었다. 그리고 매년 이 행사를 통해서 각

국토대장정 마지막 종주(독립기념관, 2017.07.14)

종 언론의 주목을 받음으로써 단국대학이 독립운동가가 설립한 명문 사학이라는 인식이 확산되고 있다.

장호성 총장은 국토 대장정 말미에 꼭 마지막 구간을 학생들과 함께 걸으면서 범정 선생이 남겨준 독립정신, 도전과 창조의 정신을 학생들과 공유하였다. 개교70주년 기념 행사로 진행된 2017년 행사에서도 마찬가지였다. 7월 6일부터 7월 14일까지 8박 9일 동안 400km의 대장정으로 치러진 국토대장정 마지막 구간을 학생들과 함께 걷고, 해단식에 참석하여 학생들의 노고를 치하하였다.

2017년 9월 25일 죽전캠퍼스 퇴계기념중앙도서관 앞 광

단국역사관 내부. 단국대학 설립자 범정 장형 선생(좌)과 혜당 조희재 여사(우)

장에서 김구 선생의 글씨 '良心建國'을 새긴 양심건국비 제막식을 거행하였다. 이날 행사에는 장충식 이사장, 장호성 총장과 김병량 교학부총장, 강대식 대외부총장, 어진우 산학부총장, 김수복 천안부총장 등 교내인사 80여 명이 참석한 가운데 진행됐다. 호형호제 사이로 지냈던 김구 선생과 범정 선생과의 소중한 인연을 기억하고, 김구 선생의 훌륭한 정신을 구현해 나가자는 취지를 담았다.

2018년 4월 9일 죽전캠퍼스 70주년 기념관 현 단국역사관 건립부지에서 기공식을 거행했다. 장충식 이사장, 장호성 총장, 윤석기 총동창회장, 양 캠퍼스 총학생회장 등 관계자들이 참석하였다. 장호성 총장은 식사를 통해 70주년 기념관의 설립 의의와 활용 가치를 역설하며, 건립을 후원한 교직원, 학생 그리고 동문들에 대한 감사 인사를 전했다. 그리고 2019년 11월 1일 드디어 단국대학의 찬란한 역사를 한 눈에 살펴볼 수 있는 단국역사관 개관식이 거행되었다.

제2부

한눈에 보는 도전과 창조의 여정

새로운 비전과 가치 제시

단국비전 2017+ 도전과 창조

글로벌 가치를 창출하는 교육 시스템 확립	지식 정보 시대를 선도하는 연구 역량 확보	감동과 효율의 선진적 행정 재정 운영
우수 학생 선발 전략 강화 실용형 맞춤형 교육 강화 최우수 교원 초빙 수요자 중심의 지원 체계 강화	연구 선도화 전략 강화 산학협력 활성화	고객 만족 행정 체계 구축 재정의 효율성과 건실성 확보

미래형 그린캠퍼스 구현	단국 브랜드 구축하는 국제화 실현	지역 사회 친화적 봉사 실현
경쟁력 향상을 위한 기반 시설 확충 소통을 활성화하는 캠퍼스 실현 문화 창출형 그린캠퍼스 실현 지능형 U-캠퍼스 실현	국제화 기반 강화 국제 교류 활성화	지역 사회 연계한 봉사, 교육 프로그램 확대 인도주의에 입각한 해외봉사 확대 지역 주민을 위한 문화 행사 활성화 지역 친화적 평생교육 체제 확립

새로운 비전과 가치 제시

2027 Dynamic 단국

2017년 11월 개교 70주년을 맞아 수립된 혁신적 대학 발전 계획안 '2027 Dynamic 단국'은 '도전과 창조의 글로벌 대학'이란 비전을 표방하였으며 네 가지 발전 전략으로 구성되었다.

교육

미래 지향적 교육 가치 창출

추진 목표	핵심 과제
교육 분야의 특성화	혁신적 교육 방법의 운영과 교육 환경 구축 역량 기반, 수요자 중심의 교육과정 개발 교양교육과 교양 학사조직 체계화 및 집중 육성 융합 중심의 대학원 교육 프로그램 개발 및 운영 학생 진로와 취·창업 지원의 체계화 및 활성화
국제화 역량 강화	영어 전용 트랙 확대와 외국인 교수·학생 확보 세계 수준의 교육 콘텐츠 개발 및 활용 다각적 국제 교육 교류 확대 및 국제 표준 교육
미래형 교육 지원 시스템 구축	학생 맞춤형 해빙 교육과정의 운영 융합형 교육 확대 비형식 교육·직업교육·평생교육센터 기능 강화 EduAI 기반 학생 맞춤형 지원 체계 구축

연구

세계 수준의 창의적 지식 공동체 구축

추진 목표	핵심 과제
연구 수월성 확보 및 국제 경쟁력 강화	연구 사업 및 핵심 연구 주제 특성 분야 선정 연구 역량 및 지식재산권 확대 지원 체제 강화
글로벌 연구네트워크의 구축	연구 및 지식재산권 실적 제고를 통한 국제적 인지도 향상 해외 연구소, 대학과 공동 연구를 통한 교류 확대 대학원의 글로벌 인재 양성 강화
독립, 자율, 체계적 연구활동을 위한 시스템 완성	연구소 중심의 대학 연구 시스템 활성화 단국미래융합연구원 설립 및 연구 통합 조직 운영 연구 활성화를 위한 다양한 제도 혁신 학부-대학원 통합 연계 과정 및 대학원 중심 학부 과정 운영

봉사·협력

봉사와 협력의 대학 브랜드 명품화

추진 목표	핵심 과제
지역 사회 친화형 명문 사학	지역학연구소 설립 및 육성 봉사와 협력의 다면화 시스템 구축 지역 사회 친화적 봉사·협력 프로그램 개발 및 운영
인류사회에 공헌하는 글로벌 대학	DKU Globalization System 구축, 업무 전문성 강화 DKU Globalization Fund 조성 해외 단국 거점 센터 확충 및 운영 활성화 협력 층위에 따른 국제 교류 및 협력의 전략적 추진
세계 최고 수준의 산학협력 대학	판교 K-밸리와 연계한 IT 산학 협력 클러스트 구축 오송-대덕-천안을 잇는 메디바이오 협력 중심 대학 산학협력 지원 시스템 고도화 기업가적 대학(Enterprise University) 도입

조직·경영

혁신과 효율의 신개념 조직 경영 체제 구현

추진 목표	핵심 과제
학사 구조 유연화	해빙 교육 모델 기반의 학사 구조 운영 트랙형 및 모듈형 교육 프로그램 설치와 운영 학사 단위별 행·재정적 자율성 강화
행정 시스템 혁신	직무 전문가에 의한 책임 행정 시스템 확립 수요자 중심의 논스톱(Non-Stop) 행정 서비스 구현 외국인 교수·학생 지원 강화
재정 시스템 혁신	저비용 고효율 고품질 학사 및 행정 조직 운영 발전기금, 학사 단위 사업화, 재정 안정화 프로그램 운영을 통한 안정적인 재정 확보 투명한 재정 운영과 집행 실효성 평가 제도의 확립
인공지능 기반 스마트 캠퍼스, 웰빙-그린 캠퍼스 구축	오프라인·온라인 통합형 다면적 교육·연구 환경 구축 EduAI, 5G 등 첨단화·정보화·지능화 시스템 구축 의료, 복지, 안전이 24시간 보장되는 융복합 캠퍼스 구축 자연 친화적 캠퍼스 환경 조성 및 효율적인 공간 배정

캠퍼스 특성화 전략

죽전·천안 양 캠퍼스에 중복돼 있는 학문 분야의 캠퍼스 간 이동과 통합을 통해 죽전캠퍼스는 응용과학 IT 관련 학문과 문화콘텐츠CT 관련 학문 중심으로 특성화시키며, 천안캠퍼스는 기초과학과 생명과학BT, 외국어 관련 학문으로 통합하였다.

: 죽전캠퍼스

IT Information Technology

핵심 분야	핵심 사업
• 지능형 IoT	소프트웨어 중심대학
• 인공지능(AI)	정보문화기술연구원
• 빅데이터	ICT융복합 내진-초고층학과
• 차세대 전자부품 소재	BK21플러스 사업
• IT·CT융합 기반 기술	유기광전자 기능소재 지능형 사물을 위한 융합소프트웨어
	ITRC(웨어러블씽킹센터)

CT Culture Technology

핵심 분야	핵심 사업
• 동양학	SW디자인융합센터
• 스토리텔링	BK21플러스
• 융합 디자인	지식재산 정보 보호 특화 문화 코드기반의 글로벌 영화 제작
• 디자인 씽킹	지식재산전문학위과정
	영화콘텐츠전문대학원 문화콘텐츠기술연구소

학문 단위 조정 | 모집 단위

2009학년도	→	2020학년도
20개 대학 85개 학과(부)	→	**18개 대학 72개 학과(부)**
10개 학부 75개 학과		18개 학부 54개 학과

: 천안캠퍼스

핵심 분야	핵심 사업
• 생명과학	LINC+ 사업
• 생명기초·임상 중개연구	CK-II-캠바이오 글로벌
• 건강 증진 및 웰빙	BK21플러스 나노바이오재생의과학 친환경동물안전자원
• 농생명·보건의료	

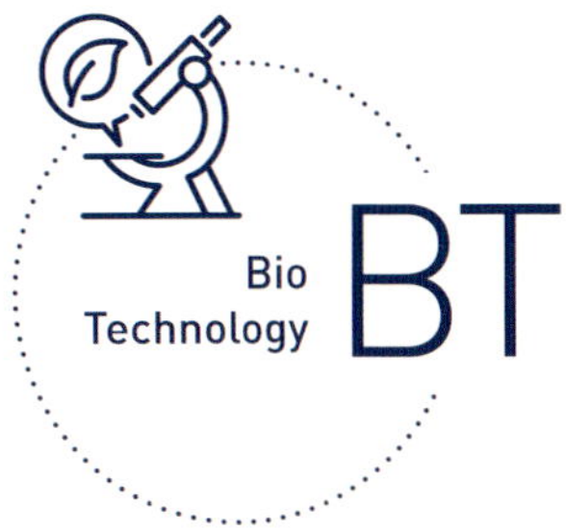

핵심 분야	핵심 사업
• 권역별 지역학	GCC국가연구소
• 신흥 시장 지역학	몽골연구소
• 글로벌 창업	북방문화연구소
• 글로벌 지역 대학	

학문 단위 조정 | 2009년 이후 신설 학과(부)

IT엔지니어링	소프트웨어학과, 모바일시스템공학과, 산업보안학과, 에너지공학과	국제화·외국어(지역학)	국제학부, 중동학전공, 포루투칼브라질학전공
BT분야	의생명공학부, 제약공학과, 임상병리학과, 물리치료학과, 보건행정학과, 취위생학과, 심리치료학과, 약학과	미래 수요 예측 분야	상담학과, 해병대군사학과

'17개 학과(부) 신설'

최상의 교육 행정 서비스 제공

행정 서비스 만족도 진단

CS경영센터는 CS마인드 교육, CS모니터링, 고객 지향적 CS혁신 과제 발굴, CS조직 문화 확산 및 개선에 힘써 왔으며, 구성원(학생, 교수, 직원, 조교)의 행정 서비스 만족도 진단(DK-UCSI)을 실시하였다.

6,855명
대상 인원 : 21,507명

276명
대상 인원 : 1,064명

171명
대상 인원 : 376

만족도 진단 결과

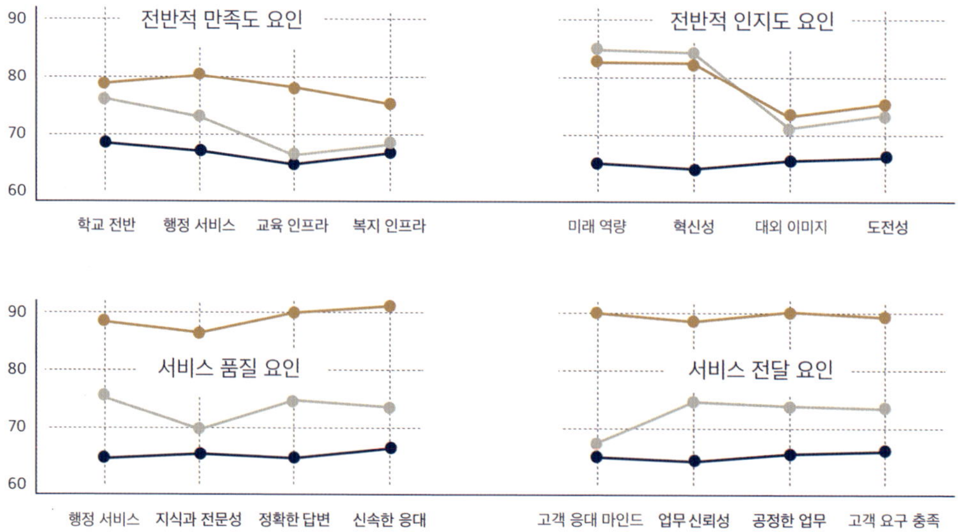

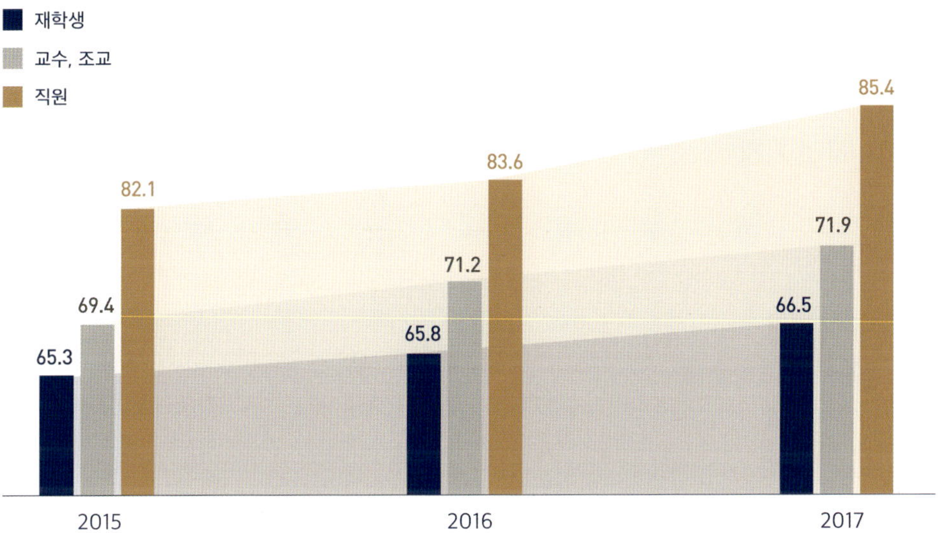

만족도 향상 위한 학과 컨설팅

- 학과 개선 발전을 위해 컨설팅 제공
- 개선 우수 사례 수집-공유, 발굴-전파, 진단 결과 데이터 제공
- 2018학년도 4개 단과대학, 14개 학과(부) 컨설팅 진행

캠퍼스	컨설팅 대상	비고
죽전	음악대학 및 상경대학 전체학과	2개 대학, 8개 학과
천안	보건과학대학 및 의과대학 전체 학과	
전체	총 4개 대학, 14개 학과	

스마트 캠퍼스 실현

SW중심대학 지원사업

미래창조과학부 주관 2017 SW중심대학 지원 사업 선정은 장호성 총장이 강조해온 스마트캠퍼스 실현의 일환이다.

4 년	95 억	27 업체
사업 기간	**사업비**	**참여 기관**
2017.3 - 2020.12	정부 출연 및 참여 기업 포함	단국대, 용인시, NHN, 안랩 등

소프트웨어 관련 기초 교과목과 개설 현황

- SW융합대학 및 SW융합학부 신설, SW융합바이오·SW융합콘텐츠·SW융합경제경영·SW융합법학·SW융합건축IT(연계) 전공 운영(2018년)
- SW인재전형 신설(2019년), SW융합대학 정원의 20% 선발
- 전공 상관없이 소프트웨어 기초 소양 쌓기 위해 '창의적사고와코딩', '대학기초SW입문', '전공별SW활용' 등 전교생 소프트웨어 기초 교양 의무화

15,524

3년간 수강 인원

교과목명	학기	수강 인원
창의적 사고와 코딩	2017학년도 1학기	1,368명
	2017학년도 2학기	1,244명
	2018학년도 1학기	4,257명
	2018학년도 2학기	338명
	2019학년도 1학기	4,497명
대학기초 소프트웨어 입문	2019학년도 2학기	3,820명

2020학년도 교양필수 1과목 추가, 3과목 6학점으로 확대 예정

문화 교류를 통한 민간 외교

무용단 해외 공연

단국대학은 국제 사회와의 학술 교류뿐만 아니라, 각종 문화 교류를 통해 친선 관계를 더욱 확대하였다. 단국대학 무용단은 우수하고 독창적인 우리 고유 문화를 세계에 알리고, 국익을 대변하는 민간 외교관으로서 큰 몫을 수행하고 있다.

6개국 — 공연 국가

19회 — 공연 횟수

연도	국가	공연 실적
2004	중국	산동예술대학 산예극장
2010	미국	어바인 Barclay Theater California State University, San Bernardino California State University, Long Beach LA 한인타운 Garden Suites Hotel
2012	미국	비버튼 Arts&Communication Magnet Academy Oregon State University University of Oregon Southern Oregon University
2014	미국	비버튼 Arts&Communication Magnet Academy Oregon State University University of Oregon Southern Oregon University
2015	카자흐스탄	카자흐스탄 국립예술대
2016	헝가리	부다페스트 MOM Theater University of Pecs
	스웨덴	스톡홀름 콘서트홀
	중국	무석시
2019	몽골	국립오페라 발레극장

부속병원의 재정 안정화와 최상의 의료 서비스 제공

의대·치대 부속병원의 성장

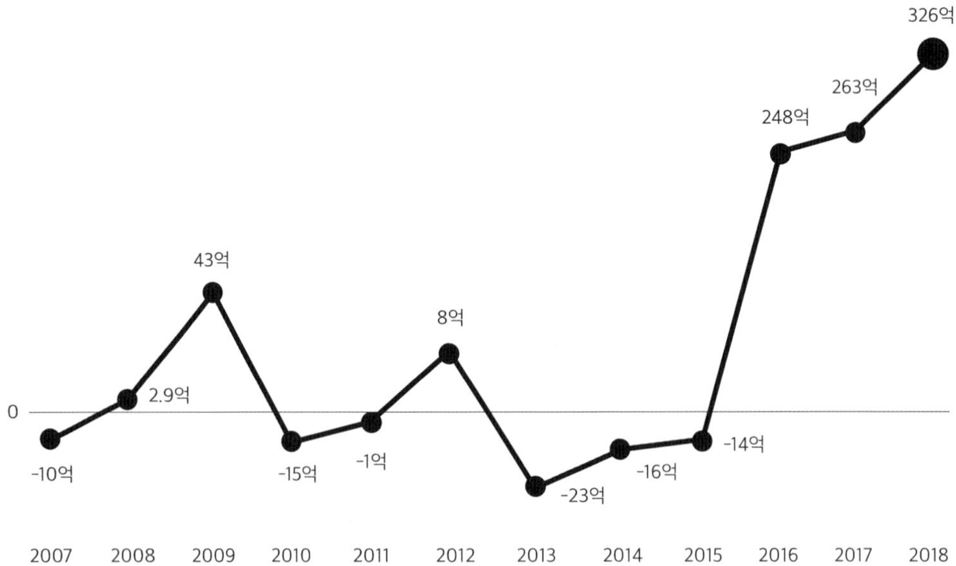

단국대학교 의료원 수익 현황

장호성 총장 재임 시절 치과대학 부속병원과 의과대학 부속병원의 재정 수익률은 이전보다 크게 신장되었다.

취임 전 2007년의 수입금은 1,280억 원 정도였는데, 2019년 현재 2,870억 원으로 두 배를 뛰어 넘는 규모로 증가했다.

손익면에서도 2007년 당시 10억 원 정도의 손실이 있었던 반면 2016년에 248억 원 상당의 흑자를 보이기 시작하면서, 2018년에는 326억 원의 순이익을 달성했다.

2,696억

2018년 수입금

326억

2018년 순수익

장호성 총장은 "신축 치과대학과 치과병원의 최첨단 시설을 활용해 우수 인재를 양성하고 양질의 의료 서비스로 지역 사회에 공헌하겠다"고 약속하였다. 그리고 "의대, 치대, 약대 등 의약바이오클러스터를 구축한 천안캠퍼스의 BT 분야 특성화는 전국 최고 수준이 될 것"이라는 자신감을 드러내었다.

천안치과병원

• 연도별 손익

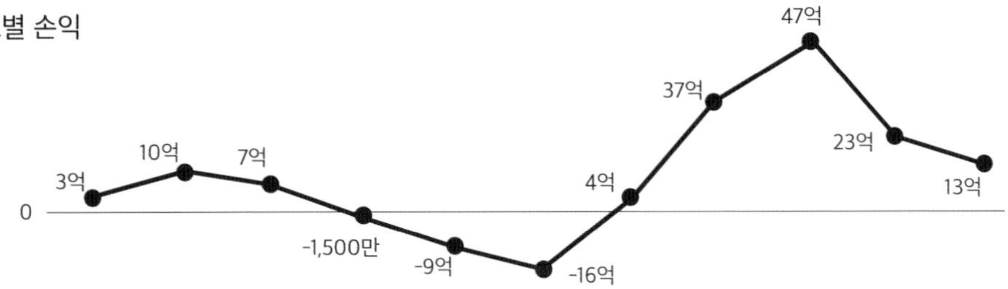

• 환자 현황 | 천안(세종)치과병원

구분	2008	2009	2010	2011	2012	2013	2014	2015	2016	2017	2018
초진	18,268	19,169	20,325	20,714	21,502	23,914	26,006	25,348	25,565	26,838	28,910
재진	137,816	133,139	119,853	115,918	121,840	135,562	145,833	153,199	157,121	156,798	170,668
합계	156,084	152,308	140,178	136,632	143,342	159,476	171,839	178,547	182,686	183,636	199,578

죽전치과병원

• 연도별 손익

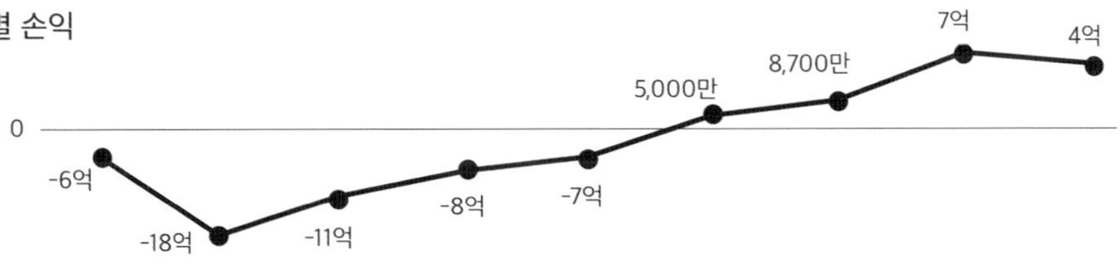

• 환자 현황

구분	2010	2011	2012	2013	2014	2015	2016	2017	2018
초진	953	3,687	4,156	5,520	6,381	6,512	6,478	5,989	6,325
재진	2,636	18,168	25,284	34,456	39,595	45,423	50,122	52,815	54,159
합계	3,589	21,855	29,440	39,976	45,976	51,935	56,600	58,804	60,484

국내 최초 인공지능 기반 스마트 캠퍼스 구축

인공지능 챗봇 단아이 | DanAI

대학 생활과 관련된 질문에 답변해주는 챗봇 서비스 '단아이(DanAI)'를 구축하여, 수업 정보, 교내 생활 정보, 학사 정보, 취업 정보 등 학교 생활 정보 서비스를 제공하고 있으며, 365일 24시간 학생 개인 상황 및 적성에 따라 맞춤 정보를 제공하고 있다. 단아이(DanAI) 구축을 통해서 객관적인 최신 정보 습득 , 학생 개인 상황 및 적성에 따른 맞춤 상담 효과와 기존 상담자 역할을 한 교수, 직원의 업무 능력 향상 효과가 기대된다.

수요자 중심 학사 정보 시스템을 위해 스마트 캠퍼스 구현이 가능한 학사 플랫폼을 개발하였다. 스마트러닝 기반 SNS와 연계된 학생·교수 포트폴리오 기반 소통형 교육 시스템을 구축하였다.

학생 역량 관리 시스템
영웅 스토리 | YOUNG熊 story

영웅 스토리는 2017년 11월 학생들의 교과·비교과 정보를 한 곳에서 관리해주는 프로그램으로 구축되었다. 주요 서비스는 역량 관리, 인증 관리(전공·교양·비교과 프로그램 연계 핵심 역량 그래프)이며, 비교과 프로그램·진로설계·포트폴리오·상담 등 역량별 표준 점수 및 상대 비교 점수를 제공한다.

메뉴명	주요 기능
마이스토리	학생 개인별 전공, 교양, 비교과 교육과정 수강 및 활동 이력 조회 6대 핵심 역량 및 10대 전공 역량 진단 결과 확인
인증 관리	대학 교육목표와 연계된 대학 인재상으로 인증 관리(능동, 혁신, 헌신) 전공/교양/비교과 교육과정의 역량 설정 및 대학 인재상과 연계 구축
비교과 프로그램	교내에 개설되는 모든 비교과 프로그램(온라인 포함) 검색 및 신청 교외에 개설되는 비교과 프로그램(외부 비교과) 등록 및 인정 확인
진로 설계	기업 진출, 진학, 창업, 공직 진출 등 사회 진출 직군 설정 및 진로 방향 선택 직군별 필요로 하는 역량 파악 및 역량 증진을 위한 로드맵 수립
포트폴리오	영웅 스토리에 축적 정보(개인 역량, 비교과 프로그램, 진로계획 등) 기반 이력서 작성, 자기소개서 작성, 교과목 포트폴리오 작성
취창업	채용 정보 및 대외 활동 정보 제공, 취업 컨설팅 신청 취창업 프로그램 신청 및 캠퍼스 리크루팅
상담/설문/커뮤니티	교내 9개 상담 신청의 일원화로 상담 서비스에 대한 접근성 제고 포털 공지, 행사 참여 게시판, 교내 진행 중인 설문 참여 등

창업선도대학으로서 창업 지원과 육성

창업 지원 활성화

창업 아이템 사업화 지원을 위해서 창업자 발굴 및 창업 지원금 지원, 기술 개발, 시제품 제작, 판로 개척 등 전 과정을 후원하였다. 창업 지원금은 최대 7,000만 원, 예비 창업자 및 1년 미만 창업 기업 대표 30인을 지원하였다.

144명
창업자

450억
매출 총액

132건
지식재산권 등록

533명
고용 인원

830개
창업 강좌

2.4만명
창업 강좌 수료생

창업 지원 현황

연도	사업화 지원	창업 인력	고용 인원	매출액	지식재산권
2014	30	30	33	18억	55
2015	30	30	45	40억	11
2016	29	29	72	29억	25
2017	26	26	202	212억	18
2018	29	29	181	159억	23

창업 강좌 현황

연도	강좌수	수료생
2016	299	9,162
2017	277	8,096
2018	254	7,305

다양한 장학 제도로 면학 여건 조성

장학금 지급 확대

2011년 '반값등록금' 문제가 사회적 문제로 대두되던 때, 장호성 총장은 11월 2일 열린 개교 63주년 기념식사에서 "발전 기금과 장학금 유치 등 재정 확보에 총력을 기울이겠다"고 다짐했다. 그 결과 2008년 대비 2018년 학부내 교내외 장학금 지급 기준이 5.3배 상향 지급되었다.

장학금 제도

- 범정·혜당장학금 외 30여 개 다양한 장학금 제도 통해 학생들의 면학 여건 조성
- 글로벌 인재 장학금, 외국어 우수 장학금, 국제화 장학금 등 통해 세계화 발판 마련

■ 학부
■ 대학원

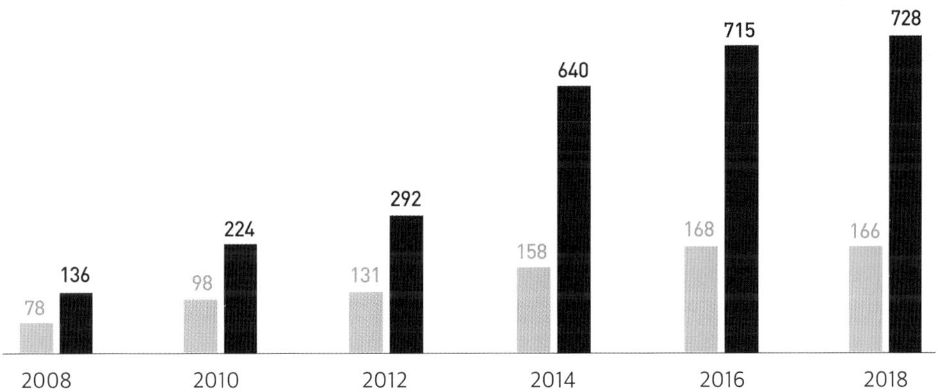

장학금 지급 현황

5.3배

2008년 대비
2018년 장학금

연도	학부	대학원	합계
2008	136억	78억	214억
2010	224억	98억	322억
2012	292억	131억	423억
2014	640억	158억	798억
2016	715억	168억	883억
2018	728억	166억	894억

탈서울과 시설 확충

캠퍼스 시설 현대화

단국대학이 설립 이래 서울 소재 대학으로 누려오던 기득권을 포기하고, 죽전캠퍼스로 이전하게 된 결정적인 원인은 교육 공간의 부족 때문이었다. 한남동캠퍼스보다 7.5배 큰 죽전캠퍼스로의 이전은 그동안 열악했던 교육 환경을 일신시켰다.

■ 죽전 ■ 천안

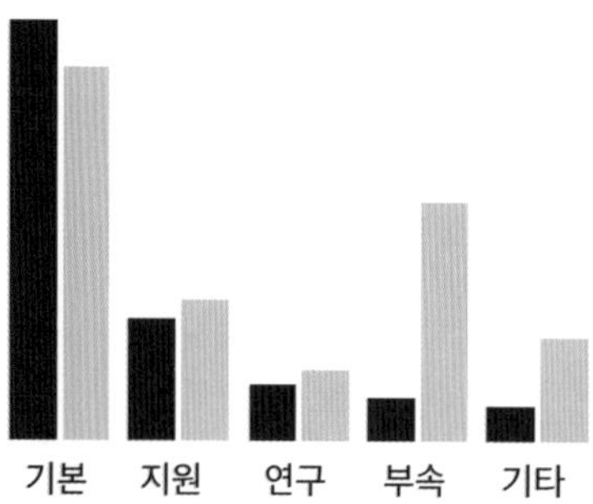

보유 면적

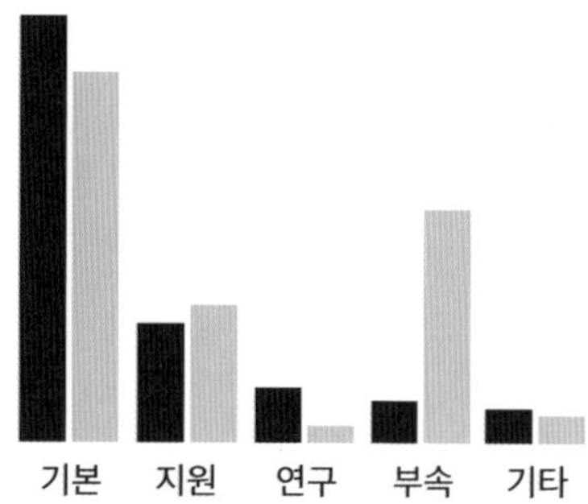

2018	죽전	천안
기준 면적	172,777m²	169,492m²
보유 면적	256,274m²	334,771m²
교사 확보율(재학생 기준)	**148.3%**	**197.5%**

2016	죽전	천안
기준 면적	172,958m²	168,092m²
보유 면적	256,274m²	315,069m²
교사 확보율(재학생 기준)	148.1%	187.4%

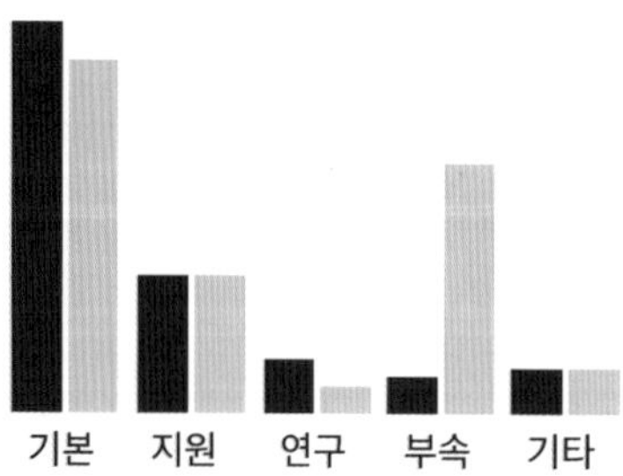

보유 면적

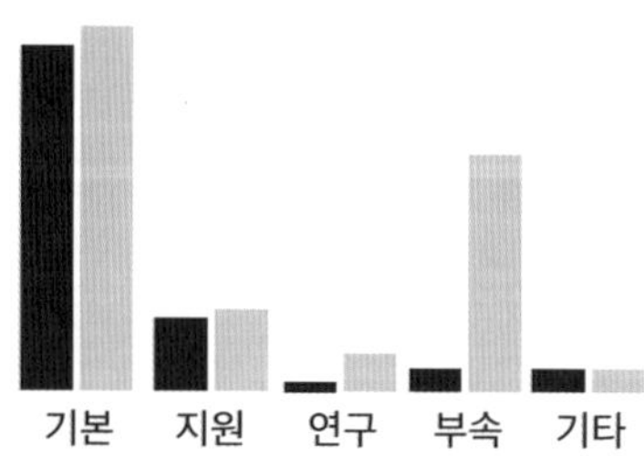

2012	죽전	천안
기준 면적	174,830m²	182,580m²
보유 면적	228,833m²	283,384m²
교사 확보율(재학생 기준)	130.8%	155.2%

2008	죽전	천안
기준 면적	182,180m²	167,620m²
보유 면적	166,747m²	249,088m²
교사 확보율(재학생 기준)	**91.5%**	**148.6%**

캠퍼스 신축 통한 교육 환경 조성 현황

캠퍼스	건물명	연면적	준공일	비고
죽전캠퍼스	웅비홀	18,270m²	2008.12.30.	민자기숙사
	대학원동	21,198m²	2009.01.02.	
	복지관	6,406m²	2010.03.30.	
	글로컬산학협력관	11,751m²	2011.06.30.	
	무용관	11,751m²	2011.09.27.	
	국제관	9,725m²	2013.05.30.	
	진리관	13,182m²	2015.01.27.	행복기숙사
	단국역사관	5,432m²	2019.10.30.	
	단우홀	18,224m²	2008.11.01.	민자기숙사
천안캠퍼스	제2예술관	4,259m²	2011.01.05.	
	약학관	11,340m²	2011.01.17.	
	치의학관, 치대병원	26,390m²	2013.03.06.	
	봉사관	13,205m²	2014.02.15.	행복기숙사
	자연과학2관	7,259m²	2016.05.20.	

기숙사 수용 현황

	생활관	수용 인원	비고
죽전캠퍼스	집현재	454명	
	웅비홀(민자)	1,078명	
	진리관(공공)	930명	수도권 최초 정부 지원(2015)
	소계	2,462명	
천안캠퍼스	학사개	304명	
	단우홀(민자)	1,014명	
	봉사관(공공)	924명	전국 최초 정부 지원(2014)
	소계	2,242명	

시설 확충과 효율적 관리 운영

교육·편의 시설을 위한 기반 조성

: 죽전캠퍼스

토지 및 건물 매입 현황

19건

매입 자산

28,925km²

매입 면적

죽전캠퍼스 구내에 들어와 있는 사유지 및 국유지 28,925km²를 매입하여 교육용 토지로서의 활용도를 높이고, 학생들이 안전하게 학업에 전념할 수 있는 면학 분위기를 조성하였다.

전기 요금 절감 | LED 램프 교체

구분	교체 전 | W	교체 후 | W	절감 전력	수량	절감액 | 년	절감률
교내 가로등	250	80	170	144	8,756,496	68%
풋살경기장	1,000	200	800	14	1,843,968	80%
주차빌딩 및 국제관, 대학원 주차장	64	40	24	485	9,992,707	38%
집현재 사생실	72	40	32	205	2,346,512	44%

장호성 총장은 취임 후 안정적인 면학 분위기 조성을 위해 학교 주변에 문제의 소지가 있을 법한 토지를 일괄 매입하였다. 뿐만 아니라 낡은 상수도관, 조명 시설 교체를 통한 관리 운영비 절감으로 효율적인 캠퍼스 운영에 필요한 기반을 조성했다.

: 천안캠퍼스

9 건
매입 자산

5,018 m^2
매입 면적

천안캠퍼스 개교 당시부터 학교 진입로 부근의 사유지로 인해 지속적인 분쟁의 소지가 되었다. 학생들의 편의 시설과 교육 시설 확충을 위해 총 5,018m^2의 부지를 매입하였다.

전기 요금 절감 | LED 램프 교체

구분	교체 전 I W	교체 후 I W	절감 전력	수량	절감액 I 년	절감률
인문과학관	64	40	24	575	4,057,200	38%
체육관	64	40	24	396	2,794,176	38%
학사재	64	40	24	837	5,905,872	38%
산학협력관	64	40	24	1,681	9,488,909	38%
테니스장	400	200	200	96	2,257,920	50%
가로등	175	70	105	381	14,309,789	60%

국제 교류 범위의 확대와 '단국대' 브랜드 확산

국제화 역량 강화

장호성 총장은 단국대학의 글로벌 경쟁력 강화를 위해 세계 유수 대학과의 교류 협력을 지속적으로 강화시켜 나갔다. "국제 경쟁력 강화가 대학 발전 및 미래와 직결되어 있다"는 생각으로 '단국대'란 브랜드를 세계에 각인시키는 것이 장호성 총장이 추진하는 국제화의 중요 목표였다.

외국인 학생 현황

외국인 학생은 학부생, 어학 연수생, 교육과정 공동 운영생, 교환 연수생(IN교환학생), 대학원생 등으로 구분할 수 있다. 2018년 현재 우리 대학의 외국인 학생수는 1,506명으로 2008년 대비 9.4배 증가하였다.

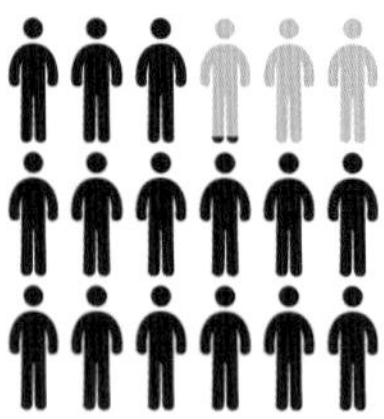

1,506명

외국인 학생수

구분	2008	2010	2012	2014	2016	2018
대학원생	60	87	130	137	177	236
학부생	74	138	236	216	342	635
어학 연수생	-	-	-	150	222	391
교육과정 공동 운영생	-	-	-	-	28	39
교환 연수생(IN)	25	95	81	113	143	205
합계	160	321	447	616	912	1,506

유학생 수지 분석

우리 대학의 외국인 학생수는 2008년 대비 2018년 기준으로 9배 이상 증가하였다. 유학생의 유치 증가는 대학의 국제화뿐만 아니라 재정 수입에도 큰 역할을 하고 있다.

국외 대학과의 교류 협정 체결 현황

대륙별 자매대학 현황

북미	유럽	아시아
3개국 92개교	21개국 76개교	21개국 160개교

남미	아프리카	오세아니아
7개국 14개교	5개국 6개교	2개국 7개교

국제 교류 프로그램

구분	주요 프로그램	IN	OUT
일반	교환 학생 프로그램	●	●
	원어민 튜터링 프로그램	●	
	GKS 우수 교환 프로그램	●	●
	일반 방문 학생 프로그램	●	●
	Hornors Program		●
	'호소끼가즈꼬'일본연수방문프로그램		●
	인턴십 병행 연수 프로그램		●
	해외 인턴십 프로그램		●
	교비/자비 어학연수		●
	국제 여름(ISS)/겨울(IWS)-글로벌 빌리지	●	
	홍콩시립대학 여름 교환 프로그램	●	●
	이켄트주립대학교 플로렌스 단기 연수		●
	ASEAN 국가 우수 이공계 초청 연수	●	
학위	한중교육합작 프로그램(옌타이)	●	
	미국 서던오레곤대학교 복수 학위	●	●
	경덕진도자대학 3+1+2 프로그램	●	●

연구·산학협력 사업 활성화

우수 교원 증원 및 전문 인력 양성

장호성 총장은 단국대학교의 교육 경쟁력을 확보하기 위해 IT 분야 및 BT 분야의 '신성장 사업'을 담당할 우수한 전문 인력 양성을 위해 노력했다.

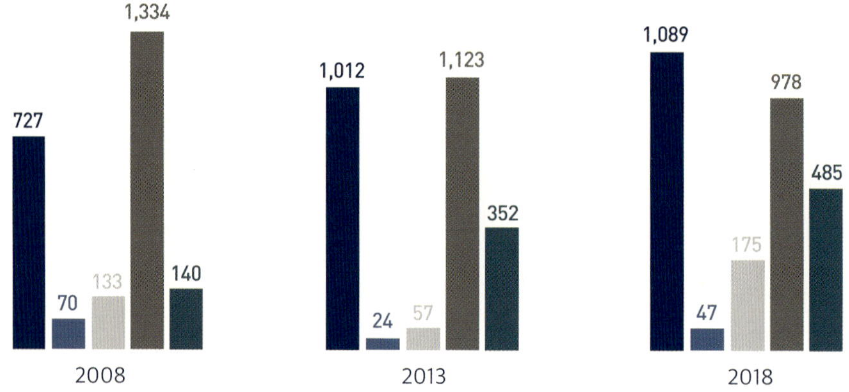

교원 증가 현황

전임교원 1인당 연구 실적 향상

전임교원 논문 1인당 실적 국내 0.7편, 국제 0.3편으로 상향

연도	전임교원	국내 | 전체	국제 | 전체	국내 | 1인당	국제 | 1인당
2008	727	687.8	97.2	0.9	0.1
2011	890	687.0	155.9	0.8	0.2
2013	1,012	735.7	310.0	0.7	0.3
2016	1,161	941.5	365.9	0.8	0.3
2018	1,089	785.6	380.6	0.7	0.3

교책 중점 연구 기관 육성

IT·BT·CT·외국어 분야의 특성화를 주도하고 학제 간 연구 활성화를 이끌 수 있는 기구 설립의 필요성과 대학의 연구 역량 강화가 필요했다.
이를 위해 교책 중점 연구 기관을 설치하고 집중 지원을 통해 우수 연구 결과를 창출하고 아울러 국책 과제를 수주 및 수행할 수 있는 인프라를 구축하였다.

교책중점 연구기관

죽전캠퍼스

RICT

정보문화기술연구원

원장 나연묵 교수

- 경기단국-삼성모바일연구소
  소장 : 이재동 교수
- 정보기술연구센터
  센터장 : 최종무 교수
- 문화기술연구센터
  센터장 : 김승훈 교수
- 카메라상상공간연구센터
  센터장 : 김영섭 교수

천안캠퍼스

조직재생 공학연구원

원장 김해원 교수

- 나노바이오 재생공학센터
  센터장 : 신원상 교수
- 덴탈메디슨 조직재생센터
  센터장 : 이해형 교수
- 광의학연구센터
  센터장 : 안진철 교수
- 행정지원팀

죽전캠퍼스

CT

동양학연구원

원장 한시준 교수

- 역사문화연구소
  소장 : 이종수 교수
- 동아시아연구소
  소장 : 이재령 교수
- 동아시아전통문화연구소
  소장 : 송재용 교수

천안캠퍼스

BT

생명과학기술연구원

원장 피재호 교수

- 생물다양연구소
  소장 : 김성환 교수
- 유전체연구센터
  센터장 : 진한준 교수

산학협력 5개년 계획 수립

장호성 총장은 도전과 창조의 최우수 산학 협력 선도 대학 실현을 위해 대학과 사회를 잇는 Connect+ 인재 양성 플랫폼을 구축하고, 지역 기업가 육성 선도 대학으로 발돋움하기 위해 산학협력 5개년 계획을 수립하였다.

Connect+ 산학협력 역량 고도화

지식 창출형 연구 혁신	가치 창출형 기술 사업화
연구 역량 20위권 진입	기술 사업화 협력 네트워크 강화
융복합 문화예술 분야 집중 양성	기술 사업 지주회사 활성화
대학 연구실 개방 및 기업화	기술 사업화 촉진

산학협력단 전문 인력 강화 / 산학협력 친화형 제도 고도화

Connect+ 산학협력 인재 양성 고도화

사회 맞춤형 인재 양성	지속 가능성 기업가 양성
대학-사회 양방향 인재 양성 체제 강화	기업가 육성 교육 고도화 및 지속화
단국형 사회 맞춤형 인력 양성 프로그램 강화	고급 기업가 육성 및 창업 지원 강화
지역 사회 맞춤형 인력 양성 활성화	지역 사회 기업가 양성 강화

산학협력 재원 확보 강화 / 스마트 관리 시스템 고도화

Connect+
지역 사회 협업 활성화

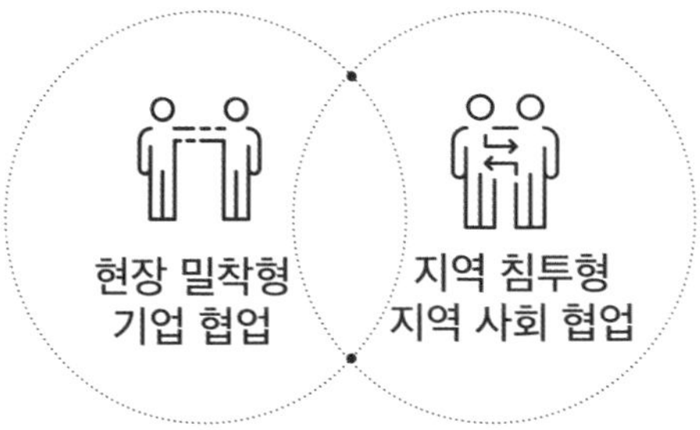

현장 밀착형 기업 협업	지역 침투형 지역 사회 협업
서로 만족 가족 기업 협의체 고도화	지역 사회 분쟁 및 문제 해결(Social Living Lab)
마이크로 타겟팅 기업 지원	지역 향토 문화 조성 및 가치 창출(A-Studio)
토탈 개방형 기업 지원	지역 사회 미래 꿈나무 육성 (Young Innovation Camp)

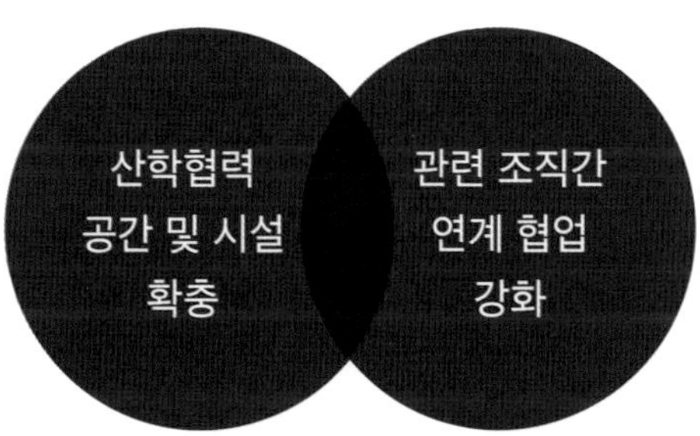

장비 구축 현황 및 운영 수익 증대

단국대학교는 산학협력을 지속적으로 발전시키고 연구 성과를 극대화하기 위해 해마다 고가의 첨단 장비를 구축, 운영하고 있다.

구축한 장비는 연구와 기술 개발에 유효적절하게 사용되고 있으며, 연구 과제와 프로젝트 수행에 제공하여 운영 수익을 창출하고 있다.

(단위: 천원)

연도	캠퍼스	장비 현황	수익
2016	죽전	UV-curing system 외 49건	47,238
	천안	고성능액체크로마토그래피 외 129건	449,075
	계	180건	496,313
2017	죽전	30HP도판성형기 외 47건	13,150
	천안	가스크로마트그래피 외 127건	641,477
	계	176건	654,627
2018	죽전	엑스레이 회절기 외 47건	26,879
	천안	자동화DNA염기서열분석기 외 114건	430,183
	계	163건	457,062

산학협력 사업 활성화 성과

재정 지원 사업 유치 현황

: 죽전캠퍼스

사업명	책임자	사업 기간	사업비
경기도지역협력연구센터(GRRC)	진병두	2009 - 2021	148억
세계 최대 한한대사전 디지털사업화	윤승준	2010 - 2013	6.8억
BK21 플러스사업	황석호	2013 - 2020	132억
BK21 플러스사업	송동수	2013 - 2020	50억
고교교육정상화기여대학지원사업	장호성	2014 - 2017	40억
창의산업융합특성화 인재양성사업	이우걸	2014 - 2019	23억
창업선도대학육성사업	손승우	2014 - 2019	92억
수도권대학특성화사업(CK-II)	김성환	2014 - 2019	100억
대학ICT연구센터육성지원사업	최용근	2015 - 2018	32.5억
산업기술연구기반구축사업	임성환	2015 - 2019	18억
에너지빅데이터인력양성사업	문현준	2015 - 2020	21억
도시건축연구사업	정란	2015 - 2020	58.9억
초고층빌딩글로벌R&DB센터 사업	정란	2015 - 2020	233억
삼성미래기술육성사업	정선주	2016 - 2021	23억
한국형온라인공개강좌사업(K-MOOC)	유정석	2017 - 2019	10억
SW중심대학지원사업	나연묵	2017 - 2020	94.5억
고교교육 기여대학 지원사업	이병인	2017 - 2020	37억
산학협력선도대학(LINC+)육성사업	어진우	2017 - 2022	250억
한국학토대연구지원사업	이재령	2017 - 2022	13억
인문한국플러스(HK+)지원사업	허재영	2017 - 2024	114억
2018 창업교육 거점센터 사업	어진우	2018 - 2021	7천5백만
청년TLO육성사업	김호동	2018 - 2021	19억
LINC+ 4차 산업혁명 혁신선도대학 사업	임성한	2018 - 2022	40억
대학혁신지원사업(I유형:자율협약형)	김병량	2019 - 2021	224억
한국학사전편찬사업	김우정	2019 - 2022	10억
에너지기술개발사업	이경구	2019 - 2022	11억

단국대학이 최근 10년간 유치한 주요 재정 지원 사업에는
'산학협력선도대학 육성사업(LINC)', '산학협력선도대학(LINC+)육성사업',
'초고층빌딩 글로벌 R&BD센터사업', '농림축산식품연구센터지원사업' 등이 있다

: 천안캠퍼스

사업명	책임자	사업 기간	사업비
방송통신정책연구센터 운영지원사업	정재진	2013 - 2017	13.6억
산학협력선도대학 육성사업(LINC)	이계형	2013 - 2017	236억
한국베크망광의료기기연구센터	정필상	2013 - 2018	74억
BK21+(미래기반창의인재양성사업)	김인호	2013 - 2020	24.9억
BK21+(특화전문인재양성사업)	이호성	2013 - 2020	13.2억
BK21+(글로벌인재양성사업)	김해원	2013 - 2020	85.2억
에너지기술개발사업	최용	2014 - 2019	11억
바이오인력양성사업	오충훈	2014 - 2019	19억
의료기기기술개발사업	현정근	2014 - 2019	15억
천안시 어린이급식지원센터	김기랑	2014 - 2019	50억
농림축산식품연구센터지원사업	정윤화	2014 - 2021	72억
웰에이징 진단기술 및 기기개발사업	오충훈	2015 - 2019	15억
세포재생기술개발사업	장영주	2015 - 2021	13억
글로벌연구실사업(GRL)	김해원	2015 - 2021	23.7억
볼리비아 씨감자 생산체계 구축사업	이동진	2016 - 2020	41억
해외우수연구기관유치사업	정필상	2018 - 2022	66억
해외우수연구기관유치사업	김해원	2018 - 2023	46억
중견연구자지원사업	김해원	2018 - 2023	18억
기후변화대응기술개발사업	이창현	2018 - 2023	11.5억
도시생태계 건강성 증진 기술개발사업	김남춘	2019 - 2022	39억
바이오의료기술개발사업	김형룡	2019 - 2022	22억
식품의약품안전처 용역연구개발과제	김규봉	2019 - 2025	11억
기초과학연구역량강화사업	한규동	2019 - 2025	35억
기초연구기반구축사업	이해형	2019 - 2025	21억

단국의 저력을 드높인 발전 기금 모집 운동 전개

발전 기금 증가

장호성 총장 취임 이후 발전 기금 모금 활성화가 본격화되었다. 2009년 3월 대외협력부총장 직제를 신설하고 2012년 2월에 대외협력실을 대외협력처로, 발전협력팀을 대외협력팀으로 개칭하고 기금팀을 신설하여 발전 기금 모금의 활성화를 꾀하였다.

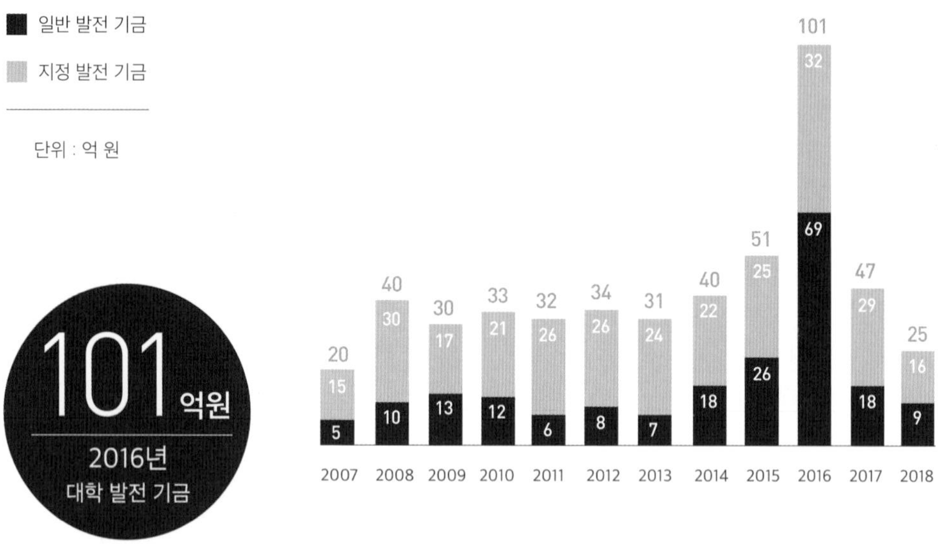

발전 기금 유치 성과

- 2016년 대학 발전 기금 모금액 최초 100억 돌파
- 대학 발전 기금 기부 풍토 마련으로 소액 기부자의 적극적인 참여와 관심 유도
- 동문과 재학생 만남을 통한 애교심 향상 및 기부를 독려하는 각종 행사 유치

'대단한기부' 캠페인 전개

- 대학 동문 대상 소액 발전 기금 캠페인, 매월 1만 원 이상 정기 납부
- 2019년 2월 본격 시작, 현재 218명, 약정액 4억 1,739만 원 유치
- 2023년까지 기부자 4,000명, 기부금 32억 원 유치 목표

장호성 박사가 걸어온 길

총장 장호성(張淏星) 1955. 3. 28 서울 출생

• 재임기간

2008. 2. 18 ~ 2019. 6. 17	제15대~제17대 총장 역임

• 학력사항

1974	경기고등학교 졸업
1978	서강대학교 전자공학 학사
1985	미국 Oregon State University 공학석사
1993	미국 Oregon State University 공학박사

• 강의경력

1989	명지대학교 강사
1990 ~ 1991	미국 Oregon State University 연구 및 강의조교
1993	숭실대학교 강사
1994 ~ 2000	한양대학교 전임강사, 조교수
2000 ~ 2008	단국대학교 부교수, 교수
2019 ~ 2020	단국대학교 교수

• 단국대학교 교내경력

2002 ~ 2004	체육위원장, 대학원 교학부장, 기획부총장
2004 ~ 2005	퇴계기념중앙도서관장
2005 ~ 2008	천안캠퍼스 부총장, 의무부총장
2008 ~ 2019	단국대학교 총장
2019 ~	단국대학교 공과대학 전자전기공학부 명예교수

• 대외경력

1987 ~ 1989	미국 NAIT, Incorporation 선임연구원
2001 ~ 2004	대학스키연맹 부회장
2002. 12	남북체육교류협력위원회 부위원장
2003. 1	2003 이탈리아 동계유니버시아드 한국선수단 부단장
2003. 10	민족평화축전 추진위원
2004 ~ 2009	Oregon State University 한국총동창회 회장
2005. 1	2005 오스트리아 동계유니버시아드 한국선수단 단장
2008 ~ 2009	서강대학교 ROTC 동문회장
2009 ~ 2019	경기도 기우회 4조 회장
2010. 7	제1회 싱가포르 세계청소년올림픽 한국선수단 단장
2010 ~ 2016	대한대학스포츠위원회 (KUSB) 부위원장
2011 ~ 2014	콘텐츠산업진흥위원회 위원
2011. 8	2011 하계유니버시아드 중국 한국선수단 단장
2011 ~ 2015	아시아대학스포츠연맹 (AUSF) 부회장
2012 ~ 2018	한국대학스포츠총장협의회 (KUSF) 회장
2017 ~	연변과학기술대학 명예교수
2017 ~ 2019	ROTC 총장협의회 회장
2017 ~ 2019	한국대학교육협의회 회장
2018 ~ 2019	태평양아시아협회 이사장

• 수상경력

2010	한국을 빛낸 창조경영대상 (중앙일보)
2011	Academy of Distinguished Engineers (미국 Oregon State University)
2014	몽골정부 북극성 훈장
2015	서울 석세스어워드 교육부문 대상 (서울신문)
2016	헝가리정부 십자공로 훈장
2020	청조근정훈장

• 재임기간 중 주요 활동

2008. 2. 18	학교법인 단국대학 이사회에서 총장에 피선임
26	독일 University of Siegen과 자매결연 협정
3. 12	단국대학교 제15대 총장 취임
16	춘강 박상엽 동문 효행장학기금 약정식
17	호주 University of Tasmania 자매결연

4. 21 중국 동북사범대학 자매결연
5. 14 단국 외국인 가족의 날 행사 참석
6. 17 단국대학교 콘서트홀에서 열린 한국대학국제교류협의회 (KAFSA) 개회식에서 축사
19 RNA 세포생물학 연구실 - 국가지정연구실 현판식
25 미국 Oregon State University와 자매결연
26 중국 운남성농업대학 자매결연
7. 3 경기도 중등교장 하계연수회 (죽전캠퍼스) 참석 및 축사
7 해외자매대학생 초청 한국어 캠프 개최
16 아프리카 무역진흥단 내방 접견
9. 2 베이징올림픽 금메달리스트 박태환, 손태진 접견
4 단국대학교 교시석 제막식 참석
18 우징궈 IOC위원 명예박사학위 수여
10. 2 단국후원의 집 1호점 개막
20 가나대학교 총장 내방 접견 및 교류협약 체결
23 안중근의사 기념관 건립성금 전달
24 춘강 열람실 현판식
천안캠퍼스 개교 30주년 행사 참석
28 한한대사전 완간 기념식에서 축사
31 김정숙 한국걸스카우트연맹 총재 명예 정치학박사 학위 수여
11. 7 천안캠퍼스 학생회관 리모델링 개관식 참석
17 미국 California State University, Sacramento와 교류협약
12. 5 김형오 국회의장에 한한대사전 전달
23 ROTC 동계입영훈련 신고식 참석
30 죽전캠퍼스 기숙사 웅비홀 개관식 참석

2009. 1. 2 죽전캠퍼스 대학원동 준공식 참석
12 미주한인총연합회 교류협약
2. 22 빌 게이츠 재단 최고 행정책임자 마샤최 특강 만찬
3. 2 미국 University of Iowa와 교류협약 체결
6 주몽골 한국대사 내방 접견
10 세계 한민족 총연합회 교류협약
13 경기도 용인시 재직 공무원 동문 초청 만찬
17 미국 Folrida State University와 교류협약 체결

19 미국 엠포리아대학교 연주단 접견
25 경기도 광에너지소재 연구센터 개소식 참석
26 천안캠퍼스 안서호 생활체육공원 준공식 참석
4. 3 대학장기발전계획 '도전과 창조 단국비전 2017+' 설명회
헝가리 과학기술 대표단 접견
4. 20 3군 사령부 학-군 협약 체결
27 하얼빈 이공대학 교류협약
28 아름다운 커피점 (전국 대학 1호점) 개점식 참석
5. 27 중국 산동사범대학 교류협약
5. 29 야간학부 학생회 간부 격려
6. 5 단국대학교 설립취지비 제막식 참석
18 청자 기술개발 및 명품화 위한 도예연구소 현판식 참석
19 녹색소비자연대 전국협의회 전국대회 격려사
23 ROTC 하계입영훈련 신고식
25 키르키즈공화국 전권대표 내방 접견
7. 9 학생중앙군사학교 방문, 학군후보생 격려
30 3군 창설 26주년 기념 음악회 참석
8. 8 강진 도예학교 개교식
15 길림대학 자매결연 체결
19 천안시 약사회, 의사회, 치과의사회와 교류협약 체결
20 삼정 KPMG 그룹과 교류협약 체결
31 미국 Montclair State University와 자매결연 체결
11. 6 미국 University of Florida 자매결연 체결
17 요녕대학과 자매결연 체결
23 대만 명도대학과 자매결연 체결
12. 8 충청북도 오송 첨단의료복합단지 활성화 협약 체결

2010. 1. 20 우즈베키스탄 Uzbek State Institute of Physical Culture와 교류협약
3. 12 페루 Universidad Nacional Agraria La Molina 교류협약 체결
26 중국 전자과기대학 교류협약 체결
30 중국 옌타이대학 자매결연
4. 8 University of California, Merced 자매결연
13 미국 Manhatan College와 교류협약 체결

15 죽전캠퍼스 복지관에서 열린 단국대학교 디자인/공예 창업보육센터 개소식 참석

26 30일까지 일본 자매대학 주오대, 지센대, 센슈대 방문과 자매대학 추진 예정인 동경약과대 방문

6. 4 6월 2일부터 5일까지 코엑스에서 열린 단국대학교 평생교육원 도예전 참관

8 베트남 하노이 국립대학교 자매결연 체결

19 29일까지 몽골 가초르트 지역에서 벌인 한국기술교육대 - 단국대학교 몽골 공동봉사활동 및 단국대학교 치과의료봉사 참여

7. 12 죽전캠퍼스 콘서트홀에서 단국대 - 하버드 아카펠라 합창단 합동공연 관람

9. 21 24일까지 중국 심천에서 열린 아시아대학스포츠연맹 (AUSF) 정기총회에 한국 대표로 참석 및 부회장에 피선

10. 3 교육문화회관에서 열린 2010 세계작가 평화대회 참석 및 축사

11. 13 20일까지 캘리포니아 소재 자매대학과 LA 동문 초청 단국대학교 한국무용단 공연 참관

12. 3 일본 신슈대학과 자매결연 체결

6 죽전치과병원 개원식 참석

30 충청남도 장애인 구강진료센터 개설 참석 (천안캠퍼스)

2011. 1. 27 일본 와세다대학과 학술교류 협정 체결

28 정보통신산업진흥원과 산학협력 협약 체결

3. 10 우리은행 - 단국대학교 간 위탁교육 협약 체결

14 한국생산성본부 및 OBS 경인TV와 산학협력 협약 체결

16 태국 타마삿대학교 교류협약 체결

18 형지그룹 최병오 회장 명예 경영학박사 학위 수여

28 아랍에미리리트 개최 EWB (Education Without Border) 국제포럼에 토니 블레어 영국 전 총리 등과 메인 패널로 참석 및 HCT (Higher College of Technology)와 MOU 체결

4. 3 천아캠퍼스 약학대학 약학관 개관식

5 헝가리 Elte대학, Semmelweis대학과 자매결연 체결

11 국무총리실 산하 콘텐츠산업 진흥위원회 위원 위촉

25 러시아 차이코프스키 음악원과 교류협력 협약

5. 25 해외석좌교수 가오싱센 (노벨문학상 수상자), 류짜이푸 (중국 현대문학 거장) 접견

27 홍콩시립대학과 교류협약 체결

6. 25 몽골에 치과대학 의료봉사단 파견
7. 8 CJ E&M, 영화진흥위원회 교류협약 체결
20 미국 뉴욕폴리테크닉대학교와 자매결연 체결
25 일본 도쿄약과대학과 교류협력 협약
8. 12 23일까지 2011 중국 심천 하계유니버시아드 대한민국 선수단장으로 참가
27 아르헨티나 부에노스아이레스대학교와 교류협약 체결
9. 6 삼성탈레스와 산학협력 협약
15 한글과 컴퓨터와 산학협력 협약
20 죽전캠퍼스 서관 (글로컬 산학협력관) 개관식 참석
10. 7 특수교육과 창립 40주년 행사 참석
26 사우디아라비아 킹압둘아지즈대학교 자매결연 체결
31 중국 남개대학과 자매결연 체결
11. 10 죽전캠퍼스 무용관 개관식 참석
16 롯데시네마와 교류협력 협약
19 카자흐스탄 국립예술대학교 및 벨라루스 주립음악원과 자매결연 체결
22 용인지역 동문회 송년모임 참석
23 해병대 故 서정하 하사 추모비 제막식 참석
12. 5 삼성전자서비스와 산학협력 협약
7 태국 마하사라캄대학교와 교류협약 체결
9 14일까지 AUSF (Asia University Sports Federation) 부회장 자격으로 태국 후아힌 개최 AUSF 총회 및 AUSF 주최 Asia University Golf Championship 참석
26 성남문화재단과 관학협력 협약
30 캠퍼스이전 기념비 제막식 참석

2012. 2. 23 박원순 서울시장 입학식 특강 참석
3. 8 태국 타마삿대학교 총장단 내방 접견
5. 8 북경대학 영빈관에서 북경대학과 교류협력 협약 체결
11 인도네시아 무스타포대학과 교류협력 협약 체결
21 프레스센터에서 대학스포츠총장협의회 회장 자격으로 기자회견, 스포츠계 부조리에 대한 대학 차원의 자정 노력과 방안 제시 성명서 발표
24 경기도 장애인 구강진료센터 개소식 참석 (죽전캠퍼스)
25 김용호 선생 탄생 100주년 기념 문학제 참석 및 기념사
몽골과학기술대학 총장단 접견

6. 1	칼릴 알 모사위 주한 이라크 대사 접견
6	12일까지 이란 테헤란 개최 AUSF (Asia University Sports Federation) 집행위원회 한국대표로 참석
12	경기지방경찰청과 교류협력 협약 체결
	단국대학교 영토연구소 설립 (죽전켐퍼스)
27	해병대사령부와 해병대군사학과 신설을 위한 MOU 체결
30	7월 10일까지 몽골에 치과대학 의료봉사단 파견
8. 14	충남지방경찰청과 교류협력 협약 체결
	충청북도 괴산 학생군사학교 방문, 하계입영훈련 본교 학군후보생 격려
31	한국사학진흥재단과 업무협약 체결
9. 27	세이카 파티마 빈트 무바라크 UAE 전 왕비에 명예 교육학박사 학위 수여
10. 15	멕시코/페루 대학 방문, 멕시코 Colima대학교와 University Nacional Autonomata de Mexico, 페루 Pontificia Universidad Camilica de Peru와 Universidad National Agraria in Molina 방문
31	개교 65주년 기념 '독립운동가 범정 장형' 국제학술대회 참석
	중국 장이모우 영화감독에 명예 문학박사 학위 수여
11. 1	바트볼드 엥흐툽신 몽골 과학아카데미 회장에 명예 교육학박사 학위 수여
7	11일까지 미국 오레곤 소재 자매대학 방문 및 본교 한국무용단 공연 관람
11	학생군사학교 방문 및 동계 입영훈련 본교 학군단 후보생 격려
21	천안캠퍼스 공공기숙사 착공식 참석
22	장충식 명예총장 소설 '그래도 강물은 흐른다' 출판기념회 참석
27	12월 1일까지 태국 Cha-Am 개최 제7회 AUSF (Asia University Sports Federation) 정기총회에 대한민국 대표 및 AUSF 부회장 자격으로 참석. AUSF 주최 The 2nd Asian University Beach Volleyball Championship 대회장을 맡아 행사 주관
12. 3	단국대 총동창회 송년모임 참석
11	경기도의회와 교류협력 협약 체결
26	특허청과 지식재산 선도대학 업무협약 체결

2013. 1. 31	몽골국립대학교 타마르오치르 이사장 내방 접견
2. 6	MUCHA와 교류협약 체결
22	인도네시아 Binus University와 자매결연
3. 6	천안캠퍼스 신축 치과대학, 치과병원 준공식 참석
12	국방과학연구소와 교류협약 체결
13	EBS와 교류협약 체결

22	미국 University of Nevada, Reno와 자매결연
27	한국기계연구원과 교류협력 협약 체결
4. 10	천암캠퍼스 해병대군사학과 창설 기념식 참석
18	범정관에서 ROTC 총장협의회 정기총회 개최
26	베트남 퀴논대학교와 교류협력 협약 체결
30	아랍에미리트 United Arab Emirates University와 교류협력 협약 체결
5. 15	스승의 날, 총학생회 대표들과 오찬
20	캐나다 University of Prince Edward Island 총장 내방 접견
6. 1	교직원 노동조합 주최 단국인 한마음 가족운동회 행사 참석
14	경기테크노파크 남부사업단 단국대학교 산학협력본부 개소식 참석
17	국립과학수사연구원과 교류협력 협약 체결
24	故 박정숙 박사 영결식 거행
26	러시아 카잔 하계유니버시아드 한국선수단 결단식에서 KUSB (대한대학스포츠위원회) 부위원장 자격으로 참석하여 선수단장에 단기 전달 및 한국선수단 선전 기원
7. 4	카네기연구소와 교류협력 협약 체결
11	학생중앙군사학교 방문, 하계입영훈련 본교 학군단 후보생 위문
25	LA 단국글로벌영상콘텐츠 연구소 개소식 참석
9. 2	대만 담강대학과 재계약
	네덜란드 Fontys Univeersity of Applied Sciences, Eindhoven과 교류협약 체결
	노르웨이 Inland Norway University of Applied Sciences와 교류협약 체결
	독일 University of Ulm과 교류협약 체결
4	천안캠퍼스 크리스강의실 현판식 참석
5	카타르 종교성 사절단 내방 접견
11	멕시코 콜리마대학교 총장 내방 접견
13	연민 이가원 선생 기증유물전 개막식 참석
26	천안캠퍼스 산학협력관 개관 및 창업 페스티발 참석
10. 14	2013 LINC사업 종합컨설팅 Fair 참석
30	미국 SAF (Study Abroad Foundation)와 교류협력 협약 체결
31	충청남도 청양에서 열린 제4회 아시아 태권도 선수권대회 개회식에 대회장으로 참석
11. 7	미국 Kent State University와 자매결연
8	영국 Bangor University 총장 내방 접견

12 경기도교육청과 교류협력 협약 체결
스페인 University of Santiago de Compstela와 교류협약 체결
22 천안캠퍼스 서정우강의실 현판식 참석
12. 10 중국 동화대학과 교류협력 협약 체결
20 한국대학스포츠총장협의회 회장 재선

2014. 1. 17 한국엔젤투자협회와 교류협력 협약 체결
2. 4 롯데 엔터테인먼트와 교류협약 체결
5 싱가포르 난양폴리텍과 교류협력 협약 체결
18 알파돔시티 자산관리(주)와 산학협력 협약 체결
3. 6 Nexcure와 교류협약 체결
12 국내 최초 행복기숙사 개관식 참석
20 한국데이터베이스진흥원과 산학협력 협약 체결
4. 9 스페인 Camilo Jose Cela University 총장 내방 접견
10 이스라엘 Technion Israel Institute of Technology와 교류협력 협약 체결
17 터키 Istanbul Techincal University와 교류협약
21 한국교직원공제회와 교류협력 협약 체결
25 국민체육진흥공단과 교류협력 협약 체결
29 미국 Belmont대학교와 교류협력 협약 체결
5. 15 2013년도 링크사업단 전국 1위 기념 리셉션 참석, 2년 연속 전국 평가 1위 달성
21 헝가리 부다페스트 MUPA(예술의 전당)에서 한국-헝가리 수교 25주년 기념 단국대 무용단 공연
22 루마니아 Romanian American University와 교류협력 협약 체결
26 독일 SAP 본사에서 단국대-SAP-경기도 국제 산관학 협약 체결
6. 12 스페인 Camilo Jose Cela University와 교류협약 체결
16 몽골 최고훈장인 북극성 훈장 수훈
7. 17 남아프리카공화국 Nelson Mandela Metropolitan University와 교류협약 체결
18 학생군사학교 방문, 하계입영훈련 본교 학군후보생 위문
8. 18 금융감독원과 금융교육협력 업무협약 체결
20 24일까지 중국 청도에서 AUSF (Asian University Sports Federation) 부회장 자격으로 AUSF 정기총회 참석
9. 12 네덜란드 Stenden University of Applied Sciences와 교류협약 체결

	18	서울대학교 그린바이오 과학기술원과 항노화클러스터 구축 및 운영협약 체결
	25	대만 담강대학 총장단 내방 접견
	10. 6	산학협력 樂 페스티발 참석
	9	의과대학 의학과 1기 졸업 20주년 홈커밍데이 참석
	15	제4차 제약생명공학포럼 참석 (교육부, 한국연구재단 후원)
	29	체코 바이올리니스트 스피트코바 교수 초청 공연 관람 (난파콘서트홀)
	31	카자흐스탄 국립 아스타나 심포니오케스트라 공연 관람 (난파콘서트홀)
	11. 4	헝가리 세계적 바이올리니스트 Maga Zoltan 내방 접견
	5	천안캠퍼스 치과병원 스케일링센터 개소식 참석
		개교 67주년 기념, 한-헝가리 수교 25주년 기념 앵콜 무용공연 참석 (성남아트센터 오페라하우스)
	12. 3	단국대-SAP-경기콘텐츠진흥원-디코리아재단 교류협력 협약 체결
	5	카바르디노 발카르 공화국과 교류협력 협약 체결
	8	단국대 총동창회 송년의 밤 행사 참석 (코엑스)
	31	미국 University of Oregon과 자매결연
2015.	1. 12	카자흐스탄 Kimep University와 교류협력 협약 체결
	22	칠레 Universidad de Talca와 교류협약 체결
	28	한국대학스포츠총장협의회 (KUSF) 회장 자격으로 정기총회 주관
	2. 5	학생중앙군사학교 방문, 동계입영훈련 본교 학군후보생 위문
	12	필리핀 Panpacific University와 교류협약 체결
	3. 17	죽전캠퍼스 행복기숙사 진리관 개관식 참석
		인도 Mewar University와 교류협약 체결
	26	독일 드레스덴공대 한스 뮐러 슈타인하겐 총장에게 명예 교육학박사 학위 수여
	31	단국대-IBK-한국자산관리공사 간 북한 이탈주민을 위한 생애맞춤형 창업 지원에 관한 협약 체결
	4. 9	브라질 Universidade de Sao Paulo와 교류협약 체결
	22	라이프 테크놀리지스 코리아와 메디바이오 분야 산학연 교류, 실습 프로그램 지원 및 정보교류 등에 관한 협약 체결
	5. 15	알비노 말릉구 앙골라 대사 일행 내방 접견
	18	켄트대학교 부총장 일행 접견
	26	29일까지 카바르디노 발카라 공화국 유리 알렉산드로비치 코코프 대통령 예방, 카바르디노 발카라 국립대학교 및 국립 농업대학교와 국제교류 협약 체결

6. 7 12일까지 이종찬 우당기념사업회 이사장과 단국대 설립자 범정 장형 선생이 활동한 만주 항일독립운동 유적지 답사

16 독일 Bremen University of Applied Sciences와 교류협약 체결

18 주한 앙골라 대사관과 국제교류 및 연구협약 체결

7. 13 분당서울대병원과 교류협력 협약 체결

14 카자흐스탄 고려극장 방문 및 ICTM (국제전통음악학회) 컨퍼런스 참관, 본교 무용단 카자흐스탄 국립예술대학교 대강당에서 공연

27 베트남 동나이기술대학교와 교류협약 체결

29 치과대학 연송홀 현판식 참석

8. 10 광복 70주년 기념 설립자 추모 국토대장정 참여 및 독립기념관에서 거행된 완주식 행사 주관

12 일본 다이킨 인더스트리 부사장 일행 내방 접견

24 일본 호소끼 가즈코 여사 명예 문학박사 학위기 증정식 및 국제관 호소끼 강의실 현판 제막식 주관

26 삼익제약 이세영 회장 및 제약생명 분야 CEO 방문단 내방 접견

9. 1 브루나이 Institut Teknologi Brunei와 교류협약 체결

10 하와이 호놀룰루 시의회 의장 방문단 내방 접견

15 그랜드 하이얏트 호텔에서 단국대학교 발전자문위원회 후원의 밤 행사 주관

10. 6 천안캠퍼스에서 열린 2015 산학협력 樂 페스티벌 개막식 참석

13 몽골 국제 울란바타르대학교 총장 내방 접견

15 중국 경덕진 도자학원과 학생교류를 위한 3+1+2 합작 프로그램 협약 체결

20 캐나다 Okanagan College 총장 일행 내방 접견

28 30일까지 헝가리 방문, 엘떼대학교 개최 단국대학교 총장배 한국어 말하기대회 참관, 헝가리 태권도협회 및 피츠대학교와 MOU 체결

31 라빈드란 국제로타리 회장 명예 경영학박사 학위 수여

11. 6 쿠웨이트, 카타르, UAE GCC 3개국 대사 방문단 접견

30 2015 서울신문 석세스 대상 교육부문 대상 수상

12. 2 한국고등교육기관 국제교류협의체 KAFSA (Korean Association of Foreign Student Administrators) 2015 동계 정기총회 참석, 회장교 총장으로 '글로벌 환경 속에서 대학의 도전, 기회 그리고 역할'이라는 주제로 특강

11 카자흐스탄 Al-Farabi Kazahk National University와 교류협약 체결

14 서울 우당기념관에서 열린 '우당 이회영과 범정 장형의 발자취를 찾아서' 출판기념회 참석

	21	천안 단국인 송년의 밤 참석
	22	충남 창조경제혁신센터와 MOU 체결
	29	1월 5일까지 8일간 천안캠퍼스 개최 '2015 제1회 아시아 대학스포츠 지도자 연수 프로그램' 개막식과 수료식 참석
2016.	1. 6	학생중앙군사학교 방문, 동계입영훈련 본교 학군후보생 위문
	12	중국 봉황출판미디어그룹 부총경리 일행 내방 접견
	2. 3	코엑스 그랜드볼룸에서 열린 총동창회 신년교례회 참석
	4	한국대학총장스포츠협의회 (KUSF) 회장 자격으로 KUSF 정기총회 주관
	25	필리핀 De La Salle Araneta University와 교류협약 체결
	3. 22	24일까지 베트남 호치민시 Dong Nai Technology University 및 다낭시 University of Danang과 MOU 체결
	31	해양환경관리공단과 MOU 체결
	4. 13	벨기에 Saint-Louise University, Brussels와 교류협약 체결
	27	중국 옌다그룹, 한국젬스 등과 의료분야 상호지원 등 교류협력 협약 체결
	29	페루 카톨릭대학교 Marcial Rubio Correa 총장 내방 접견
	5. 9	헝가리 정부가 수여하는 십자공로훈장 (Officer's Cross of the Hungarian Order of Merit) 수훈
	10	한국화학융합시험연구원 (KTR)과 교류협약 체결
	20	미국 웨스트 알라바마대학 총장 내방 접견
	30	간호대학 승격기념식 참석
	6. 13	영국 Staffordshire University와 교류협력 협약 체결
	15	스웨덴 대사 내방 접견
	17	이상훈 해병대사령관 내방 접견, 해병대군사학과 MOU 개정안 서명식
	23	28일까지 중국 연태대학, 심양체육대학 방문. 연태대학 복수학위 1기 졸업식 참석 축사. 심양체육대학과 교류협력 협정 체결
	7. 19	죽전캠퍼스 서관 1층 SW디자인융합센터 개소식 참석
	21	헝가리 엘떼대학교 한국학과 초머 모세 교수에게 국제학술교류상 수여
	8. 9	용산 한미연합사령부 방문, 양 기관 간 협력증진 방안 논의
	24	천안캠퍼스 자연과학2관 준공식 참석
	9. 8	단국역사관 신축기금 전달식
	9	대만 중앙대학과 교류협약 체결
	24	10월 3일까지 헝가리와 스웨덴 초청 단국대학교 한국무용단 파견 및 최승훈 교수 침술 의료봉사

27 '단국 Dream 2016 후원의 밤' 행사 참석

10. 14 중국 북경에서 제1차 한중생명과학포럼에 한국대표로 참석

21 YTN과 콘텐츠 교류 및 학생복지 증진에 관한 업무협약 체결

25 헝가리 무궁화무용단 내방 접견

11. 2 김영국 동성그룹회장 명예 공학박사 학위 수여

4 미국 California State University, San Bernardino 총장 일행 내방 접견

12. 1 'Fantastic Dankook 2016 산학, 공학 Festival' 개막식 참석

단국대학교 총동창회 '2016 정기총회 및 단국인 송년의 밤' 참석

2 학교법인 단국대학 세종사업소 단국빌딩 준공식 참석

6 천안캠퍼스 국제회의장에서 열린 '2016 동북아신기술 산학포럼' 참석

7 국회에서 한국ICT융합협회와 창조다산링크사업단이 공동 개최한 'ICT2016 융합 컨퍼런스' 참석

15 문화체육관광부/교육부 주최, 한국대학스포츠총장협의회 주관 '체육특기자 제도 개선 심포지움'에 회장으로 참석

2017. 1. 9 아로요 전 필리핀 대통령 방문단 내방 접견, 필리핀 팜팡가주 주지사와 양기관 교류 활성화 협약 체결

16 코트야드 메리어트 판교호텔에서 열린 지역혁신 산학연관 얼라이언스 간담회 참석, 지역 산학협력 현안 논의

영국 Birmingham City University 교류협약 체결

19 한국대학스포츠총장협의회 2017년도 정기총회 참석 및 회의 주재

24 2017 한국대학교육협의회 정기총회에서 제18대 회장으로 선임

2. 9 2017 총동창회 신년교례회 참석

15 23일까지 단국대 창조다산링크사업단 주관으로 베트남 하노이에서 개최된 '단국대 창조링크사업단-베트남 산학협력 포럼' 동안 치과대학 의료봉사단 치과 의료봉사에 참석

3. 22 토마스 리만 주한 덴마크대사 내방 접견

4. 25 필리핀 Pampanga State Agricultural University와 교류협약 체결

5. 4 미국 University of Akron과 자매결연 체결

17 17~18일 죽전/천안캠퍼스에서 열린 개교 70주년 기념 자선바자회 현장 방문 격려

23 I-다산 LINC+사업단 출범식 참석

30 소프트웨어ICT관에서 열린 단국대학교 SW중심대학 현판식 참석

7. 10 한국대학스포츠총장협의회 워크샵 참석

14 개교 70수년기념 국토대장정 '통일을 서다, 독립을 걷다' 해단식 참석

8. 3 2017년 추계대학연맹전 우승 축구부 지도자 및 선수들 격려

20 미국 University of Hawaii at Manoa와 연수 프로그램 협약 체결

9. 22 고등교육미래위원회 출범식에 한국대학교육협의회 회장 자격으로 참석

25 백범 김구 선생의 글씨를 새긴 양심건국비 (죽전캠퍼스 퇴계기념중앙도서관 앞 광장) 제막식 참석

26 미국 University of Nebraska at Kearney와 교류협약 체결

10. 20 미국 Arkansas State University와 교류협약 체결

26 '통일 한국을 위한 인문학적 모색'을 주제로 열린 동양학연구원 국제학술회의에 참석 축사

11. 1 제12회 글로벌인재포럼 기조세션2 '4차 산업혁명과 대학교육 변화 방향'의 좌장을 맡아 포럼 진행

2 설립자 범정 장형 선생 서거 53주기, 혜당 조희재 여사 서거 70주기 합동 추모식 및 개교 70주년 기념행사 거행

개교 70주년 축하사절단 5개국 5개 자매대학 총장단 및 중국 화창그룹 회장과 양은대학 부총장 내방 접견

대학과 총동창회 공동 개최 '감사와 희망의 밤' 참석, 'Dynamic Dankook 2027' 비전 선포, 발전기금 전달식

8 산학협력 樂 페스티벌 개막식 참석

9 제98회 전국체육대회 입상선수단 여자소프트볼, 여자배구, 여자축구 선수단 초청 오찬 격려

11 노조, 교협 공동 주최 등반대회 참석

12. 19 한국대학교육협의회, 국회교육희망포럼 공동 주최 간담회 참석 (국회 교문의 위원, 교육부 장관, 대학정책실 국장, 각 대학 총장 및 기획처장 등 참석)

26 포르투갈 University of Coimbra와 교류협약 체결

2018. 1. 2 청와대 교육계 신년인사회 참석

8 몽골 민족대학 이사장 일행 내방 접견

9 교육부 장관 주최 '2018년 대한민국 교육계 신년교례회' 참석

11 중국 난징대학 국제처장, 교무처장 일행 접견

16 폴란드 Gdansk University of Technology와 교류협약

17 중국 상해대학과 MOU 체결

24 국가교육회의 워크샵에 한국대학교육협의회 회장 자격으로 참석

25 총동창회 신년교례회 참석

30 한국대학교육협의회 정기총회 주관

2. 22 이탈리아 University of Pisa와 교류협약

3. 6 정몽규 현대산업개발그룹 회장과 산학협력 협약 체결

9 토마스 바흐 IOC위원장에게 명예 정치학박사 학위 수여

19 KBS아트비전과 MOU 체결

20 미국 Virginia Commonwealth University 교류협약 체결

29 용인시 및 관내 6개 대학과 용인시 청년벤처창업허브 '드림밸리 코쿤센터' 입주 벤처기업 육성을 위한 '혁신창업기업 지원 관학 협력' MOU 체결

한국대학신문 주최 2018 사립대 President Summit 참석

30 이화여자대학교 이삼봉홀에서 개최된 제57회 대학교육 정책포럼 참석

4. 9 70주년 기념관 (단국역사관) 기공식 참석

17 주한 남아프리카공화국 대사 일행 접견

21 미국 University of Texas at Arlington과 교류협력 협약 체결

5. 3 국회교육희망포럼, 한국대학교육협의회, 전국대학교 학생생활상담센터 협의회 공동 주최 국회정책포럼 참석

11 SDG4-교육2030 워킹그룹 대표기간 업무협약 체결

13 중국 난징대학 방문, 일반 MOU, 학생교류협정, 무역학과 간 2+2.5 프로그램 협정 등 체결

29 한국블록체인산업진흥협회와 MOU 체결

6. 6 캐나다 University of Montreal과 교류협약 체결

7 코엑스에서 개최된 2018학년도 기업 HR관계자 초청 간담회 참석

14 미주한인상공회의소 총연합회 회장 일행 접견

25 중국 정주대학과 교류협약 체결

7. 11 주한 이태리문화원장 내방 접견

12 한국전자통신연구원과 MOU 체결

25 천안캠퍼스 신축 어린이집 개관식 참석

8. 22 소강석 새에덴교회 담임목사 명예 문학박사 학위 수여

29 국회 교육위원장, 한국대학신문 공동 주최 '대학협의체 총장단과 국회 교육위 정책간담회'에 한국대학교육협의회 회장으로 참석

9. 6 8일까지 중국 제남시 개최 제2차 한중제약생명과학포럼 주관, 단국대학교와 중국 산동대학교, 제남시 고신구 제약생명협의체 간 업무협약 체결

10 미국 California State University at San Bernadino 대학 교수진 내방 접견

10. 24 천안캠퍼스 UCL 이스트만- 코리아 덴탈메디슨 혁신센터 개소식 참석

31 넬슨 만델라 탄생 100주년 기념 음악회 주최, 34개국 주한 대사, 외교사절 110여 명, 지역기관장, 교육관계자 등 참석

11. 21 교육부-한국대학교육협의회 공동 주최, 한국교양기초교육원 주관 교양교육 국제포럼 행사 참석

28 미국 Tennessee State University 및 Virginia State University와 교류협약 체결

29 중국 요성대학 방문, 양 대학 성악과 대학원 유학협력 협약 체결

12. 5 베트남 FTU (Free Trade University) 및 하노이 이공과대학 방문, 교류협약 체결. 2018 한국-베트남 Global Human Resource 포럼 참석

13 한국대학교육협의회 주관, 138개 대학 참여 '정시 대학입학 정보박람회' 참석 축사

17 초머 모세 주한 헝가리 대사 내방 접견

육군사관학교 방문, 군사학 및 기술 관련 교류협력 증진방안 논의

18 중국 경덕진도자대학 총장단 내방 접견

2019. 1. 2 대통령 신년회에 한국대학교육협의회 회장 자격으로 참석

9 한국교원단체총연합회 주관 교육계 신년교례회에 한국대학교육협의 회장으로 참석

22 한국대학교육협의회 '신임총장 연찬회' 주관

23 한국대학교육협의회 정기총회 주관

2. 11 센트롤(주)과 업무협약 체결

14 오스트리아 교육과학연구부 Heinz Georg Albert Fassmann 장관 접견

21 I-다산 LINC+사업단 1단계 사업성과 발표 및 단계평가 워크샵 참석

존 엔디컷 우송대학교 총장 명예 정치학박사 학위 수여

25 판교 코트야드 메리어트 호텔에서 열린 '산학연관 상생협력 얼라이언스 4.0 간담회' 주관

제9차 국가교육회의에 한국대학교육협의회 회장으로 참석

28 중국 제남시 부시장단 내방 접견. 단국대학교 약학대학, 대웅제약 연구본부, 중국 제남시 고신구 생명과학성 등 세 기관 교류협력 증진 및 생물의약산업 투자유치를 위산 양해각서 체결

국회의원회관 제1세미나실에서 열린 '대한민국 새로운 교육 100년과 국가교육위원회' 정책토론회에 한국대학교육협의 회장으로 참석, '3.1운동 100주년 기념과 새로운 100년을 준비하는 미래교육체제 수립을 위한 교육계 공동선언' 발표

3. 6 한국대학교육협의회 신,구 회장단 간담회 참석

15 경기도의회 대회의실에서 열린 경기도 그린캠퍼스협의회 정기총회 참석

25 미국 San Francisco State University와 교류협약 체결

26 그랜드하이얏트호텔에서 벨기에 왈로니아-브뤼셀 연합정부 루디 드모트 총리 및 플랜더스 지역정부 필립 마위터스 장관 주최 고등교육 및 연구분야 고위관계자 조찬간담회에 한국대학교육협의회 회장으로 참석

28	혁신교육 시스템 구축을 주제로 한국대학신문이 주관한 'UCN 프레지던트 서밋 2019' 개막식 및 1차 컨퍼런스에 한국대학교육협의회 회장 자격으로 참석
29	동양학연구원 주최 '3.1운동, 대한민국 임시정부 100주년, 한/헝 수교 30주년 기념 학술세미나'에 참석 축사
4. 1	캐나다 더글라스 칼리지 총장단 내방 접견. 학생교류 및 학술연구 협력을 위한 협약 체결
11	천안캠퍼스 단국대병원에서 거행된 '단국대병원 암센터 착공식' 참석
28	인도네시아 방문 및 BINUS대학과 교류협약 체결
5. 8	미국 Michigan State University와 교류협약 체결
12	중국 정주대학 방문, 박사학위 공동지도 및 교환학생 교류협약 체결
14	15일까지 양 캠퍼스에서 진행된 단국사랑바자회 참석 및 행사 관계자 격려
15	대학원동 교직원식당 VIP룸에서 장애학생들 초청 오찬
27	브라질 Pontifical Catholic University of Parana와 자매결연
6. 7	문르 카즈미르 미국 유태인협회 부회장에게 명예 정치학박사 학위 수여
17	총장 사임
11. 21	죽전캠퍼스에서 개최된 '제3차 한중생명과학포럼' 회장으로 행사 주관

참고 문헌

1. 저서 및 자료

장충식박사고희기념화문집간행위원회,『빈 들에 씨를 뿌리며』, 한불문화출판, 2001.

장충식,『시대를 넘어 미래를 열다』, 노스보스, 2011.

박성순 외,『범정 장형의 독립운동과 단국대학 설립』, 단국대학교출판부, 2014.

단국대학교70년사편찬위원회,『단국대학교70년사』, 단국대학교, 2017.

대외협력처 홍보팀,「장호성 전총장 주요업적(2008-2019)」, 2019.

2. 언론 기사(언론사별 가나다순)

『경향신문』 2009.3.24「단국대 '광에너지소재 연구센터' 열어」

『경향신문』 2009.6.22「단국대-한국기교대 새 협력모델 제시」

『경향신문』 2009.11.1「"의·치학 인프라에 약대 결합 의생명과학 연구 메카"」

『경향신문』 2009.12.8「단국대, 충북도와 첨단의료복합단지 조성 MOU 체결」

『경향신문』 2009.12.9「단국대, 충북도와 오송첨복단지 손잡는다」

『경향신문』 2010.9.24「장호성 단국대 총장, AUSF 부위원장에 당선」

『경향신문』 2010.10.19「단국대-삼성전자, 모바일연구소 개소」

『경향신문』 2010.12.1「단국대 '2010 캠퍼스 특허전략 유니버시아드' 3위」

『경향신문』 2011.3.14 「장호성 총장, 'Academy of Distinguished Engineers'」
『경향신문』 2011.3.31 「장호성 총장, 국경없는교육컨퍼런스 참석」
『경향신문』 2011.4.6 「단국대, 헝가리 국립대학과 학술 교류 MOU 체결」
『경향신문』 2011.7.6 「장호성 총장 '2011 하계유니버시아드' 단장 선임」
『경향신문』 2011.7.7 「단국대, 소외계층에 전형료 면제한다」
『경향신문』 2011.7.13 「[단국대] CJ E&M, 영화콘텐츠대학원과 MOU 체결」
『경향신문』 2011.8.11 「단국대, 도서관 시민에 개방」
『경향신문』 2011.8.25 「이색교육, 달라진 대학 단국대학교」
『경향신문』 2011.10.24 「단국대, 총학 요구 특별장학금 8억원 지원」
『경향신문』 2011.11.14 「단국대, 세계수준 영화콘텐츠전문대학원 설립」
『경향신문』 2012.1.31 「장호성 단국대 총장 대학스포츠총장협의회장 취임」
『경향신문』 2012.5.10 「단국대, 중국 북경대와 교류협약 체결」
『경향신문』 2012.6.27 「[단국대] 국내대학 최초로 '해병대군사학과' 신설」
『경향신문』 2014.3.12 「단국대 '반값 기숙사' 전국 처음 열어…장호성 총장 "학생들 만족도 높을 것"」
『경향신문』 2015.8.2 「독립운동 숨결 따라 걷는 290㎞…단국대 국토대장정」
『경향신문』 2016.5.9 「장호성 단국대 총장, 헝가리 최고훈장 받아」
『경향신문』 2016.9.20 「단국대, 캄보디아에 씨감자 생산 노하우 전수」
『경향신문』 2017.1.24 「대교협 회장에 장호성 총장」
『경향신문』 2017.6.9 「단국대 국내 최초 '인공지능 캠퍼스' 구축 개인별 맞춤교육」
『경향신문』 2017.8.20 「세종 신도심에 단국대 병원 부속병·의원 들어선다…22일 개원」
『경향신문』 2018.10.11 「단국대, 포항시와 지진 방재 업무 협약 체결」
『경향신문』 2019.3.28 「단국대, 29일 주한헝가리대사관과 '3·1운동 및 임시정부수립 100주년' 맞아 공동 학술심포지엄 개최」
『국민일보』 2017.7.9 「독립군가 부르는 국토대장정 단국대생들」
『뉴시스』 2015.7.31 「단국대, 애국심 체험 '290㎞ 국토대장정'」

『뉴시스』 2017.7.9「만세삼창 외치는 대학생들」
『뉴스1』 2017.7.6「단국대, 조국사랑 국토대장정...14일까지 400㎞ 탐방」
『대전일보』 2015.8.3「"전국 누비며 나라사랑 되새겨요"」
『대전투데이』 2017.7.6「단국대 학생, 임진각에서 부산까지 400㎞ 장정」
『대학저널』 2012.10.31「"단국대, 설립정신 재조명한다"」
『대학저널』 2012.12.3「"독립정신 계승한 단국대, 명문사학의 길을 걸어오다"」
『대학저널』 2015.8.2「단국대 학생·교직원 등 290㎞ 국토대장정 나서」
『대학저널』 2017.7.6「"단국대 학생들, 독립운동 유적지 탐방하며 창학정신 배운다"」
『대학저널』 2017.7.7「단국대, 한 마음 한 뜻으로 '독립정신 계승'」
『동아일보』 2011.7.13「하계 유니버시아드 단장에 장호성 단국대 총장」
『동아일보』 2011.9.2「단국대 '춘강효행장학금' 2400만원 전달」
『동아일보』 2011.11.15「캠퍼스 脫서울 실험 5년... 단국대 "A학점"」
『동아일보』 2011.11.26「대학스포츠총장협의회장 장호성 씨」
『동아일보』 2012.6.4「"의료사각지대 장애인에게 저렴한 치료 혜택을" 단국대 죽전치과병원」
『동아일보』 2013.7.11「"내년부터 본교-분교 통합..제2건학 이끌겠다"」
『동아일보』 2014.6.19「장호성 단국대 총장 몽골 북극성 훈장」
『동아일보』 2015.8.3「단국대 "2015 여름방학 국토대장정은 역사대장정"」
『동아일보』 2015.8.10「선양서 비밀접선 뒤 250㎞ 잠행... 入校부터 목숨을 걸다」
『동아일보』 2015.8.11「"陸士 효시는 조선경비대 아닌 신흥무관학교 돼야"」
『동아일보』 2015.9.24「대학생 최대 고민거리 '취업-창업'...축제서 이벤트로 해결한다」
『동아일보』 2016.5.10「장호성 단국대 총장 헝가리훈장 받아」
『동아일보』 2017.3.30「[총장, 대학을 바꾼다/단국대학교] 학생 스스로 미래 설계하는 'AI기반 스마트캠퍼스' 추진」
『동아일보』 2017.5.30「독립군 3500명 배출 신흥무관학교…서간도 비밀 거점 통해 학생들 모집」
『동아일보』 2017.6.13「단국대-SKT 'AI캠퍼스' 구축 업무협약」
『동아일보』 2018.3.12「바흐 IOC위원장, 단국대서 名博」
『동아일보』 2018.3.29「[대학, 4차 산업혁명을 이끈다] 인공지능 기반 학사프로그램 도입 365일 맞춤형 취업-강의정보 제공」
『동아일보』 2018.10.29「평화-통합의 삶 기리며…만델라 100주년, 단국대서 31일 기념음악회」
『동아일보』 2018.11.15「죽전 이전 11년 만에 '스마트캠퍼스'로…4차 산업혁명 인재 키운다」
『디트뉴스24』 2017.7.6「단국대, 개교70주년 기념 국토 400㎞대장정 나서」
『문화일보』 2017.11.14「〈대학은 지금〉 'in 서울' 버리고 AI캠퍼스 구축…4차혁명요람 만든다」
『세계일보』 2015.7.31「독립운동 흔적 찾아…단국대 국토대장정」
『세계일보』 2017.7.6「독립운동 발자취 따라 '조국사랑 길' 걷다」
『아시아투데이』 2015.8.3「단국대, 광복 70주년 맞아 나라사랑 창학정신 체험하는 국토대장정 진행」
『연합뉴스』 2009.12.29「독립기념관에 세워진 장형 선생 어록비」
『연합뉴스』 2010.3.5「단국대, 독립유공자 유족 생활비 지원」
『연합뉴스』 2015.7.31「단국대 학생·교직원 등 290㎞ 국토대장정」
『연합뉴스』 2017.7.7「국토대장정 단국대 학생들, 탑골공원서 '3·1운동'」
『연합뉴스』 2017.7.9「태극기 흔드는 국토대장정 단국대생들」
『월간중앙』 2019.6.21「[양영유 전문기자의 대학총장 열전] 제2건학 이루고 물러나는 장호성 단국대 총장」
『인천일보』 2015.8.6「단국대학교 '독립운동가 발자취' 두 발로 느끼다」
『조선일보』 2008.10.23「[우리대학 비전을 말한다] 단국대학교 장호성 총장 "9년 동안 5400억원 투입 국내 5대 사립대 진입한다"」
『조선일보』 2011.3.8「단국대 세계최고효율 청색OLED 소자 개발」

『조선일보』 2011.4.6「단국대, 헝가리국립대학과 학술 교류협정」
『조선일보』 2011.6.7「단국대, 몽골에 대규모 봉사단 파견」
『조선일보』 2011.7.13「하계 U-대회선수단장 장호성 총장」
『조선일보』 2013.11.23「'단국대강의실'로 되살아난 서정우 하사의 忠魂」
『조선일보』 2014.6.20「장호성 총장, 몽골 '북극성훈장'」
『조선일보』 2015.3.26「단국대, 독일 드레스덴공대 총장에게 명예박사학위 수여」
『조선일보』 2015.5.15「산학협력선도대학 평가, 2년째 최고점」
『조선일보』 2016.6.30「IT는 죽전, BT는 천안…캠퍼스별 시너지」
『조선일보』 2017.3.20「혁신 거듭한 캠퍼스, 차세대 핵심두뇌 키운다」
『조선일보』 2017.4.6「한국대학교육협의회 제23대 장호성 회장 취임」
『조선일보』 2017.5.30「혁신적 사고방식 '디자인 싱킹' 교육법 도입」
『조선일보』 2017.8.30「단국대 모바일시스템공학과, 글로벌 SW 인재 키운다」
『조선일보』 2017.11.10「미래교육혁신원·에듀아이센터…"인공지능 캠퍼스로 거듭날 것"」
『조선일보』 2018.3.26「인공지능 교육지원시스템 국내 최초 도입」
『조선일보』 2018.4.9「단국대, 죽전캠퍼스에 70주년 기념관 건립 기공식」
『조선일보』 2018.10.25「넬슨 만델라 탄생100주년 음악회 단국대에서 열린다」
『중도일보』 2015.8.2「독립운동 자취 좇아」
『중도일보』 2017.7.15「단국대학교 '통일을 걷다, 독립을 걷다' 290㎞ 국토대장정 완료」
『중앙일보』 2010.9.27「2010 중앙일보 대학평가 순위」
『중앙일보』 2011.3.11「단국대, 285억원 들여 실습제약공장 등 첨단시설 마련」
『중앙일보』 2011.3.24「국내 대학생 "세계를 알자", 외국 유학생 "한국 배우자"」
『중앙일보』 2011.3.25「단국대 치과대-몽골 국립치과대 교류협약」

『중앙일보』 2011.6.7 「단국대 몽골봉사단 발대식」
『중앙일보』 2011.7.22 「단국대, 본분교 체제에서 캠퍼스 체제로 전환」
『중앙일보』 2011.10.25 「단국대, "학자금 대출자에 특별장학금 8억원"」
『중앙일보』 2014.8.26 「네 꿈을 펼쳐라…도전하는 젊음을 응원합니다」
『중앙일보』 2017.8.31 「체육특기자 대입 포털, 한국대학스포츠총장협의회 서비스 시작」
『중앙일보』 2015.8.4 「단국대생 130명 광주~천안 290㎞ '독립운동 대장정'」
『중앙일보』 2017.8.31 「체육특기자 대입 포털, 한국대학스포츠총장협의회 서비스 시작」
『중앙일보』 2018.3.12 「단국대, 토마스 바흐 IOC위원장에 명예정치학박사학위 수여」
『중앙일보』 2018.10.25 「단국대, '만델라 탄생 100주년 기념음악회' 열어」
『중앙일보』 2018.11.7 「단국대 연구팀, 전립선암 진단율 100배 향상된 바이오센서 개발」
『중앙일보』 2019.11.1 「단국대, 지상 6층 규모 '단국역사관' 개관
『중앙sunday』 2019.6.15 「고등교육 핵심은 '디자인 싱킹'…빅테이터·인문학 융합해야」
『충남일보』 2015.8.2 「단국대 "나라사랑 창학정신 체험했어요"」
『충청타임즈』 2015.8.2 「단국대 학생 '나라사랑 국토대장정'」
『한국일보』 2009.12.29 「독립기념관 장형 선생 어록비」
『한국일보』 2015.8.2 「단국대 광복 70주년 290㎞ 국토대장정 나서」
『한겨레』 2015.3.26 「드레스덴공대 총장에 명예 박사학위」
『한겨레』 2017.7.24 「경기 용인에 공유대학 뜬다」
『한국경제』 2017.7.9 「국토대장정 나선 단국대 학생들」
『한국대학신문』 2012.10.31 「"단국대는 임시정부 독립정신 계승한 대학"」
『한국대학신문』 2019.3.1 「"3·1절 100년 역사계승 대학가가 이어간다"」
『헤럴드경제』 2017.7.6 「단국대 학생 독립운동가 발자취 400㎞ 탐방」

『OBS뉴스』 2015.7.31「단국대 학생·교직원 등 290㎞ 국토대장정」
『OBS뉴스』 2015.8.11「그대의 숨결 느낀다…광복 70주년 국토대장정」
『Leader's World』 2013.1월호「단국대학교 장호성(16기) 총장」